U0604328

集 刊 名：日本文论
主办单位：中国社会科学院日本研究所
主　　编：杨伯江
执行主编：唐永亮

COLLECTION OF JAPANESE STUDIES

2020年第2辑（总第4辑）

集刊序列号：PIJ-2019-365
中国集刊网：www.jikan.com.cn
集刊投约稿平台：www.iedol.cn

日本文论

COLLECTION OF JAPANESE STUDIES

2 2020
（总第4辑）

杨伯江 主编

社会科学文献出版社
SOCIAL SCIENCES ACADEMIC PRESS (CHINA)

编者的话

日本继 1968 年超越联邦德国成为资本主义世界第二大经济体后，20 世纪 80 年代初又超越苏联成为名副其实的世界第二大经济体，随之其在政治、经济、外交、科技、社会、环境等领域进行了一系列改革甚至是转型，其中既有成功，亦不乏失败。2010 年中国超越日本成为世界第二大经济体，加之全球正在经历新一轮大发展、大变革和大调整，面对这一百年未有之大变局，抓住千载难逢的历史机遇，站在新的历史起点上的中国应该如何应对，以顺利推进建设新时代中国特色社会主义、实现中华民族伟大复兴，梳理日本在成为世界第二大经济体后为促进国家转型而做出的努力，总结其经验教训，或有一定的启示意义。围绕这一话题，中国社会科学院日本研究所日本学刊杂志社与复旦大学在 2019 年 9 月联合举办了“日本成为世界第二大经济体后的国家转型：经验与教训”专题学术研讨会，本刊将以此会议成果为基础，并邀请相关领域专家学者，从不同维度深入讨论日本成为世界第二大经济体后的改革转型，陆续刊出，以飨读者。本辑的专题研究选择两篇文章，主要从科技发展的角度，分析日本成为世界第二大经济体后谋求国家转型的经验教训，尤其深度关注了日本学者频获诺贝尔奖的原因。

在常设研究专栏中，本辑主要采取文本分析的研究方法，分析了日本国风文化发展中的中国因素、战后日本学界对新兴宗教的研究、日本共产党“1922 年纲领草案”的编制及其主要内容、马克思《危机论笔记》首次出版的意义以及宇野弘藏理论对日本马克思主义经济学研究的贡献。此外，本辑还以日印军事安全合作为例，探讨了国家间推进军事安全合作的路径选择问题。

目　录

专题研究　日本成为世界第二大经济体后的国家转型

社会·文化

政治·外交

经济

CONTENTS

《日本文论》(总第4辑)
第1~25页

日本学者频获诺贝尔奖的原因析论

——基于基础研究的自组织理论分析

张明国*

内容摘要： 基础研究系统由“构成参量”和“控制参量”组成；它们发生非线性相互作用，并在“序参量”的支配下产生“涨落”，涌现出研究成果。基础研究成果进入诺贝尔奖评选系统，和推荐者、评选者发生非线性相互作用，并在“序参量”的支配下产生“涨落”，涌现出获奖成果及获奖者。日本基础研究系统及其获奖的机制是非线性的、复杂的；日本迄今的诺贝尔奖成果来自20~30年前的基础研究；日本获得诺贝尔奖的目标能否实现，取决于基础研究系统和诺贝尔奖评选系统的“构成参量”与“控制参量”的非线性相互作用及其效果。为此，日本政府制定和实施了相应的调整和改革策略，最终实现获奖目标。日本的经验对中国有启示意义。

关 键 词： 日本　诺贝尔奖　基础研究　自组织理论

诺贝尔奖是瑞典发明家诺贝尔（1833~1896年）为发展基础科学研究事业，于1895年（通过遗嘱）面向世界（不分国籍和宗教信仰）创立并自1901年起颁发的奖项，它包括物理学奖、化学奖、生理学或医学奖、文学奖、和平奖和经济学奖（1968年设立）。至2019年，总计923次授予个人、27次授予团体，其中日本有28人（指获奖时或获奖前持有日本国籍者）获

* 张明国，哲学博士，北京化工大学科学技术与社会研究所教授、博士生导师，主要研究方向为日本科技史。

奖（见表1），成为亚洲获奖人数最多的国家。2001年，日本政府在第二期“科学技术基本计划”中，设立了“在50年内，获得30个诺贝尔奖”的目标。[①]当时，该目标颇受争议，野依良治（2001年获诺贝尔化学奖）嘲讽这是“没有头脑”的目标[②]。然而，自2001年以来，日本获奖人数逐年增加，共有19人获得了诺贝尔奖。

表1 日本诺贝尔奖获得者简况

年份	姓名	学科	成果
1949	汤川秀树	物理学	提出“介子理论”，成功预言介子存在
1965	朝永振一郎	物理学	发现解决量子电动力学中发散困难的“重整化”方法
1968	川端康成	文学	以《雪国》《古都》《千只鹤》表现日本人心灵的精髓
1973	江崎玲于奈	物理学	在半导体中发现电子的量子隧穿效应
1974	佐藤荣作	和平	提出“不制造、不拥有、不运进核武器”的无核三原则
1981	福井谦一	化学	提出电子运动的前线轨道理论
1987	利根川进	生理学或医学	发现免疫细胞通过生成特定抗体抵抗细菌和病毒侵袭的机制
1994	大江健三郎	文学	以《万延元年的足球队》等作品深刻发掘了乱世中人与人的关系
2000	白川英树	化学	发现聚乙炔等高分子具有导电性
2001	野依良治	化学	发现合成手性化合物的催化剂
2002	小柴昌俊	物理学	证明中微子有质量，并可以相互转换
2002	田中耕一	化学	发明用激光轰击生物大分子的质谱分析法
2008	南部阳一郎、小林诚、益川敏英	物理学	发现亚原子物理学中自发对称性破缺机制，提出解释“CP对称性破缺”现象的“小林－益川理论”
2008	下村修	化学	发现绿色荧光蛋白（GFP）
2010	铃木章、根岸英一	化学	发现有效合成复杂有机物的“钯催化交叉偶联反应”
2012	山中伸弥	生理学或医学	发现诱导多能干细胞（iPS细胞）
2014	赤崎勇、天野浩、中村修二	物理学	发明高效蓝色发光二极管（LED）
2015	梶田隆章	物理学	发现中微子振荡现象，证明中微子具有质量
2015	大村智	生理学或医学	发现治疗蛔虫寄生虫感染新疗法
2016	大隅良典	生理学或医学	发现细胞自噬的分子机制和生理功能

① 林仲海：《日本提出50年内获得30个诺贝尔奖的目标》，《全球科技经济瞭望》2002年第7期。

② 韦志超：《中国诺奖得主数量有望在2080年后超过美国》，《经济资料译丛》2019年第1期。

续表

年 份	姓 名	学 科	成 果
2017	石黑一雄	文学	以《被掩埋的巨人》等揭示虚幻感觉下未知世界的深渊
2018	本庶佑	生理学或医学	发现负性免疫调节治疗癌症的方法
2019	吉野彰	物理学	开发锂离子电池

注：南部阳一郎生于日本福井县，后入美国籍，曾任芝加哥大学教授；中村修二生于日本爱媛县，后入美国籍，曾任加利福尼亚大学圣巴巴拉分校教授；石黑一雄生于日本长崎，后入英国籍，曾任职于英国东安格利亚大学。

资料来源：「日本人のノーベル賞受賞者一覧」、京都大学ホームページ、http：//www. kyoto - u. ac. jp/ja/about/history/honor/award_ b/nobel. html。

日本为何如此频获诺贝尔奖？有人说“基础研究是无限接近诺贝尔奖的温床”①，而诺贝尔奖授予的大多是20～30年前的研究成果，那么，日本彼时为何能够取得如此多的基础研究成果？对此，学者们普遍认为，日本雄厚的经济实力和充足的科研经费为其奠定了基础，日本政府制定与实施的政策和制度为其提供了保障，日本重视教育且培养出的科技人才为其创造了条件，日本独特的文化传统为其提供了价值导向。那么，这些影响因素是如何发挥作用的？它们能够一如既往地促进日本的基础研究持续涌现高水平成果吗？取得高水平成果能否继续让日本频获诺贝尔奖？日本获得诺贝尔奖的势头能否继续保持下去？诸多问题都需要进行深入思考。

日本频获诺贝尔奖是涉及哲学、教育学、历史学、管理学等诸多研究领域的复杂性问题。它如同一个“多棱体”，仅凭借注视它的单个“棱”，也只能展现相应的“棱相”而难以显露其“棱体相”。为此，需要把基础研究作为一个系统（基础研究系统），把诺贝尔奖评选作为一个系统（诺贝尔奖评选系统）进行研究。对此，笔者认为可以采用自组织理论进行研究。该理论是20世纪60年代末期建立并发展起来的系统理论，主要研究复杂自组织系统（如生命系统、社会系统等）在一定条件下自动地由无序走向有序、由低级有序走向高级有序的形成和发展机制问题，包括耗（吸收）散（释放）结构理论、协同理论、突变理论等。耗散结构理论由比利时俄裔科学家普利高津（Ilya Prigogine，1917～2003年）于1969年创立

① 王宝玺：《21世纪日本自然科学诺贝尔奖“井喷”现象成因分析》，《科研管理》2018年第11期。

（1977 年获诺贝尔化学奖），他主张系统通过"状态参量"（表征系统状态的一些物理量或要素，它由构成系统的"构成参量"和影响它的"控制参量"组成）间非线性相互作用（协同和竞争）产生"涨落"（系统状态的变动），并推动其演变。[①] 协同理论由德国物理学家哈肯（Haken Hermann）于 1976 年创立，他主张系统通过"序参量"（具有支配其他变量作用的"状态参量"）促使系统"状态参量"间相互协同，并产生"涨落"，推动其演变。[②] 运用该理论研究日本基础研究的运行机制及其成果的获奖机制，能够做到既见"棱相"又见"棱体相"，更好地回答本文开篇提出的一系列问题。

一　基础研究及其系统解析

基础研究是指为揭示客观事物的本质及其运动规律，并从中获得新发现、新学说而进行的实验性或理论性研究。依据其是否具有应用（价值）目标导向，基础研究又被分为基础应用研究和基础理论研究。"在 1880 年之前，技术的发展几乎和科学毫不相干"[③]，科学研究和技术研究的关系并不紧密，所谓的科学研究大都属于基础理论研究。"1880 年以后，技术和科学结成了紧密的联系"[④]，科学转化为技术进而转化为生产力并影响社会，与基础理论研究共存的基础应用研究开始出现。贝尔纳（John Desmond Bernal，1901～1971 年）提出"国家主义科学观"（主张国家要按照自身利益规划和利用科学）以后，一些国家制定并实施了科技发展战略或计划，如美国制定了"星球大战"计划（1983 年）、《国家安全战略报告》（2017 年），欧洲共同体（欧盟）制定了"尤里卡"计划（1985 年）、"地平线 2020"科研规划（2013 年），苏联制定了"2000 年科技进步综合纲要"（1985 年），德国出台了"高技术战略 2020"（2010 年）、"工业 4.0"战略（2013 年），等等。这些国家行为进一步推动了基础研究尤其是基础应用研

① 张明国：《耗散结构理论与"阶梯式发展"》，《系统科学学报》2014 年第 4 期。

② 苗东升：《复杂性研究的现状与展望》，《系统科学学报》2001 年第 4 期。

③ 〔澳〕布里奇斯托克（M. Bridgstock）等：《科学技术与社会导论》，刘立等译，北京：清华大学出版社，2005 年，第 183 页。

④ 〔澳〕布里奇斯托克等：《科学技术与社会导论》，第 175 页。

究的发展。进入 21 世纪，经济全球化带来基础研究国际化并加剧其竞争，推动了许多国家调整基础研究政策和管理机制。例如，在研究经费配置方面，形成了竞争性机制，试图以此吸引和培养优秀人才，提高研究绩效和研究质量，增强基础研究的竞争力。

基础研究系统由研究者（个人或团队）、研究对象（研究课题）、研究手段（实验设备和仪器）和研究场所（实验室）等“构成参量”构成，受到“控制参量”（包括研究者的家庭、所在学校和研究机构，社会和文化等）的影响，其成果还因受到诺贝尔奖评选委员（会）评审而与其评选系统相耦合（指两个或两个以上要素间的相互联系和作用）。基础研究系统又分为基础理论研究系统和基础应用研究系统。前者在选题和目标指向方面比后者更具有自组织性等特征，但两者都是开放系统（“构成参量”受“控制参量”的影响）和自组织系统（政府除政策调控外，不再干预），都处于远离平衡状态（“构成参量”和“控制参量”发生以协同和竞争为形式的非线性相互作用），都通过“涨落”（“构成参量”和“控制参量”的非线性相互作用使系统发生变化）推动系统演化。可见，基础研究系统的“构成参量”和“控制参量”之间进行物质（研究者流动、购置与耗用设备等）、能量（研究经费等）和信息（学术信息等）交流，具有耗散结构的特点，其运行的结果是涌现出研究成果。基础研究成果通过转化为技术进而转化为生产力实现其经济功能，通过接受同行评价尤其是接受诺贝尔奖评选委员会评审实现其社会功能（见图 1）。

日本的基础研究发展始自第一次世界大战。当时，受到战争环境的影响，实业家涩泽荣一（1840～1931 年）成立了旨在推动基础研究的理化学研究所（1917 年）。理化学研究所成为汤川秀树（1907～1981 年）等“科学家的天堂”（朝永振一郎之赞语）和“企业孵化器”，孵化出“介子理论”（1935 年，汤川秀树创立）等诺贝尔奖级研究成果。第二次世界大战期间，日本基础研究被军国主义引向服务于战争的“核研究”（如研制回旋加速器等）和“细菌实验”研究等歧路，并犯下了诸多罪行。第二次世界大战以后，随着世界各国科学技术的迅速发展和综合国力的竞争日趋激烈，日本提出了“科学技术立国”战略，制定了旨在推动基础研究的《科学技术政策大纲》和“科学技术基本计划”等规划，涌现出“用激光轰击生物大分子的质谱分析法”（1987 年，田中耕一发明）等诺贝尔奖级研究成果。进

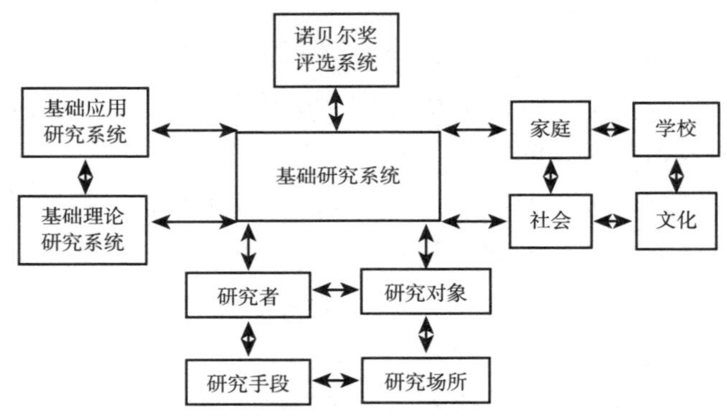

图1　基础研究系统的结构

注：↔表示非线性相互作用。

入21世纪后，日本围绕基础研究调整科技政策，改革管理体制和机制，形成了“竞争性研究经费配置机制”。

日本的基础研究也分为基础应用研究和基础理论研究，前者指国家课题“对应型”研究，后者指“以求知为导向”的研究（包括“助成型”科学研究、战略研究、拓展性研究、国际科技合作推广研究）。其中，“助成型”科学研究包括特别推进研究（具有较高国际声誉和评价的研究）和基础研究、新学术领域研究、挑战性研究（包括独创性构思和高目标探索性研究）、青年学者研究、支持启动研究（资助新聘用者或产假后返岗女性研究者的研究）、特别奖励研究（奖励本单位以外研究者的研究）等。①

日本的基础研究系统也由研究者、研究对象、研究手段及研究场所等“构成参量”构成，它通过“研究机构”系统（由大学、独立法人研究机构和地方政府研究机构等构成）和“跨部门研发管理”系统（在线管理科研及数据库系统）相耦合，受到“政府部门”系统（由文部科学省等构成）、“科学技术政策委员会”（隶属于内阁府）系统、“政府拨款机构”系统（由日本学术振兴会和科学技术振兴机构构成）的影响（这些系统可称为

① 夏欢欢等：《论日本竞争性经费配置机制对我国创新科研管理的启示》，《高校教育管理》2016年第3期。

“控制参量”）。其具体运行机制包括：“跨部门研发管理”系统把来自“政府部门”系统的数据信息（包括研究者姓名、所属机构、研究题目、研究内容、研究期限、经费预算等）输送给“科学技术政策委员会”系统、“政府拨款机构”系统和“研究机构”系统，然后将研究经费通过计算机操作分配给研究者们，并对外发布他们的研究成果；“科学技术政策委员会”分析上述信息，制定重点方向、领域及相关科研政策和拨款政策（报送内阁府审核），统筹协调全国研发活动；政府各部门通过共享上述信息加强沟通和协作；政府拨款机构监督上述研究项目数据、研究者数据和研究机构数据；研究机构通过上述研究数据信息进行管理，包括协助研究者申请项目、获得经费资助等（见图2）。

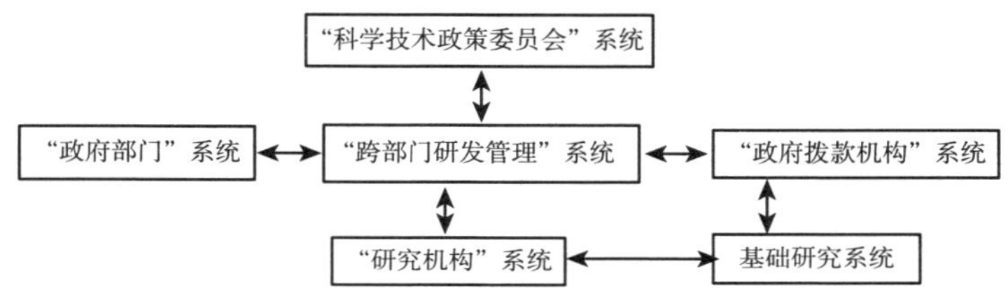

图2　日本基础研究系统间的关系

注：↔表示非线性相互作用。

二　基础研究系统“状态参量”释析

日本基础研究系统的“状态参量”由“构成参量”（包括研究者、研究对象、研究手段、研究场所等）和“控制参量”（包括家庭参量、教育参量、社会参量、文化参量等）构成。“构成参量”受到“控制参量”的影响，研究者还受到其内部“控制参量”的影响（见图3）。

研究者内部的“控制参量”包括性格、兴趣、意志、理念、能力等，它们在一些获奖者身上有所体现。其一，性格方面。例如，田中耕一性格内向，他上学时以“和而不同”的方式与同学相处；白川英树具有不达到目的不罢休的“完美主义”性格；野依良治好动、爱玩，他在幼年时代喜欢在野地里玩耍，在初高中时代热衷于柔道，在大学时代爱打棒球和麻将；下

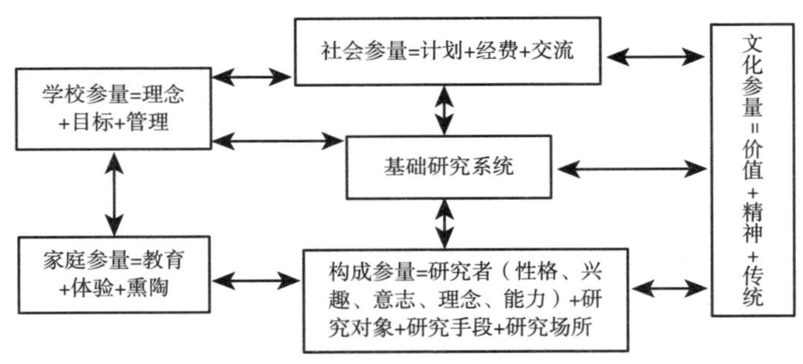

图3　基础研究系统“状态参量”及其关系

注：↔表示非线性相互作用。

村修自幼就对“水母为什么会发光”① 感到好奇。其二，兴趣方面。例如，下村修在小学时代喜欢机械构造；铃木章从小就喜欢数学和理科等领域的知识；根岸英一在高中时代喜欢物理和数学；赤崎勇在少年时代沉迷于收集矿物标本；天野浩在幼年时期喜欢看电风扇转动；中村修二在中学时代喜欢学习数学和做物理实验；白川英树在少年时期对（被盐水浸泡过的）报纸燃烧时发生的现象（火焰颜色发生变化）感兴趣；福井谦一在小学时喜欢阅读法国昆虫学家法布尔（1823～1915年）的著作——《昆虫记》（1907年），在初中时喜欢阅读夏目漱石（1867～1916年）的小说，在高中时喜欢学习数学，他从小就喜欢抄书和做笔记（被喻为“笔记狂魔”），甚至在“睡觉时一旦想起什么，马上记下来”；② 大隅良典自幼喜欢阅读法拉第（1791～1867年）的《蜡烛的化学史》（1870年），喜欢接触、探究自然界。其三，意志方面。例如，汤川秀树为研究原子核结构而废寝忘食，甚至患了失眠症，经过无数次的失败、艰辛的探求，终于提出了“介子理论”；大隅良典在20世纪80～90年代，独自在狭小的实验室里持之以恒地研究“细胞自噬的分子机制”（忍受长期无人问津的孤独与寂寞），终于首次发现了细胞自噬现象。其四，能力方面。例如，白川英树在研究“聚乙炔合成机理”的过程中，能够从学生失败的实验中获得启发并抓住此机遇，发现了制作聚乙炔膜的方法；野依良治在研究“不对称合成”的过程中，

① 张贵勇：《诺贝尔奖与教育之道》，《中华家教》2015年第1期。

② 〔日〕福井谦一：《学问的创造》，那日苏译，石家庄：河北科学技术出版社，2000年。

能够以独特的审美意识审视催化剂结构形状的美学特征和意义，并由此成功地选择出“用于不对称合成反应的催化剂”；田中耕一在“测量蛋白质分子质量”的过程中，在发现误把金属粉末电解成“丙三醇”而非“丙酮”时，能够果断地将错就错，直接把丙三醇和被检蛋白质相混合并取得成功，发现了测定蛋白质质量的方法——“温和电离”法。他们所具有的上述能力被称为“意外发现”（serendipity）能力，即从被他人忽视的现象中获得启示和发现，做出出色成就的能力——自由、灵活的思考力和创造力。其五，理念方面。例如，汤川秀树认为基础研究者要获得创造力就要打破传统思维的桎梏，还要有不达目的绝不罢休的韧性；野依良治秉承“不要求研究者在短时间内取得成果”的研究理念，要求其下属长期潜心从事研究，不要担心因未取得研究成果而受到冷落或被免职；白川英树在发表文章上不求数量只求质量，他在学习期间只发表了一篇论文，在当助教工作的8年里也只发表了4篇论文；① 江崎玲于奈主张研究者应该遵守“五不原则”，即不为已取得的进展和面临的障碍所困，不要过度崇拜大师，不让那些无用的东西成为自己的负担，坚持自己的主张且不逃避挑战，不失去最初的感性和对知识的好奇心。②

研究者内部“控制参量”能够产生如下影响。其一，性格决定研究者的行为动机和态度。例如，田中耕一内向性格，自觉抵制应试教育的不良影响，保持自己的进取心和追求感。其二，兴趣是研究者的研究“原点”。例如，大隅良典认为接触与体验大自然能够萌生好奇心和探究欲望，培养科学研究需要的感性和直觉，是科学研究的“原点”；江崎玲于奈认为接触大自然“是非常重要的科学启蒙教育，是通往产生科学巨匠之路”。③ 其三，意志能够使研究者自觉确定研究目标和计划，并在研究中支配自己的行动（克服困难）直至取得成功。其四，能力特别是“意外发现”能力能够确保研究者识别并捕捉到研究中出现的易被忽视的新现象，进而调整研究计划和

① 〔日〕岛原健三：《日本化学家获诺贝尔奖的社会背景》，张明国译，《东北大学学报》（社会科学版）2007年第3期。

② 〔日〕江崎玲于奈：《挑战极限——诺贝尔物理学奖获得者的传奇人生》，姜春杰译，北京：中信出版社，2012年，第3页。

③ 〔日〕江崎玲于奈：《挑战极限——诺贝尔物理学奖获得者的传奇人生》，第181页。

技术路线直至取得成功，“意外发现”能力能使科学认识的飞跃成为可能。①其五，理念能够使研究者认识科学研究的本质，并将其升华为信念，为研究提供价值取向。江崎玲于奈认为正是遵守前述“五不原则”使他成为“有教养的人”，这是他通向成功的必要条件。②

“家庭参量”包括研究者的父母教育、生活体验、环境熏陶，是研究者成长的基础。例如，田中耕一幼年丧母，养成了内向性格，幼年被过继给从事重复操作的锉锯齿工作的叔父，养成了长期专心做一件事的工匠性格，他受叔母教育观（不赞同应试教育）的影响，不上预备学校，依靠自学考上大学；山中伸弥在幼年时期经常围绕在（研发缝纫机配件技术的）父亲的身边并喜欢科学；大村智在童年时代经常被父亲带去野外体验自然界并喜欢探究未知事物；野依良治少时被父亲带去参加新产品展示会，听到“黄色尼龙丝由水、空气和煤提炼出来”的宣传，感叹“化学实在太神奇”并由此喜欢上化学；汤川秀树生活在书香之家，受到熏陶，养成了爱读、多想、勤写的好习惯，他跟随祖父和父亲博览群书，开阔了视野，激发了求知欲，父母（开明和宽容）培养他的独立意识和自主能力；③ 福井谦一自幼受父亲影响，养成了刻苦读书、勤于思考的习惯；④ 小柴昌俊主张家庭要注重培养孩子的自立精神，从小灌输不依靠父母的独立生活理念，孩子考上大学后，父母只负担他的学费，生活费要靠自己打工赚取，否则会受到同学和社会的耻笑；江崎玲于奈主张要“无比珍视、精心培育、不断激励和呵护”⑤ 孩子及其生活。

“教育参量”包括教育理念、培养目标、管理体制等，对研究者起到“铸塑”的作用。20 世纪 50～60 年代，日本教育经过改革从国家主义教育观转向自由主义教育观，从而对学校教育产生重要影响，主要体现在三个方面。其一，在小学教育阶段，教师不片面强调传授知识，而是特别强调在生

① 〔日〕岛原健三：《日本化学家获诺贝尔奖的社会背景》，张明国译，《东北大学学报》（社会科学版）2007 年第 3 期。

② 〔日〕江崎玲于奈：《挑战极限——诺贝尔物理学奖获得者的传奇人生》，第 181 页。

③ 〔日〕岛原健三：《日本化学家获诺贝尔奖的社会背景》，张明国译，《东北大学学报》（社会科学版）2007 年第 3 期。

④ 〔日〕福井谦一：《学问的创造》，那日苏译，石家庄：河北科学技术出版社，2000 年。

⑤ 李水山：《日本屡屡获得诺贝尔奖引起韩国教育界高度关注》，中国教育新闻网，http://www.jyb.cn/world/gjsx/200812/t20081225_231425.html。

活体验中培养学生的个性，激发其学习兴趣。田中耕一的小学老师（泽柿教诚）秉承“科学不是按照教科书中所写去寻找答案的，而是通过自己思考去发现的”理念①，注重通过观察和实验培养学生的个性；小柴昌俊的小学班主任送给他爱因斯坦的《物理学的进化》（1938 年），以此引导他走上物理学研究之路。其二，在中学教育阶段，教师通过让学生阅读科普读物，宣传科学家及其思想等方式，激发学生的学习兴趣。福井谦一在初中、高中时代，深受法布尔的《昆虫记》等作品的影响（称它是自己的“心灵的启蒙老师”②），并由此对科学研究产生兴趣；小林诚、益川敏英在高中时代深受坂田昌一（1911～1970 年）的“坂田模型”（主张强子由质子、中子和超子等基础粒子及其反粒子复合出来）的影响，对物理学产生兴趣；野依良治、小柴昌俊、南部阳一郎在中学时代深受汤川秀树获得诺贝尔奖的影响，对科学研究产生兴趣；梶田隆章在高中时代深受物理老师的熏陶，对物理学产生兴趣。其三，在大学教育阶段，教师秉承“尊重个性，发挥能力”的教育理念，在教学过程中，注重讲授“思维方法”，把未解决的最前沿问题原封不动地展示给学生，注重培养学生柔性思考和非凡想象的能力以及自由创造能力。③ 因此，学生没有受到应试学习的影响，能够自由轻松、无拘无束地学习，富有好奇心，并根据个人想法提出问题和解决问题。例如，名古屋大学形成了平等、自由、自主的学习环境，院系之间隔阂较少，教师与学生能够平等地讨论，自主开展跨学科、富于独创性的研究，从而培养出了野依良治、小林诚、益川敏英、赤崎勇、天野浩、下村修等诺贝尔奖获得者。

“社会参量”包括研究计划、研究经费、学术交流等，它对基础研究起调控作用。主要体现在以下三个方面。其一，通过制订研究计划调控基础研究。在经济高速增长时期，日本政府除了实施“国民收入倍增计划”，还制定了振兴科学技术、扩充理工学科、提高奖学金、增加大学数量、鼓励学生赴海外留学等政策，持续增加对基础研究的经费投入，为基础研究提供了有

① 〔日〕岛原健三：《日本化学家获诺贝尔奖的社会背景》，张明国译，《东北大学学报》（社会科学版）2007 年第 3 期。

② 〔日〕福井谦一：《学问的创造》，那日苏译，石家庄：河北科学技术出版社，2000 年。

③ 〔日〕岛原健三：《日本化学家获诺贝尔奖的社会背景》，张明国译，《东北大学学报》（社会科学版）2007 年第 3 期。

力保障。自20世纪80年代起，日本从“加工贸易立国”转向“科学技术立国”，从“模仿和追随的文明开化时代”转向“首创和领先的文明开拓时代”[①]，更加注重基础研究。自1995年开始，日本根据《科学技术基本法》，决定每5年制定一期“科学技术基本计划”，积极支持基础研究。其二，通过增加研究经费支持基础研究。日本建立了“竞争型研究经费配置机制”，大力支持基础研究。早在2007年，日本的科研经费占GDP的比例就达到3.67%，远远超过美国。这在诺贝尔奖获得者的经费获得量中也有所体现。例如，大隅良典自1982年开始获得了17.8亿日元研究经费；山中伸弥于2003年依靠日本科学技术振兴机构资助的3亿日元经费发现了iPS细胞，2007年又从政府那里获得了70亿日元的研究经费，2013年开始又从政府支援iPS细胞研究的计划中获得1100亿日元的研究经费；野依良治依靠科学技术振兴机构的经费支持，从事“不对称合成”研究并取得了成果，在获得诺贝尔奖以后，又从政府那里获得了7000万美元的研究经费，建立了实验设备先进的研究中心；梶田隆章于2015年依靠政府资助建立了研究中微子震荡的“超级神冈探测器”；中村修二利用日亚化学工业公司的3亿日元资助开展基础研究；田中耕一依靠其所在企业（岛津制作所）的经费资助研制“蛋白质测量仪”并取得成功。其三，通过促进学术交流推动基础研究。诺贝尔奖获得者大都有过国外留学或研究经历，这对他们及时了解最新研究动向、交流学术信息、转变思维方式起了重要作用。据统计，“在2000年之后日本获得的18个奖项里面，有10位获奖者有过在美国或者英国学习或者工作的经历，有三四个研究成果基本是在美国期间完成的，5位获奖者有过3年以内的海外研究经历，1位在美国获得博士学位后回国”。[②] 比如，利根川进自1963年一直在美国麻省理工学院从事研究并取得了获奖成果；白川英树在完成“聚乙炔合成机理”课题研究以后，在美国继续研究并取得了获奖成果；野依良治在哈佛大学工作期间结识了共同获奖的合作者并取得了获奖成果；南部阳一郎自1956年一直在美国芝加哥大学工作并取得了获奖成果；下村修自1960年一直在美国普林斯顿大学工作并取得了获奖成

① 李完稷：《日本走向二十一世纪的战略目标——实现“国际国家日本”》，《现代日本经济》1987年第2期。

② 韦志超：《中国诺奖得主数量有望在2080年后超过美国》，《经济资料译丛》2019年第1期。

果；根岸英一自1966年一直在美国宾夕法尼亚大学工作并取得了获奖成果；朝永振一郎曾经在德国留学；小柴昌俊、中村修二、大村智、大隅良典和山中伸弥曾经在美国留学；田中耕一曾经在英国工作。这些国外科研经历为他们的基础研究奠定了坚实基础。

“文化参量”包括价值观念、“工匠精神”、文化传统等，对基础研究起潜在作用。主要体现在以下三个方面。其一，重视发展教育，为基础研究提供人才保障。日本教育经历了学习中国教育（大化革新前后）、兼学中西方教育（江户时期）、学习西方教育（明治维新以后）和学习美国教育（第二次世界大战后）等历程。由此，日本取得了以下几方面的成就：第一，积极普及教育。早在江户时代，日本就在兴办官学（官办学校，包括传授儒学的昌平坂学问所、传授“和学”的和学讲习所、传授“洋学”的开成所和传授“兰学”的医学所等）和藩学（各藩国兴办的学校，先传授“汉学”，后传授“洋学”）的同时，兴办民众教育所（包括乡学、私塾、寺子屋、心学与实学讲习所等），积极推动教育普及，使国民识字率（超过50%）远高于同期的英国（识字率为20%～25%）[①]。第二，增加经费投入。在20世纪60年代的10年里，日本的教育经费总额增加了3.7倍，超过国民生产总值（增加3.5倍）和国民收入（增加3.4倍）的增长率。第三，形成重教价值观。二战后，日本把日元纸币头像改换为福泽谕吉、新渡户稻造、野口英世、樋口一叶、夏目漱石等教育家和科学家。这种做法对树立尊重教育、崇尚科学的价值观起到了“物以载道”的意义。据悉，日本政府将再次发行新的货币，并将头像换为涩泽荣一、津田梅子、北里柴三郎。尽管该方案颇受争议，但其中教育家和科学家仍占多数，体现出日本重视教育和科学。其二，崇尚“工匠精神”，为基础研究提供驱动力。大隅良典持之以恒，24年专心从事细胞自噬研究；田中耕一深受叔父专心从事锉锯齿工作的影响而养成工匠性格。这些体现了日本民族特有的工匠精神，即恪守祖传的工艺、坚持自己的追求，一辈子只做一件事且将其做到极致，追求品质、精益求精。这种精神主要来自从业者对其对象化之物所产生的价值诉求，不仅赋予其诗意，还赋予其人格，甘愿为其奉献。这种精神被诺贝尔

① 赵世海等：《日本江户时代的基础教育研究》，《日本问题研究》2017年第1期，第49～56页。

文学奖提名者谷崎润一郎赞誉为“艺术家的勇气”[①]。日本的工匠精神源于历史文化传统的积淀与传承：在飞鸟时代（592～710年），土木工匠被册封为“左官”和“右官”等；在奈良时代（710～794年），从事写经（抄写佛教经典）的工作者被称誉为“校正师”“装卷师”等；在平安时代（794～1192年），从事冶金的工作者被称誉为“刀剑师”“甲胄师”等；在镰仓时代（1185～1333年）、室町时代（1336～1573年）和元禄时代（1688～1703年），人们以“职人歌合”（吟咏工匠生活）的艺术形式颂扬工匠精神。例如，《东北院职人歌合》（1214年）描写了34种职业，《七十一番职人歌合》（1500年）描写了142种职业，《人伦训蒙图汇》（1690年）描写了460多种职业。[②] 其三，追求忠诚求实，为基础研究奠定精神基础。忠诚求实的文化传统主要源于武士道传统，内含忠诚、信义、廉耻、尚武、名誉等，被新渡户稻造（著书《武士道》）释义为背负责任和履行责任，被R. 本尼迪克特（著书《菊与刀》）解释为忠诚、勇敢、唯美、内敛、严谨、自律和专注等。它形成于大化革新时期，被作为当时文化教育的主要内容。到明治维新时期，大批武士入学被培养为科技人才。例如，1890年，在武士出身的帝国大学毕业生中，工程专业的占85.7%，科学专业的占80%。第二次世界大战期间，武士道文化被军国主义引向战争歧途并犯下各种罪行。战后，日本通过民主改革赋予武士道忠于职守、勤奋务实、专心致志等新的含义，并培养出被堺屋太一称为“团块世代”的一代人（泛指20世纪40～50年代出生者）。他们热爱工作、甘于奉献，具有强烈的集体意识和竞争意识，被称为战后日本的支柱性一代。许多诺贝尔奖获得者就属于“团块世代”，“日本科学技术具有浓厚的‘武士’精神”，[③] 这种精神“源于日本的传统，来自武士和以武士为中心的日本社会”[④]。

---

① 叶渭渠：《谷崎润一郎传》，北京：新世界出版社，2005年。

② 周菲菲：《日本的工匠精神传承及其当代价值》，《日本学刊》2019年第6期。

③ 〔美〕小威廉·贝拉尼克、〔美〕古斯塔夫·拉尼斯编《科学技术与经济发展——几国的历史与比较研究》，胡定等译，北京：科学技术文献出版社，1988年。

④ 〔日〕森谷正规：《日本的技术——以最少的耗费取得最好的成就》，徐鸣等译，上海：上海翻译出版公司，1985年。

三　基础研究系统运行机制剖析

基础研究系统的“状态参量”不是彼此独立或互不相干的，而是相互耦合并随时空场域的变化而变化，主要体现为：研究者及其内部的“控制参量”和外部的家庭参量、教育参量、文化参量相互耦合；研究对象的选择和确定、研究手段及研究场所的配置与社会参量、文化参量相耦合。它们在因耦合而相互作用的过程中，既非持续协同也非持续竞争，而是随时空场域的变化既相互协同又相互竞争，它们相互作用的总和不等于每个部分作用相加的代数和（即 $1+1\neq2$）。这种相互作用是非线性相互作用，推进基础研究系统运行并涌现出研究成果。

基础研究系统“状态参量”的非线性相互作用主要体现在以下三个方面。其一，在研究初期，研究对象（课题）、研究手段（仪器设备）因受“社会参量”（包括经济基础、政策导向及其经费投入等）和“文化参量”的消极影响（如研究课题不受政策支持、研究经费配置不到位、价值观念不相适应等）难以得到有效选择与配置；研究场所（实验室）因受“社会参量”（包括研究者所在单位的具体政策、管理及经费投入，同行学术圈内的人才流动等）和“文化参量”的消极影响（如政策、管理不相匹配，经费落实不及时，从业理念不适宜等）难以得到有效建构；研究者因受其内部“控制参量”和外部的家庭、教育、文化等“控制参量”的差异性影响（因人而异），表现出个体差异性（即在研究认知及理念等方面产生分歧），进而使研究团队不稳定。此间，基础研究系统的“状态参量”之间平等共存，没有产生起决定作用的“序参量”，它们之间的竞争大于协同并使该系统处于无序状态。其二，在研究中期，研究团队成员在相互竞争的过程中，研究者内部“控制参量”逐渐成为起决定性作用的“序参量”，并与其他“状态参量”相协同，这一时期会产生团队领导者；团队领导者通过调整人员结构和改革管理机制，促使研究团队产生“涨落”，即从无序（理念分歧、结构混乱）趋向有序（理念趋同、结构合理）。在研究者选择和确立研究对象（课题）的过程中，政府的政策调控、同行评价等“控制参量”逐渐成为起决定作用的“序参量”，并给予其支持和认同（产生“涨落”）进而使其得以确立。在研究手段及研究场所的配置过程中，政策调控和经费配置机制等“社会参量”成为起决定作用的“序参量”，并给予支持，使研究手段和场所得到配置（产生“涨落”）进而与研究对象相匹配。此间，基础研究系统的“状态参量”在“序参量”的支配下，发生协同大于竞争的相互作用，产生若干“涨落”，这些“涨落”在一定条件下叠加又形成“巨涨落”（体现为“构成参量”的优化），促使基础研究系统状态由无序趋于有序（体现为合理的研究团队、创新的研究课题和与之相匹配的研究手段及场所）。其三，在研究后期，研究团队领导人的内部“控制参量”成为“序参量”，并发挥如下决定作用：团队领导人既能够对团队成员进行合理分工，又能够使其有效协作；既能够组织团队成员围绕研究思路、研究方法等广开言路、开展争论，又能够集思广益，优化整合出最佳研究方案；既重视旧理论对新假说（研究内容）的基础作用，又关注前者对后者的阻碍作用，并敢于突破前者的束缚；既重视旧理论对新事实（研究内容）的解释作用，又关注前者对后者的排斥作用，并能够冲破前者的障碍；既重视逻辑方法（归纳和演绎、分析和综合等）对非逻辑方法（直觉、灵感、顿悟等）的基础作用，又关注后者对前者的创新作用，并能够适时运用后者进行创新研究；既重视上阶段成果（新假说）对下阶段成果（新假说）的基础作用，又关注前者对后者的阻碍作用，并敢于突破前者的束缚进行开创性研究。上述“序参量”的支配作用结果是，促使基础研究系统产生“涨落”，涌现出最终研究成果，进而使其运行到新的有序阶段（见图4）。

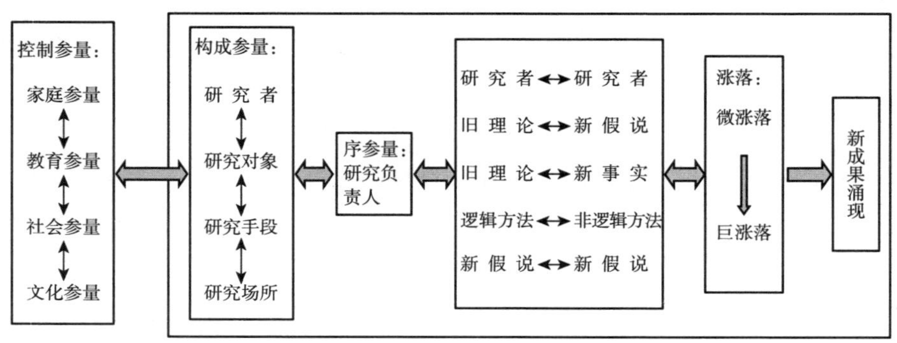

图4　基础研究系统运行机制

注：↔表示非线性相互作用，→表示过程趋向。

基础研究系统“状态参量”间的非线性相互作用，使其从涌现阶段性“涨落”（阶段性成果）到涌现“巨涨落”（最终成果）的运行过程具有非线性或复杂性。主要体现在三个方面。其一，研究者取得阶段性成果（成功性“涨落”），并使其持续下去，促使若干阶段性成果累积、叠加为“巨涨落”直至涌现最终成果，并推进基础研究系统进入新阶段。反之，研究者出现阶段性失败（失败性“涨落”），并因持续失败（“涨落”叠加成“巨涨落”）而以失败告终（系统维持原状态）。其二，研究者在出现阶段性失败（失败性“涨落”）时，能够凭借其内部“控制参量”的作用，使之转败为胜（成功性“涨落”），之后又克服各种困难，持续取得成功（“涨落”叠加为“巨涨落”）直至涌现研究成果，并推进基础研究系统进入新阶段；反之，研究者首先取得阶段性成果，然后又因各种“控制参量”的影响而转胜为败（失败性“涨落”），并因接连失败（失败性“涨落”叠加成“巨涨落”）而最终失败（系统维持原状态）。其三，研究者因其内部“控制参量”而能够在研究过程中发现偶然出现的新现象（随机性“涨落”）或者无视它。前者可能使研究者取得阶段性成果，并使之持续下去，致使若干阶段性成果合成（“涨落”叠加为“巨涨落”）直至涌现研究成果，并推进基础研究系统进入新阶段；后者极难取得成果直至最终失败（系统维持原状态）。

基础研究系统的上述运行机制，可以用于解释日本迄今取得诺贝尔奖级成果的原因及其机制。第一，多数研究者出生于20世纪50年代，在20世纪80年代前后从事基础研究并取得成果。20世纪50年代，日本确立了自由主义教育观，并以此指导学校的教学。受其影响，学校实施尊重个性、发挥个人能力的教育；教师重点教授思维方法，注重把处于未解决状态的最前沿问题原封不动地展示给学生。这种教学方法对培养学生的柔性思考和非凡想象力起到很大作用，为培养他们的“意外发现”能力提供了充裕的精神、时间和经济等条件。在20世纪80年代，日本确立“科学技术立国”战略，制定并实施科技政策、构建科技体制及评价机制（如实施“竞争性研究经费配置机制”等），依靠强大的经济实力，鼎力资助基础研究，它们共同为基础研究奠定了坚实基础并提供有力保障。这些“控制参量”和“构成参量”相互协同，共同促使研究者获得成功。第二，少数研究者（如田中耕一等）出生于20世纪60年代。当时，日本的教育观从自由主义转向应试主义，学校以培养企业型人才为目标。受其影响，教师只注重讲授知识而不注重讲授方法，学生只注重死记知识，这些都不利于培养学生提出问题和解决问题的能力，不利于培养学生自由、柔性的创造力。显然，这些“控制参量”对基础研究起到阻碍作用。尽管如此，研究者如果依据其他“状态参量”的协同作用消除负面影响，也能够取得成果。例如，田中耕一凭借其内部“控制参量”，能够和他所在的社会、学校环境相隔离，保持自己的进取心和追求，并凭借自己的“意外发现”能力，借助其所在企业的支持（提供研究经费并赋予研究团队自主权），最终获得成功。第三，研究者在研究过程中有时会遇到一些异常现象，凭借其内部“控制参量”（如“意外发现”能力等）能够敏锐地捕捉此现象并获得成功。例如，白川英树发现了“聚乙炔膜”制作法，田中耕一发现了“不对称合成”的“温和电离”法等，都属此类成功。值得注意的是，由于“构成参量”和“控制参量”之间的相互作用是非线性相互作用，上述“控制参量”中的教育参量、社会参量和文化参量等虽然给予同时代其他研究者相同影响，但是研究者的内部“控制参量”及其“家庭参量”等因人而异，导致同时代其他基础研究者能否取得研究结果也因人而异。

日本基础研究系统的“状态参量”随其所处时空场域的变化而变化，其非线性相互作用及结果也随之发生变化。第一，日本泡沫经济崩溃致使经费投入量锐减。据统计，2015年，日本86所大学、4所研究机构合计只获得10945亿日元研究经费，比2004年减少1470亿日元（13.4%）。[①] 显然，这些“控制参量”的变化可能给基础研究带来较大影响。第二，20世纪90年代以后，日本大学通过改革建立起“竞争性研究经费配置机制”，虽然有助于促进基础研究，但在后期执行过程中也可能出现一些弊端。[②] 比如，在职称评定方面，大学制定并实施了“业绩主义”标准（只注重数量而忽视质量），导致抄袭和剽窃科研成果或实验数据现象屡禁不止。据日本媒体调查，仅2009年1月至2013年4月，在包括东京大学在内的27所国立大学、

① 韩声江：《17年拿17个诺奖，日本获奖者及名古屋大学校长却开始反思》，澎湃网，2016年10月26日，http：//m.thepaper.cn/newsDetail_forward_1548578。

② 〔日〕岛原健三：《日本化学家获诺贝尔奖的社会背景》，张明国译，《东北大学学报》（社会科学版）2007年第3期。

公立大学和私立大学中就发生了36件学术不端行为事件[①]。又如，在经费方面，大学制定并实施了“竞争主义”标准（优先向短时间内取得成果者提供经费），导致年轻研究者为获得研究经费不得不选择“短期研究”课题，助长了功利主义价值观。另外，大学体制尤其是科研体制也倾向于不支持长期高水平研究，只支持短期中等水平研究。显然，这种变化也给基础研究带来不良影响，正如有的日本学者指出，“现在日本大学的研究体制不适应虽有失败的可能性但若成功就能取得划时代成就的研究实践，而转向支持大量的中等水平的研究”，“能够具备‘诺贝尔奖级’的发现和发明的条件，在现在的日本几乎没有了”。[②] 第三，日本文化传统支撑的“工匠精神”随着“团块世代”的退场和“新人类”[③] 的登场而发生变化。就科技领域的反应而言，大隅良典曾对基础研究后继乏人、从业者深受功利价值观影响的现状表示担忧：“有用”正在戕害社会；（基础科学）真正“有用”可能要到100年以后；如果认为科学研究应当“有用”，那么，基础科学就“死掉了”![④] 在制造领域则表现为日本产品质量降低。例如，神户制钢所篡改部分铜、铝线材的检验数据，将产品以次充好供应给客户，波及丰田、三菱等200多家企业；日产因忽视车检而被迫召回100余万辆车；高田公司的产品存在安全隐患，导致大众、通用等汽车公司被迫召回数百万辆汽车，高田公司因此破产。[⑤]

上述现象已经引起日本政府和高校的关注，并试图改变。例如，2015年11月6日，日本11所顶尖大学校长联合举办了“学术研究恳谈会”，呼吁提高研究经费，持续支持基础研究。日本政府在第五期“科学技术基本计划”中，明确政府和民间在2016~2020年合计投入科研经费占GDP比重

---

① 耿景海：《日本大学学术论文不端行为现状调查——基于2009~2013年媒体公开报道的事例》，《科技管理研究》2014年第1期。

② 〔日〕岛原健三：《日本化学家获诺贝尔奖的社会背景》，张明国译，《东北大学学报》（社会科学版）2007年第3期。

③ “新人类”出生于20世纪80年代以后，其特点是深受欧美文化影响而使其祖辈的“团队主义”退隐、自由享乐主义膨胀。

④ 《日本新科诺贝尔奖得主称：日本的科学研究正在“空心化”》，搜狐网，2016年10月5日，https://www.sohu.com/a/115503380_125484。

⑤ 《从气囊到线材丑闻频发　以工匠精神自居的“日本制造”怎么了?》，搜狐网，2017年10月19日，https://www.sohu.com/a/198897698_99905556。

达4%以上的目标，试图以此振兴基础研究。[①] 但是，只关注上述“控制参量”中的一种或若干种并努力改变，而忽视整个“状态参量”的系统优化并使其相互协同，也很难有效振兴基础研究事业。要强化基础研究并确保其获得成果，必须纠正顾此失彼，确保基础研究“状态参量”间的整体协同和优化。

四 基础研究成果获奖机制辨析

基础研究系统的成功运行所涌现出的研究成果，在评选诺贝尔奖的过程中，将被纳入诺贝尔奖评选（委员会）系统（接受评审）。因此，还需要研究诺贝尔奖对基础研究成果的评选机制。

按照诺贝尔生前遗嘱规定，物理学和化学奖评选系统由瑞典皇家科学院组建，生理学或医学奖评选系统由瑞典皇家卡罗林医学院组建，其他评选系统各由不同单位组建。在评选系统的“状态参量”中，“构成参量”包括评选者（评选委员会委员）、评选对象（研究成果及其所有者）、评选标准及方法等，“控制参量”包括评选者和推荐者的内部“控制参量”（专业能力和国际名望等）、推荐对象（基础研究成果及其所有者）等。评选系统是开放系统（不分国籍、种族、宗教信仰或意识形态，对所有人开放）和自组织系统（瑞典和挪威政府无权干涉诺贝尔奖评选工作，评选结果也不因本人拒绝领奖或获奖者所在国家政府阻止其领奖而改变[②]）；“构成参量”和“控制参量”之间产生既竞争（淘汰多数候选人）又协同（保留少数候选

① 韩声江：《17年拿17个诺奖，日本获奖者及名古屋大学校长却开始反思》，澎湃网，2016年10月26日，http://m.thepaper.cn/newsDetail_forward_1548578。

② 例如，希特勒曾于1937年颁布法令，禁止德国科学家格哈德·多马克（Gerhard Johannes Paul Domagk，1895～1964年，1939年获生理学或医学奖）、理查德·库恩（Richard Kuhn，1900～1967年，1938年获化学奖）、阿道夫·布泰南特（Adotf Butenandt，1939年获化学奖）领奖；苏联文学家鲍利斯·帕斯捷尔纳克（Boris Pasternak，1890～1960年，1958年获文学奖）迫于当局压力婉拒领奖；越南共产党领导人黎德寿（1911～1990年，1973年获和平奖）拒绝与美国前国务卿基辛格一道领奖；萨特（Jean-Paul Sartre，1905～1980年，1964年获文学奖）拒绝领奖。

人）的非线性相互作用，使评选系统处于远离平衡状态①。因此，评选系统是具有耗散结构（吸收候选信息、发布获奖者信息）特点的系统。

诺贝尔奖评选系统的“构成参量”和“控制参量”的非线性相互作用机制如下。一是基础研究成果及其所有者和推荐者的非线性相互作用。尽管诺贝尔遗嘱规定奖励贡献最大的研究成果及其所有者，但这种抽象的评选标准因每位推荐者的评价尺度不同而有所差异。研究者及其成果如果符合推荐者的评价标准就会被选中，反之就会被淘汰。另外，有些研究者的研究成果所属学科不属于评选学科，导致他们尽管取得了诺贝尔奖级研究成果，也不会被纳入参评对象。例如，E. P. 哈勃（1889～1953 年）虽然发现了“哈勃定律”（来自遥远星系光线的红移与它们的距离成正比），但其成果属于天文学（不属于评选学科）而被拒之门外。还有一些研究者，虽然所涉学科属于评选学科，但受到当时政治因素的影响，他们即使取得了诺贝尔奖级研究成果也被排斥在外。例如，爱因斯坦创立的相对论虽然达到了诺贝尔奖水平，但因他遭到德国纳粹的批判而被排斥在外（他只凭借其“光电效应”成果获奖）。二是推荐者和评选者的非线性相互作用。基础研究者及其研究成果一旦被选中并推荐给评选者，他们就被纳入评选系统接受评审（基础研究系统和评选系统因此相耦合）。评选者按照候选成果的贡献度、候选者健在且数量不能超过 3 位等评选标准进行审查和评选。其间，在评选标准和投票数量等“序参量”的作用下，评选者保留少数候选成果及其所有者，淘汰多数候选成果及其所有者。评选系统“序参量”的排他性和约定性导致许多研究成果及其所有者尽管入选但仍遭淘汰。例如，比利时物理学家罗伯特·布劳特（Robert Brout）和弗朗索瓦·恩格勒（François Englert）于 1964 年共同提出“希格斯机制与希格斯玻色子理论”，恩格勒于 2013 年凭借该理论获得诺贝尔奖，布劳特因 2011 年去世而失去了获奖机会。赵忠尧（1902～1998 年）虽然于 1929 年首次观察到正负电子湮灭现象，但因评委的错误质疑未能获奖，而美国科学家安德逊（Carl David Anderson）1932 年发现了该现象，于 1936 年获奖。三是在一些特殊情况下，评委会突破已有评

① 这在诺贝尔文学奖评选系统中体现得尤为明显，例如，1935 年，因在表决时评选者之间竞争大于协同而使评选结果出现“空缺”，被迫终止该年度颁奖；2018 年，评选者卡塔琳娜·佛洛斯登松的丈夫——让·克劳德·阿尔诺被指控涉嫌性侵犯和泄露诺贝尔奖评选结果，该丑闻引起许多评选者的愤怒并罢选，最后该年度的评选因评选者人数不足而被迫停止。

选标准的束缚，另立评选标准并以此决定评选结果。例如，拉尔夫·斯坦曼（Ralph Marvin Steinman，1943～2011年）虽已去世，但评委会以在他去世前已经选定他为由，决定授予他2011年生理学或医学奖；联合国秘书长达格·哈马舍尔德（Dag Hammarskjöld，1905～1961年）虽意外去世，但评委会以其因飞机失事殉难为由，破例授予他1961年和平奖；诺贝尔奖评选委员会委员和终身秘书埃利克·阿克塞尔·卡尔费尔德（Erik Axel Karlfeldt，1864～1931年）在评选时也已去世，但评委会以他几次被提名获奖都推辞拒绝为由，破例授予他1931年文学奖。诺贝尔奖评选系统通过上述“状态参量”间的非线性相互作用机制完成了评选，向世界发布评选结果，并在每年的12月10日（诺贝尔纪念日）颁奖。（见图5）

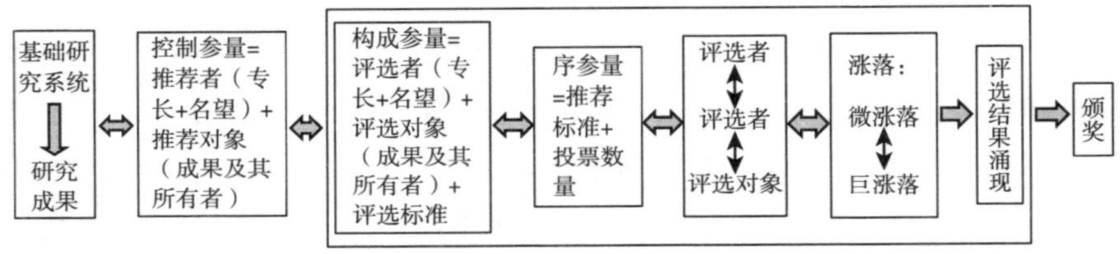

图5　基础研究成果获奖机制

注：↔表示非线性相互作用，→表示过程趋向。

诺贝尔奖评选系统的运行机制反映出基础研究和诺贝尔奖之间的复杂关系。第一，基础研究对诺贝尔奖的作用具有决定性或必然性。诺贝尔奖成果来自基础研究，要想获得诺贝尔奖就必须拥有相应的基础研究成果。第二，基础研究对诺贝尔奖的作用又具有或然性或相对性。诺贝尔奖级研究成果及其所有者未必一定能够获奖，未获奖者的研究成果未必比获奖者的差。

诺贝尔奖评选系统的运行机制也体现了日本迄今基础研究成果的获奖机制，并体现在日本基础研究者的获奖历程中。日本基础研究成果的获奖机制体现在三个方面。其一，研究者及其成果在接受推荐者的评价过程中，有的成果因不符合其推荐标准而被淘汰，有的成果因符合其推荐标准而被选中，并被纳入诺贝尔奖评选系统。其二，研究者及其成果或因符合评选者的评选标准而获奖，或因不符合其评选标准而被淘汰。其三，许多日本研究者虽然取得了诺贝尔奖级研究成果，但最终也未能获奖。例如，北里柴三郎

（1852～1931 年）虽然于 1890 年与德国医学家埃米尔·阿道夫·冯·贝林（Emil Adolf von Behring，1854～1917 年）合作发现了破伤风抗毒素，并共同发表关于破伤风和白喉免疫的论文，但没能获奖，而后者却凭借此成果于 1901 年获奖。野口英世虽然于 1909～1913 年成功地培养了梅毒螺旋体，但最终未能获奖。山极胜三郎（1863～1930 年）和市川厚一（1888～1948 年）虽然于 1915 年合作首次完成诱发人工癌症，但因有的评委主张"别让黄种人太早获奖"[①] 而未能得奖，丹麦病理学家约翰尼斯·安德列斯·格列伯·菲比格（Johannes Andreas Grib Fibiger，1867～1928 年）却因取得类似研究成果（发现能够诱发癌症的"螺旋体癌"）于 1926 年获奖。[②] 铃木梅太郎（1874～1943 年）虽然于 1910 年最早成功提取了硫胺素（维生素 B1），但因其论文的（德文）翻译没有标注"世界首例"而未能获奖。户冢洋二（1942～2008 年）虽然于 1998 年发现了中微子振荡，但因早逝而未能获奖，其合作者和后继者梶田隆章发现中微子振荡并于 2015 年获奖。

诺贝尔奖评选系统的上述机制尽管存在诸多问题，但因其评选对象面向全世界、涉及多学科、奖励高（自 2017 年起，奖金提高至 900 万克朗，约合人民币 740 万元）、影响大而成为衡量一个人或一个国家基础研究水平的重要标志。因此，自奖项设立以来，每年都引起世人的广泛关注，日本政府将获得诺贝尔奖作为"科学技术基本计划"的重要目标之一，并在瑞典卡洛林斯卡医学院内设立了研究联络中心。

日本重视诺贝尔奖，不仅因为它能够给本国带来崇高的荣誉，提高本国科技的世界影响力，还在于它能够促进基础研究并催生出更多研究成果，进而促进本国科技、经济的发展，通过基础研究成果尤其是基础应用研究成果转化为技术实现向生产力的转化。例如，江崎玲于奈和白川英树的获奖成果确保日本半导体材料行业在全球范围内长期保持优势地位；赤崎勇、天野浩和中村修二的获奖成果确保日本光学制造业领先世界其他同行产业；汤川秀树和梶田隆章的获奖成果使日本在高性能专业超级计算机方面能够超越美国。总之，基础研究成果能够让日本的芯片、机械、医学、新能源、机器

① 易国祥：《"百年孤独"是诺贝尔奖"井喷"的前夜》，新闻频道，http：//www.yingkounews.com/news/reping/201410/t20141015_760047.html。

② 后经验证发现，菲比格的研究成果是错误的，但他的奖项并没有被撤销。而大英百科全书在介绍"诺贝尔奖癌症研究"中，只提及山极胜三郎的成就而未提及菲比格的名字。

人、环境处理等多个领域在现在和未来确立优势。

日本如此重视基础研究和诺贝尔奖，并制定了上述具体获奖目标，这有赖于其对基础研究实力和获奖能力的自信评估，在之后的实践中也得到了部分验证。基于基础研究系统与诺贝尔奖评选系统及其非线性相互作用关系，再考虑到获奖时间大约滞后于成果产生时间20～30年（21世纪以来的获奖成果产生于20世纪70～80年代）[①]，可以做出如下三点推测。第一，20世纪70～90年代日本取得基础研究成果的存量使其完成获奖目标具有可能性，成果所有者的健在与否则成为变可能性为现实性的重要参量。第二，伴随“科学技术基本计划”的制定和实施，日本对基础研究持续投入经费且总体呈现增加趋势，这成为确保其完成获奖目标的重要参量。第三，基础研究后继乏人的现象成为影响获奖趋势能否持续下去的重要参量。日本的获奖趋势取决于能否根治在实施“竞争性研究经费配置机制”的过程中存在的弊端，能否改变社会的等级化、学历化给基础研究带来的不良影响，能否改变学校的应试教育及其给基础研究带来的不良结果等。总之，日本未来基础研究系统及其获奖机制也是非线性的、复杂的，要确保其基础研究及获奖趋势持续下去，就要全面考量系统的“状态参量”及其非线性相互作用机制，并对此进行系统调整乃至全面深化改革。

五　结语：未尽的启示

日本自2001年以来在获得诺贝尔奖方面出现“井喷”现象，激起国人反思制约中国获得诺贝尔奖的原因。目前，大体形成的共识是中国缺乏对基础研究的经费投入或者说投入不足。实际情况是，2010年以后，中国的GDP超过日本。同时，研究开发经费投入总额也超过日本和德国；2013年，中国的研究开发经费投入占GDP的比重首次突破2%；2015年，中国发表论文总量也远超日本和德国，排在世界第2位，占世界的16.3%，仅次于美国。[②] 根据前述分析，笔者认为科研经费的增加并未带来中国的诺贝尔奖

① 陈其荣：《诺贝尔自然科学奖获奖成果的检验期探究》，《河池学院学报》2010年第3期。

② 韩声江：《17年拿17个诺奖，日本获奖者及名古屋大学校长却开始反思》，澎湃网，2016年10月26日，http：//m.thepaper.cn/newsDetail_forward_1548578。

获得者增加的原因在于三个方面。第一，增加经费投入固然是促进基础研究并取得成果的重要参量，但是增加经费投入、取得基础研究成果、获得诺贝尔奖，这三者之间存在时间差值。2010 年以后，虽然中国增加了基础研究经费投入，但并不能起到立竿见影的效果；而且中国的经费投入总量虽然超过日本，但其强度还远低于日本。第二，除了增加经费投入以外，确保基础研究者的数量和质量也是影响获得诺贝尔奖的重要参量。现在，中国虽然增加了基础研究的经费投入，但存在基础研究人员匮乏的现象。中国科学技术学会在《2014～2015 学科发展报告》中指出了“能够称得上战略科学家的帅才少”，“研究人员和专业技术辅助人员结构不合理，缺少大量专业辅助人员”，“基础学科后备人才资源不足”，以及“优秀人才流失严重”等问题。[①] 钱学森生前曾发出“为什么我们总是培养不出杰出的人才”之问。原因不仅涉及大学环境、学风、教学模式等方面，还源于基础研究价值评价功利化，科研人员缺少自由探索、勇于批判、大胆创新、严谨求实等精神。第三，有的学者依据“经费投入”和“人口总量”等参量推断，“中国诺奖得主数量有望在 2080 年后超过美国”[②]，这一推断令人鼓舞并有奋斗希望。但是，笔者依据前述强调，不仅要注重这两个参量对获得诺贝尔奖的影响力，而且要在此基础上考虑其他参量尤其是它们之间的非线性相互作用及其机制。总之，未来中国的基础研究系统及其获奖机制也是非线性的和复杂的，要确保基础研究持续发展并有望获得诺贝尔奖，就要全面考量各种“状态参量”及其非线性相互作用机制，并对此进行系统调整乃至全面深化改革。

（审校：中　鹄）

① 《从诺贝尔奖理性认识“科研差距”》，新华网，2016 年 10 月 6 日，http://www.xinhuanet.com/politics/2016－10/06/c_129311900.htm? from = singlemessage。

② 参见韦志超《中国诺奖得主数量有望在 2080 年后超过美国》，《经济资料译丛》2019 年第 1 期；“Science and Engineering Indicators”，National Science Board，2018，https://www.nsf.gov/statistics/2018/nsb20181/assets/nsb20181.pdf。

《日本文论》（总第 4 辑）
第 26 ~ 47 页

日本成为世界第二大经济体后的科学技术政策演变

田　正*

内容摘要： 日本成为世界第二大经济体后，经济结构面临转型调整，而技术引进的空间不断缩小，迫切需要通过自主创新实现可持续增长。科学技术具有“公共产品”属性，存在市场失灵导致的研究开发投资不足问题，需要政府干预调控。日本政府自 20 世纪 70 年代以来实施了一系列科学技术政策，分别经历了加强自主创新、实施市场化改革、加强政府引导等发展阶段，具有增强科研经费竞争性、推动创新关联税制改革、注重中小企业研发、建立官民并举的研发投资机构、重视人才培养等特征，推动日本实现创新发展。

关 键 词： 科学技术政策　自主创新　公共产品

20 世纪 50 ~ 60 年代，日本政府通过外汇管制等措施，积极促进重点产业领域的技术引进，促使日本在短时间内实现了与欧美等先进国家的技术水平收敛。1968 年日本成为资本主义世界第二大经济体后，其技术引进空间愈加缩小，在科学技术发展方面面临着技术创新机制转型的压力。从 20 世纪 70 年代起，日本政府愈加重视采取科学技术政策，提高日本的自主创新能力，提高日本的技术水平。目前，国内外诸多学者对这一问题进行了研究分析。例如，王玲详细分析了日本历次科学技术发展计划的发展历程；平力群采用比较经济学的分析方法，分析了日本科学技术政策的制定过程；

* 田正，经济学博士，中国社会科学院日本研究所副研究员，主要研究方向为日本经济、日本产业。

武安义光等分析了20世纪50年代以来日本科技厅及科技政策的发展历程。[①] 本文将着重分析日本在成为世界第二大经济体后采取的科学技术政策，探究其背景与理论基础，采用政策史的分析方法，详细探析自20世纪70年代至当前的日本科学技术政策演变，并分析其特点与经验教训，提出值得中国借鉴之处。

一　日本实施科学技术政策的理论基础

科学技术政策具有广泛的含义，本文所指的“科学技术政策”主要有两个方面的含义：一是通过促进基础研究来积累和创造新知识的相关政策；二是促进已有的知识转化为具体的产品，即促进既有知识应用的相关政策。从这个意义上说，本文所指的“科学技术政策”也具有创新政策的含义，在文中统一使用“科学技术政策”表达。

从基础数据来看，日本的研究开发投资大部分是由民间企业完成的。日本总务省《科学技术研究调查》结果显示，2019年日本的研究开发费用为19.5万亿日元，其中民间企业投入的研究开发费用为14.3万亿日元，占研究开发费用总额的73.3%，而政府资金的占比仅为26.7%。[②] 虽然民间企业是日本实施研究开发的主体，但由于市场失灵等问题的存在，政府的科学技术政策实施仍具有理论基础。

首先，“科学技术”的生产具有公共产品属性，引发“市场失灵”问题时，需要政府采取“科学技术政策”予以干预。根据微观经济学理论，在经济的运行过程中，市场机制会通过市场的需求与供给变动所引起的价格变化实现对资源的有效配置和利用。但是，市场机制作为一种利益调节分配机制，其完全调节功能的实现是有条件的，即针对具有竞争性和排他性的私人物品时能够发挥充分的作用，但是在对既不具有竞争性也不具有排他性的公共产品生产进行调节时，市场机制的作用是有限的，甚至可能出现无效的情

① 参见王玲《日本科学技术基本计划制定过程浅析》，《全球科技瞭望》2017年第4期；平力群《日本科技创新政策形成机制的制度安排》，《日本学刊》2016年第5期；〔日〕武安义光《日本科技厅及其政策的形成与演变》，杨舰、王莹莹译，北京：北京大学出版社，2018年。

② 「2019年（令和元年）科学技術研究調査結果」、総務省統計局ホームページ、https://www.stat.go.jp/data/kagaku/kekka/youyaku/pdf/2019youyak.pdf。

况。“科学技术”与“私人物品”不同，具有“公共产品”属性，科学家创造出的“科学技术”属于人类知识宝库中的一部分，可以供所有人使用和学习，从而容易遭遇“搭便车”问题，即由于不付费也不妨碍消费，所以人们没有为其付费的激励，从而导致“科学技术”的生产小于消费。[①] 由此可见，在“科学技术”的创造和使用问题上，存在“市场失灵”的问题，即如果将“科学技术”的生产完全交给市场机制，则无法实现资源的有效配置，会导致“科学技术”的生产过小，无法实现“帕累托最优”。为了消除“科学技术”生产过小这一问题，就需要政府实施“科学技术政策”，弥补“市场失灵”问题，促进“科学技术”的有效生产。

其次，在实施科学技术政策时需要着力于“一般性科学技术”和“特殊性科学技术”两个方面，采用多种措施，促进科学技术水平提高。“科学技术”可以分为两个类别，即数学、物理学、化学、医学等具有基础性质的“一般性科学技术”，以及在基础技术上发展出的可以获得经济收益的具有特殊属性的“特殊性科学技术”。其一，“一般性科学技术”具有较强的公共产品属性，需要国家加大对“一般性科学技术”的研发投入。科学家所创造的“一般性科学技术”往往具有很强的公共产品属性，作为一般性知识可供所有人免费使用。“一般性科学技术”的研发很难为企业和个人带来经济利益，其“经济收益率”较低，却具有较高的“社会收益率”。从整个社会的角度看，研发“一般性科学技术”能够增加整个社会的经济福利，因此政府应通过各种方式，如加大国家的投资等，努力促进“一般性科学技术”的生产。其二，完善经济制度，促进“特殊性科学技术”研发。“特殊性科学技术”可以为企业或个人带来经济利益，由于其经济收益率较高，企业和个人具有研究开发“特殊性科学技术”的动机。[②] 比如，企业和个人可以开发特殊的科学技术，并申请专利，通过获取专利使用费获得经济收益。在这种情况下，“特殊性科学技术”具有排他性，消费者需要付费才能使用“特殊性科学技术”。因此，政府为促进“特殊性科学技术”的发展，就需要构建与研究开发相关的经济制度，如知识产权保护、专利使用制度、

① 〔美〕达龙·阿西莫格鲁、戴维·莱布森、约翰·A. 李斯特：《经济学（微观部分）》，卢远瞩等译，北京：中国人民大学出版社，2016 年，第 204 页。

② 岡田羊祐『イノベーションと技術変化の経済学』、日本評論社、2018 年、26 頁。

产品的生产和销售网络制度等，从而提高企业和个人开展研究开发的动机，不断促进“特殊性科学技术”的研究开发。其三，着眼于“一般性科学技术”和“特殊性科学技术”的不同，政府应采用不同方式促进国家整体科学技术水平的提高。在促进“一般性科学技术”研发方面，需要加大国家的研究开发投入，促进大学、公立研究机构开展基础性科学技术研究开发工作。与此同时，为开展基础性科学技术研究开发的企业和个人提供补助金及财政税收优惠等，鼓励企业和个人开展基础性科技研发。在推动“特殊性科学技术”研发方面，则应着眼于市场经济制度的建立健全，不断完善知识产权和专利制度建设，并通过规制改革，放宽市场准入限制，扩大企业的经营范围，从而促进企业和个人开展“特殊性科学技术”研发。

日本的研究开发投资主要是由民间企业完成的，由于“科学技术”所具有的公共产品属性可能导致研究开发投入的不足，需要政府实施科学技术政策以进行补充完善。日本政府的科学技术政策主要着力于两个方面。一方面，着力促进“一般性科学技术”的研究开发，包括增加对大学和公立研究机构的经费投入，推动这些机构开展基础性科学技术研究。另一方面，促进民间企业开展“特殊性科学技术”的研究开发。主要措施包括：建立健全一系列法律制度，推动官产学合作研发，推动大学和公立研究机构的技术向民营企业转化；完善市场经济制度和知识产权保护制度等，构建有利于民营企业开展研究开发的创新环境。

二　日本科学技术政策的演变历程

20 世纪 60 年代末 70 年代初，日本逐渐成为世界第二大经济体，开始面临进一步提高技术水平和经济结构转型的双重压力。为此，日本政府日益加强对科学技术的重视，陆续推出了一系列政策，这些政策在不同的时期呈现出不同的特点。

（一）日本实施科学技术政策的背景

自成为世界第二大经济体后，日本面临严峻的转型压力以及国际社会的舆论压力，迫使日本政府积极推动科学技术政策的实施。根据经济增长理论，经济增长主要得益于资本、劳动等生产要素的投入，以及全要素生产率的提高。从长期来看，资本、劳动等生产要素的投入并不是无限的，经济的长期增长需要依靠全要素生产率的持续提高。而全要素生产率的提高主要来自两个方面，一方面是提高技术水平，另一方面是优化资源要素配置。

首先，在技术水平方面，日本在成为世界第二大经济体后，其技术水平与欧美等先进国家的差距不断缩小，日本面临着自主创新的压力。

在第二次世界大战时期，日本积累了运输机械和电子机械方面技术，并在广泛的产业领域中推广这些技术，但是在材料技术方面，日本与欧美国家仍存在巨大差距。例如，在二战前，欧美等国家已经将尼龙材料应用于纺织产品，并且实现了在钢铁生产中使用连续压延装置，而同一时期的日本尚未拥有这些技术，从而体现出日本与欧美先进国家间的技术差距。① 二战结束以后，为提高技术水平，日本开展了积极的技术引进活动，不仅直接购买外国的专利技术，还积极开展学术交流活动、派遣技术人才赴国外学习等。日本政府在战后技术引进过程中发挥了重要作用，运用控制外汇的手段，将有限的外汇资源分配给重点发展的重化工业领域，促进了日本技术水平的提高。至20世纪70年代初期，日本许多产业领域的生产技术水平与欧美等先进国家和地区的水平差距不大，实现了技术水平的收敛，完成了“吸收创新型”技术发展。有研究曾评估指出，1952年，日本的技术水平只有美国的1/4；20世纪50～60年代，日本的技术水平迅速提高，1968年已经达到了美国的90%；1968～1973年，日本的技术水平几乎赶上了美国。② 到1979年，日本在矿业、木材、化工、金属加工、精密仪器制造、交通和通信等产业领域的技术水平甚至已经高于美国。③ 在与美国等发达国家之间的技术水平差距不断缩小之后，日本原有的“吸收创新型”技术发展模式不再能满足其继续提高技术水平的需求，具有从“吸收创新型”向“自主创新型”发展的内在动力与要求，日本需要推行科学技术政策以促进日本企业的自主创新，在这一过程中需要加强国家引导。

其次，在成为世界第二大经济体后，日本的经济结构面临转型升级的压

① 中村隆英『日本経済—その成長と構造—』、東京大学出版会、2005年、182頁。

② 〔美〕乔根森：《生产率（第2卷）：经济增长的国际比较》，李京文等译，北京：中国发展出版社，2001年，第199页。

③ 〔美〕乔根森：《生产率（第2卷）：经济增长的国际比较》，第366页。

力，需要通过优化和改善生产要素的使用效率，提高全要素生产率。

具体而言，其一，20 世纪 70 年代，全球范围内发生了两次“石油危机”，导致日本的能源供给受到严重冲击，日本政府开始重新审视在高速增长时期所形成的以重化工业为主的产业体系。一方面，日本政府积极发展具有技术密集型以及知识密集型特点的加工组装工业，如运输机械、电子机械、精密仪器等产业。为此，日本政府加强了在技术密集型产业发展方面的产业技术引导。另一方面，日本政府着手开展对纺织、钢铁、造船等“结构性萧条产业”的结构优化工作，处置过剩的生产设备和产能，从而促进资源的有效分配和利用。

其二，20 世纪 90 年代，泡沫经济崩溃，日本经济陷入长期低迷，经济增速长期维持在较低水平，资本投入边际效益下降、人口老龄化、生产率持续下滑等问题困扰着日本经济发展。在这一时期，如何促使日本维持有效的经济增长成为日本经济发展面临的最重要的课题。在人口老龄化和资本投入边际效益下降的背景下，有效提高全要素生产率成为这一时期日本政府最主要的政策课题。由于技术水平的提高能够帮助提高全要素生产率，日本政府着力推进科学技术政策的实施，其目的在于通过科学技术政策解决市场失灵问题，有效促进企业创新，提高技术水平，带动全要素生产率提高，从而推动日本经济增长。

再次，国际社会对日本技术“搭便车”行为的指责，使日本政府不断加强基础性科学技术研究开发，以缓和来自国际的压力。

在成为世界第二大经济体之前，日本致力于推动欧美等发达国家的基础研究成果在日本实现商品化，因此更加注重对应用技术的研究开发。加之日本的研究开发主要由民间企业主导，而民间企业一般具有重视应用研究、忽视基础技术研究的倾向，导致日本对基础技术研究的投入相对不足。日本的这种行为受到了来自欧美国家的指责，认为日本的这一做法为“搭便车”，要求日本也要研发出能为世界做贡献的科学技术。[①] 为缓解国际社会对日本依靠“搭便车”提高技术水平的指责，在成为世界第二大经济体后，日本政府加大了对基础技术研究开发的投入。

---

① 黄荣光：《日本的科学技术法治体系简述》，《科学文化评论》2010 年第 5 期。

（二）20世纪70~80年代：促进日本科技发展从“吸收创新型”向“自主创新型”转化

进入20世纪70年代，日本的科学技术政策侧重于引导产业技术发展，通商产业省的产业技术政策表现最突出，对日本科技发展的转型升级发挥了最主要的推动作用。两次“石油危机”的发生暴露了日本在能源结构和产业结构方面的问题，在通商产业省的主导下，日本主要推动以下两个领域的科学技术研究发展，即推进节能领域的技术创新，以及促进日本的产业重心从“重厚长大”调整为“轻薄短小”，推动日本经济的产业结构从以钢铁、化学等基础材料产业为主，转向以汽车、电子机械等加工组装型产业为主。

在这一过程中，日本政府日益认识到原有的“吸收创新型”技术发展模式不再能够满足日本产业技术发展的需求，必须促进日本的科技发展向“自主创新型”转化。其一，为了应对能源不足的危机，日本政府致力于寻找能够代替石油的“替代能源”。例如，1974年开始实施“阳光计划”，制定“新能源技术研究开发制度”，开发太阳能、地热能、风能、海洋能等“新能源”；1978年又开始实施“月光计划”，推动“节能技术研究开发计划”的实施，致力于开发节能技术。[①] 其二，积极引导日本企业加快自主研究开发进程，提高自主技术研发能力。为此，日本政府制定了“大型工业技术开发制度”，主要致力于促进对国民经济发展具有重要推动作用的先导技术的研究开发，鼓励日本企业之间的联合与合作，从而推动对某些特定科学技术的突破。日本政府在其中发挥的作用主要有两点：一是指定研究课题的领域，制订研究开发计划；二是选择承担研究开发的企业主体，通过发放补助金的形式，促进相关企业开展联合开发。1966~1992年，日本政府共实施了31项研究开发计划，这些开发项目的实施对于提高日本的产业技术水平以及国际竞争能力都具有重要作用。[②] 其中，“超大规模集成电路研究计划”（VLSI）最具有代表性。1976年，通商产业省协调富士通、日立、东芝等5家计算机生产公司共同致力于微电子技术开发，该项目最终获得1000多项专利，并发表了460多篇相关论文，被认为是相当成功的。其三，

① 沢井実『通商産業政策史9』、経済産業調査会、2011年、245頁。

② 沢井実『通商産業政策史9』、131頁。

对企业的新增研究开发支出提供补贴。对于企业新增的研究开发支出，日本政府采取税收减免措施，规定企业本年度的实验研究费用超出往年最高费用的金额可以按照固定比例减免纳税额，这项税收政策的减免额度在1970年为190亿日元，1980年已增长到380亿日元。[①]

1980年，日本正式提出了“技术立国”口号，进一步采取各种措施促进官产学合作，以提高日本的自主研究开发水平。[②] 日本的科技政策方面出现了一系列新变化。首先，继续加强产业技术政策的制定与实施。20世纪80年代，日本通商产业省致力于解决能源制约问题、提高生活品质、促进次世代革新技术发展等。与此同时，日美贸易摩擦日趋激化，美国对日本在技术引进方面采取越来越多的限制措施，迫使日本政府加大对自主创新的刺激力度。为此，日本通商产业省加大了对基础研究开发的投入力度，对民间企业开展基础研究开发提供融资援助，并制定了“次世代产业基盘技术研究开发制度”，推动材料、生物、电子元器件等领域的技术开发。[③] 其次，日本科技厅的科学技术政策日益凸显，为此后日本科学技术政策的制定打下基础。这一时期，日本科技厅的科学技术政策主要体现在三个方面。一是设立了“科学技术振兴调整费”。此前，日本科技厅虽然有综合调整科学技术的职能，但是并没有独立调整研究的经费预算。1980年举办的“科学技术会议”明确提出了设立“科学技术振兴调整费”的要求，使日本科技厅拥有了推进科学技术综合调整的有力手段。“科学技术振兴调整费”的使用以开展基础研究为重点，通过设立大型研究项目的方式，集各省厅研究机构的力量开展多部门合作研究开发，同时促进民间企业的研究开发，推动了官产学有机结合的研究体系的形成。[④] 二是制定了“创造科学技术推进制度”(ERATO)，组建新技术事业团[⑤]从事研究计划的组织管理工作。日本政府给予相应预算，由新技术事业团负责具体研究项目的实施，一般采用“项目研究”体制，一个项目的实施周期通常为5年，研究不受制于具体的研究

① 〔日〕小田切宏之、后藤晃：《日本的技术与产业发展》，周超等译，广州：广东人民出版社，2019年，第57页。

② 冯昭奎：《科技革命与世界》，北京：社会科学文献出版社，2018年，第166页。

③ 沢井実『通商産業政策史 9』、166 頁。

④ 〔日〕武安义光：《日本科技厅及其政策的形成与演变》，第12页。

⑤ 新技术事业团与日本科学技术信息中心合并，成立了科学技术振兴事业团（JST），2003年该机构成为独立行政法人，并更名为“科学技术振兴机构”。

机构，而是以项目研究的领导者为核心，聘请临时研究人员，以促使科研人员全身心地投入科研项目的研究工作。临时聘用的研究人员可采取“停职外派”方式将人事关系调动到新技术事业团，避免对研究人员的职业生涯产生影响。“创造科学技术推进制度”构建了“临时项目研究”这一新的制度体系，突破了日本长期以来实行的长期雇佣制度，增强了研究人员的流动性，可以有效推动研究活动的开展。[①] 三是制定了《科学技术政策大纲》和《研究交流促进法》，为日本科学技术政策的实施提供了发展蓝图，也有助于消除阻碍研究人员流动的体制机制障碍。再次，文部省加大了对科学技术开发的支持力度。“科学技术研究费补助金”由日本文部省管理，用于补充经常性科研经费。进入 20 世纪 80 年代后，“科学技术研究费补助金”数量持续增长，从 1980 年的 420 亿日元增加至 1989 年的 488 亿日元。[②] 20 世纪 80 年代，日本文部省科学技术政策的变化主要体现在对已经取得较好成果的科学研究实施重点资助、促进大学与企业合作、增强青年科研人员培养等方面。

（三）20世纪90年代至21世纪初期：加强政府引导，实施市场化改革

20 世纪 90 年代后，泡沫经济崩溃，日本经济陷入长期低迷，人口老龄化问题日趋严重，劳动年龄人口数量持续减少。与此同时，日本的全要素生产率也呈现出不断下降的倾向。日本“JIP database 2015”的数据显示，20 世纪 90 年代日本的全要素生产率增速为 -0.06%，远小于 20 世纪 80 年代的 1.46% 和 70 年代的 2.05%。[③] 进入 21 世纪，日本的人口老龄化问题更加突出。在这一阶段，日本科学技术政策需要解决的主要问题在于如何在人口老龄化的背景下提高全要素生产率，以实现经济的可持续增长。为此，科学技术政策愈加受到重视，日本政府加大了对研究开发的投入，推出一系列举措。

---

① 〔日〕武安义光：《日本科技厅及其政策的形成与演变》，第 52 页。

② 『平成元年版科学技術白書』、文部科学省ホームページ、https：//warp. ndl. go. jp/info：ndljp/pid/11293659/www. mext. go. jp/b_ menu/hakusho/html/hpaa198901/index. html。

③ 「JIP database 2015」、独立行政法人経済産業研究所ホームページ、https：//www. rieti. go. jp/en/database/JIP2015/。

首先，制定《科学技术基本法》，制订第一期至第三期“科学技术基本计划”，政府加大对研究开发的投入。自泡沫经济崩溃后，日本企业的经营业绩受到很大冲击，导致日本企业的研究经费支出不断减少。1989 年日本企业的研究开发费用增速还有 6%，但是到了 1994 年，民间企业的研究开发费用增速已下降至 -4.0%。[①] 企业研究开发费用的急速下降影响了日本科学技术的提高，为此日本政府决定加大对科学技术研发的投入。日本政府在 1995 年制定了《科学技术基本法》，就是日本政府决定重点实施科学技术政策的具体表现，标志着日本的科学技术政策进入了重视基础研究和强调创新的新阶段。《科学技术基本法》要求日本政府每 5 年制订一次“科学技术基本计划”，并为其提供相应预算，以带动基础研究和创新发展。截至 2020 年，日本已经制订了 5 次“科学技术基本计划”，此部分主要探讨前 3 次的相关内容。

第一期“科学技术基本计划”的主要内容包括两方面：一是大幅增加了政府对研究开发的投入，1996 ~ 2000 年，日本政府对研究开发的实际投入总额达到 17.6 万亿日元；二是建立新的研究开发体系，实施体制改革，创造具有灵活性的研究环境，在公立研究机构中导入了任期制，以提高人才流动性。[②] 与第一期计划不同，第二期“科学技术基本计划”更注重对重点领域的研究开发投入，将总额达 24 万亿日元的研究经费重点投入生命科学、通信技术、环境、材料等领域，优先配置资源，推动青年研究人员培养工作，促进研究开发费用的竞争性改革，加强官产学合作（见表 1）。第三期“科学技术基本计划”更加注重政策问题的解决，注重政府对研究经费使用和解决主要问题的引导，即“选择与集中”，在第二期计划指定的 4 个重点领域的基础上，新增能源、制造业、社会基础、前沿科学 4 个重点发展领域，并从中遴选出若干国家级大型科研攻关项目，进行重点投资，2006 ~ 2010 年实际投入研究经费总额达 21.7 万亿日元，但没有达到 25 万亿日元的目标。

---

① 『平成 14 年版科学技術白書』、文部科学省ホームページ、https://warp.ndl.go.jp/info:ndljp/pid/11293659/www.mext.go.jp/b_menu/hakusho/html/hpaa200201/hpaa200201_2_037.html。

② 岡田知弘・岩佐和幸編『現代日本の経済政策』、法律文化社、2016 年、205 頁。

表1 日本的主要科学技术政策（1990～2010年）

时间	政策名称	主要内容
1.《科学技术基本法》与“科学技术基本计划”		
1992年	修订《科学技术基本大纲》	推进重要领域的研究开发工作，提高科研工作者的待遇，改善科研环境
1995年	《科学技术基本法》	制定关于科技政策的基本措施，制订关于科学技术振兴的推进计划
1996～2000年	科学技术基本计划（第一期）	投入总额达17万亿日元的科学技术相关经费，设立科学技术振兴事业团，在公立研究机构中导入任期制
2001～2005年	科学技术基本计划（第二期）	政府研究开发投资总额达到24万亿日元，重点投入生命科学、通信技术、环境、材料等领域
2006～2010年	科学技术基本计划（第三期）	政府研究开发投资总额达到25万亿日元，新增能源、制造业、社会基础、前沿科学等重点发展领域，推动大型项目实施，导入“选择与集中”理念
2. 设立“综合科学技术会议”		
2001年	中央省厅再编	文部省和科学技术厅合并成立“文部科学省”
2001年	综合科学技术会议	为进一步统揽日本的科学技术政策、推动科学技术政策的制定和调整，设立“综合科学技术会议”
3. 通过法律手段完善经济制度		
1998年	《大学等技术转让促进法》（TLO法）	促进大学等研究机构的科学技术研发，通过技术转让机构（TLO）向民间企业转让技术
1999年	《产业活力再生特别措施法》	日本版“Bayh-Dole法”；在一定条件下，作为国家开发项目受托机构的民间企业也可以获得研发项目专利的所有权
1999年	《新事业创出促进法》	“中小企业技术革新制度”（日本版SBIR）；对实施新技术开发的中小企业给予补助金
2000年	《产业技术力强化法》	促进公立大学的研究人员到民营企业兼职，减免研究人员的专利申请费，促进大学技术向民间转化
2002年	《知识产权基本法》	设立知识产权战略本部，促进知识产权保护和创造
2002年	独立行政法人化	科学技术振兴机构、产业技术综合研究所（AIST）、新能源产业技术综合开发机构（NEDO）、日本学术振兴会（JSPS）等实现独立法人化
2004年	国立大学法人化	实现国立大学法人化，取消教职员工的公务员身份
2008年	《研究开发力强化法》	提升研究开发效率，提升民间企业的研究开发能力
2009年	《产业活力再生特别措施法》修正	设立产业革新机构，采用中央政府与民营企业共同出资的方式设立研究开发投资机构

资料来源：笔者根据相关资料整理。参见岡田羊祐『イノベーションと技術変化の経済学』、日本評論社、2018年、279頁。

其次，在2001年的政府机构改革后，日本进一步增强了“综合科学技术会议”的职能，加大了政府对科学技术政策的引导能力。2001年，日本政府实施了政府机构改革，撤销了“科学技术厅”，由文部科学省承担原科学技术厅的业务，如对日本科学技术振兴机构的管理工作，但是与“科学技术政策”制定相关的工作则归属于内阁府，由内阁府下辖的“综合科学技术会议”承担。“综合科学技术会议”的设立，实现了政府对科学技术政策制定的统筹，成为日本科学技术政策制定的“司令部”。“综合科学技术会议”由日本首相直接领导，能够较好地联系和平衡各省厅，从而更好地规划和制定科学技术政策。

再次，通过法律手段，推动市场化经济制度改革，促进形成官产学一体的国家创新体系。泡沫经济崩溃后，日本政府着力思考日本经济陷入长期低迷的制度性原因，在产业领域大力推动“规制改革”，提高资源的配置效率。与此同时，在科学技术领域，日本政府则通过制定一系列法律法规，完善科学技术领域的法律制度，促进形成官产学一体的国家创新体系。在“官”与“学”方面，实施国立大学改革，依照“选择与集中”的思想，增强“国立大学运营费交付金”的竞争性，同时允许大学接收来自民间企业的研究经费，从而提高大学运营经费的使用效率。在“官”与“产”方面，制定日本版“Bayh-Dole法”，允许民营企业从国家出资的科研项目中获得专利；设立产业革新机构等官民并举的投资机构，加强对民营企业的创新投资；推动实施“中小企业技术革新制度”，促进日本中小企业开展创新研发。在“产”与“学”方面，制定《大学等技术转让促进法》，促进大学的科学技术向民营企业转化；制定《产业技术力强化法》，促进大学及科研机构的研究人员到企业中兼职，提高科研人才的流动性。由此可见，自20世纪90年代以来，日本通过一系列的制度改革，不断加强官、产、学三者之间的联系，促进协同创新发展，试图构建官产学一体的国家创新体系。

（四）安倍第二次上台执政后：进一步加强政府引导，促进创新发展，为经济发展提供持续动能

2012年底安倍晋三第二次上台执政后，进一步加强政府对科学技术政策的引导，并与其所提出的“成长战略”相结合，采取多种措施，促进实

现创新发展。

第一，推动第四期“科学技术基本计划”实施，制订第五期“科学技术基本计划”。与前三期的“科学技术基本计划”相比，第四期“科学技术基本计划”实施科学技术政策的手段呈现出新特点，即不再延续以重点领域为科研经费分配主要依据的做法，而是根据当前需要解决的主要社会、经济问题进行资源配置。与此同时，除了注重提高科学技术水平外，第四期“科学技术基本计划”开始着重提高应用科学技术的创新能力。由于2011年发生了“东日本大地震”，第四期“科学技术基本计划”以“灾后复兴”为主要课题，以竞争性“研究项目”为主要的研究资金分配方式，重点推进绿色科技、生命科技等科学技术发展，提高产业国际竞争力，政府投入的研究开发投资总额达到25万亿日元。① 第五期“科学技术基本计划”是改组后的“综合科学技术创新会议”（CSTI）制订的第一个“科学技术基本计划”，重点在于推动实施科学技术创新政策，其政策目标是将日本建设为“世界上最适宜创新的国家”，主要采取四方面措施。一是促进未来产业创造，推动社会变革，推动日本实现“社会5.0”；二是解决经济社会发展中面临的问题；三是加强科学技术创新基础环境建设，夯实基础研究，加强人才培养，推动研究资金使用分配改革；四是构建人才、知识、资金为一体的良性循环体系，推进创新。日本政府在2016～2020年将投入总计26万亿日元的研究开发费用，预计占日本GDP总额的1%。②

第二，进一步加强“综合科学技术创新会议”的职能，加强政府对科学技术的引导。安倍第二次上台后，注重加强既有组织“综合科学技术会议”的职能，并在此基础上于2014年新成立了“综合科学技术创新会议”。经过改组后，“综合科学技术创新会议”的职能权限进一步扩大，主要工作包括以下三点：一是制订“科学技术基本计划”，确定重点推进的科学技术发展领域；二是确定科学技术政策相关预算资金的分配和使用；三是对国家级重大科研项目开展评价工作。这一体制机制建立后，日本政府能够更加有效地实施科学技术政策，加强了日本政府对科学技术发展的引导。此外，

① 『第4期科学技術基本計画』、内閣府ホームページ、https：//www8. cao. go. jp/cstp/kihonkeikaku/index4. html。

② 「我が国の科学技術政策について」、総務省ホームページ、https：//www. soumu. go. jp/main_content/000557589. pdf。

"综合科学技术创新会议"还导入了"部门横向课题机制",使用自己的部门预算,于2014年设立了"战略性创新创造项目"(SIP),通过与其他政府部门的合作,推动兼具基础性和应用性的科研项目开发;"革新性研究开发推进项目"(ImPACT)则致力于"高风险、高影响"的研究项目开发,以推动经济社会发展。另外,"综合科学技术创新会议"通过与"经济财政咨询会议"协作,实施"科学技术官民投资扩大激励项目"(PRISM),其主要目的在于通过"官民合作"的方式,加大对民间研究开发的投资力度,推动创新发展(见表2)。

表2 日本的主要科技政策(2011~2020年)

时间	政策名称	主要内容
1. 制订"科学技术基本计划"		
2011~2015年	科学技术基本计划(第四期)	政府研究开发投资总额达到25万亿日元;推动实施以"课题项目"为主导的科学技术创新政策;促进灾后复兴、绿色科技、生命科技等发展
2016~2020年	科学技术基本计划(第五期)	政府研究开发投资总额达到26万亿日元;设定项目评价指标(KPI),加强研究开发和人才培养,推进构建开放式创新系统,推动实现"社会5.0"
2. 进一步强化"综合科学技术创新会议"职能		
2014年	设立"综合科学技术创新会议"	加强原有"综合科学技术会议"的职能,负责"科学技术基本计划"的制订工作,审议预算和人才等资源配置,评价国家级研究项目
2014年	导入"部门横向课题机制"	"综合科学技术创新会议"可以使用自己的预算设立基础性及应用性研究课题,如"战略性创新创造项目"、"革新性研究开发推进项目"等
2018年	官民研究开发投资扩大项目	"综合科学技术创新会议"和"经济财政咨询会议"合作设立"科学技术官民投资扩大激励项目"
3. 与"成长战略"相关的改革措施		
2013年	科学技术创新综合战略/日本再兴战略	产业竞争力会议制定"日本再兴战略",促进官民合作投资重点创新项目,促进产业的新陈代谢,推进科学技术创新,推动日本成为世界最高水平的信息化社会
2014年	《研究开发力强化法》修正	促进科学技术振兴机构、产业技术综合研究所、新能源产业技术综合开发机构等政府性科研机构对初创企业的投资,建立公募性质的研究开发基金
2015年	设立日本医疗研究开发机构(AMED)	通过《健康医疗战略推进法》,设立日本医疗研究开发机构,推动医疗领域的研发活动

续表

时间	政策名称	主要内容
2015年	设立国立研究开发法人	提高国立研究机构法人在运营方面的自由度
2016年	未来投资会议/未来投资战略	通过官民合作,推动日本实现第四次"产业革命",制定"未来投资战略"
2016年	特定国立研究开发法人	将理化学研究所、产业技术综合研究所、物质材料研究所指定为"特定国立研究开发法人"
2017年	《国立大学法人法》修正	重点支持东京大学、东京工业大学、京都大学、东北大学、名古屋大学、大阪大学等学校发展,建设世界级高等教育机构

资料来源：笔者根据相关资料整理，参见岡田羊祐『イノベーションと技術変化の経済学』、日本評論社、2018年、281頁。

第三，与“成长战略”相结合，强调官产学合作，推动日本实现创新发展，为日本经济发展提供持续动能。在人口老龄化背景下，提高全要素生产率成为日本经济政策的重点，在“安倍经济学”的“三支箭”中，“成长战略”始终具有重要地位。安倍政府上台后，日本的科学技术政策与“成长战略”积极配合，共同推进日本实现创新发展，提高全要素生产率，其中强调“官产学合作”是一个明显特征。如表2所示，不论是在2013年的“日本再兴战略”中还是在2016年的“未来投资战略”中，推动科学技术创新均为重要组成部分，日本政府为此实施了一系列改革措施。比如，实施“战略性创新项目”，重点突破对日本政府具有重要意义的基础性研究工作；积极培养青年创新型人才，引入国外的优秀研究人员；构建开放式创新体系，推动物联网、人工智能、大数据等领域的研究开发，促进日本在第四次“产业革命”中的科技创新；完善知识产权保护体系，实施知识产权标准化战略；采取针对创新领域的“沙盒监管”① 措施，促进自动驾驶、人工智能、智能生活等领域的产业技术发展。此外，特别强调在科学技术创新领域的官产学合作。② 在“官”与“产”方面，促进科学技术振兴机构、产业

① “沙盒监管”是指在规定的范围内对处于“盒子”中企业的创新活动采取包容审慎的监管措施，将因创新所产生的新问题控制在一定范围之内，实现有效的风险管控。采取“沙盒监管”措施，不仅可以达到促进创新的目的，而且能够防止“一管就死，一放就乱”的监管困局。

② 『日本再興戦略 2016』、首相官邸ホームページ、https://www.kantei.go.jp/jp/singi/keizaisaisei/pdf/2016_zentaihombun.pdf。

技术综合研究所、新能源产业技术综合开发机构等政府性质的科研机构成立具有公募性质的投资基金，进一步加强对民间研究开发的投资力度；在“官”与“学”方面，实施公立研究机构改革，加强公立研究机构的自主性，同时进一步实施大学改革，将大学运营经费进一步向重点大学倾斜，促进具有世界水平的高等教育机构的建设，推动日本实现创新发展。

三　日本科学技术政策的特征与实施效果

上述是从纵向角度探究日本科学技术政策的演变历程，接下来还需要采用横向剖析的方式，分析日本科学技术政策的特点，并分析日本科学技术政策的效果及存在的问题。

（一）日本科学技术政策的特征

日本在成为世界第二大经济体后，针对经济的不同发展阶段，实施了有针对性的科学技术政策。

第一，日本政府提供的研究开发经费的竞争性质日益明显。泡沫经济崩溃后，日本的财政支出受到限制，但与科学技术相关的预算金额常年维持在一个稳定的水平上。2001 年，日本政府的科学技术预算额为 3.46 万亿日元，到 2020 年为 3.56 万亿日元，20 年间的浮动并不明显。[①] 由于预算金额长时间维持同一水平，日本政府着手提高科学技术资金的使用效率。其一，控制针对国立大学的“国立大学运营费交付金”。自 21 世纪初实现国立大学法人化改革后，日本政府以 1% 的速度逐年减少“国立大学运营费交付金”，金额已经从 2004 年的 1.2 万亿日元下降至 2019 年的 1.09 万亿日元。与此同时，不断加大“国立大学运营费交付金”中竞争性经费的占比，从 2004 年的 11% 提升至 2016 年的 20%，并鼓励大学从民间企业那里获得研究经费。[②] 其二，设立一系列竞争性经费制度，加大各类竞争性费用投入。自 20 世纪 90 年代以来，日本设立了一系列竞争性经费制度，鼓励研究者通过

① 『科学技術関係予算』、内閣府ホームページ、https：//www8. cao. go. jp/cstp/budget/index2. html。

② 「平成 31 年度予算における国立大学関係予算の充実及び税制改正について」、国立大学協会ホームページ、https：//www. janu. jp/news/files/20180807 – wnew – giren3. pdf#search = %27。

课题申请的方式获得研究资金，这既能够推动国家重点科研领域的攻关，而且保证了研究者有足够的科研经费开展研究。截至2019年，日本共有21项竞争性经费制度，科研经费管理主体涉及内阁府、总务省、文部科学省等10个政府部门，竞争性研究经费总计4365亿日元，占2019年科学技术预算额（3.4万亿日元）的12.8%。[①] 其中，经费总额较高的竞争性项目包括日本学术振兴会管理的“科学研究费助成事业”（2371亿日元）、日本科学技术振兴机构管理的“战略性创造研究推进事业”（486亿日元）、日本医疗研究开发机构管理的“医疗研究开发推进事业费补助金”（355亿日元）等。由此可见，在预算有限的条件下，日本政府通过加大竞争性经费的占比，提高经费使用效率，促进国家科技创新工作。

第二，推动制定研究开发税制，促进日本企业的研究开发活动。为促进日本企业开展研究开发活动，提高日本企业的创新水平，长期维持日本的国际竞争力，日本政府还制定了研究开发税制，即从日本企业上缴的法人税中按“实验研究费”的一定比例扣除相应金额，减少企业的法人税支出，促进日本企业开展研究开发活动。2019年日本推行税制改革，进一步完善了研究开发税制，使税额扣除率对企业研究开发投入的变化更为敏感。当前，日本研究开发税制主要由两部分组成。其一，总额扣除型。当企业的研究开发增减比率[②] 超过8%后，税额扣除比例将会提升，最高可提升至14%。对于初创企业，税收扣除额占法人税比例可突破25%的限制达到40%。其二，开放式创新型。当企业与特别研究机构、大学、中小企业等开展协同研究开发活动时，适用开放式创新型研究开发税制。税收扣除额为特别实验研究费总额的20%～30%，上限为企业应缴法人税总额的10%。[③] 通过上述措施，日本政府积极引导企业开展研究开发活动，鼓励企业间的创新合作。

第三，日本政府注重推动中小企业的技术创新。在日本经济中，中小企

① 「競争的研究費制度について」、内閣府ホームページ、https://www8.cao.go.jp/cstp/compefund/kyoukin31.pdf。

② 研究开发增减比率是指企业当年度研究开发投资与往年度研究开发投资相比的增减程度。

③ 経済産業省産業技術環境局技術振興・大学連携推進課「研究開発税制の概要」、経済産業省ホームページ、https://www.meti.go.jp/policy/tech_promotion/tax/31kennkyukaihatutaxgaiyou10.pdf。

业占有重要地位，其数量占日本企业数量总和的90%以上，因此中小企业向来是日本政府实施政策的重点对象。进入21世纪后，日本中小企业与大企业之间的生产率差距不断扩大，从20世纪80年代的不到1%上升到2%左右。日本政府注重采用财政税收措施并举的办法，推动中小企业的技术创新活动。其一，建立了“中小企业技术革新制度”，促进中小企业的创新活动。这一制度的主要措施包括为中小企业的研究开发活动提供补助金、削减专利申请费用、由日本政策金融公库提供特别贷款支援等。① 其二，实施“中小企业技术基盘强化税制”，即提高中小企业的研究开发费用税收抵扣率，鼓励中小企业开展科学技术研发。根据研究开发投入比例，中小企业的税收抵扣率可以提高至12% ~17% 。与此同时，当研究开发费用增速超过5%时，中小企业的税收抵扣率还可以提高5% 。其三，实施“战略性基础技术高度化事业”，鼓励中小企业与大学和公立科研机构展开合作，促进共同开发，提高中小企业的研究开发水平和技术能力。②

第四，通过设立官民并举的投资机构，促进日本企业开展创新活动。由于研究开发活动属于“公共产品”范畴，如果完全将国家的研究开发创新交由民间企业完成，则有可能导致研究开发投资过小，不利于国家的科技水平提高。日本的科学技术政策始终重视国家对科学技术发展的引导，除了增加补助金、构建官产学一体的国家创新体系外，一项独具特色的措施是设立了众多官民并举的投资机构，以促进日本企业的研究开发活动。其中，最具代表性的是2009年日本政府设立的产业革新机构，这一机构是根据《产业活力再生特别措施法》设立的，采用政府与民间企业共同出资的形式，政府出资1420亿日元，民间企业出资140.1亿日元。③ 首先，在运营模式和运营方法上，产业革新机构充分吸收了此前产业再生机构、企业再生支援机构的经验，如制订企业经营发展计划、派遣专业管理人才、改善企业资产负债情况等。其次，关于经营范围，产业革新机构不再局限于帮助企业实现

---

① 「中小企業技術革新制度（日本版SBIR）」、日本商工会議所ホームページ、https：//www. jcci. or. jp/sme/sbir/。

② 『2018年版中小企業白書』、中小企業庁ホームページ、https：//www. chusho. meti. go. jp/pamflet/hakusyo/H30/h30/index. html。

③ 2018年9月，产业革新机构更名为“产业革新投资机构”，存续时间由既定的15年延长至25年。

“再生”，而是促进具有发展潜力的企业发展，促进企业开展研究活动。产业革新机构的投资范围包括化学、电子设备、机械、能源、汽车、信息技术等产业，特别注重与第四次“产业革命”相关的人工智能、互联网、大数据等新兴科技发展，以提高日本企业的国际竞争力。① 此外，“综合科学技术创新会议”和“经济财政咨询会议”合作设立“科学技术官民投资扩大激励项目”，进一步加大对民间企业研究开发活动的投资力度。

第五，注重创新型人才培养工作。人力资源水平的提高，不仅有助于吸收最新的科学技术，还能够促进自主创新的开展，在实现创新发展的过程中具有至关重要的作用。日本政府始终重视创新型人才的培养工作，具体表现为以下几点。其一，在公立研究机构和大学中导入任期制，增强研究人员的流动性。2001年提出“提高研究人员流动性基本方针”，在公立研究机构实施任期制改革，推动在科研项目中临时聘请研究人员，增加博士后工作岗位数量。其二，注重青年研究人员培养。通过提高科研经费中竞争性研究经费比例，重点培养青年研究人员，增加青年研究人员的科研经费，促进科技创新型人才培育。其三，加强理工科教育，培育专业产业技术人才。2015年日本政府提出“理工科人才培养战略”，加强与产业界人士对话，摸清市场对人才的偏好与需求，在大学课程中提高理工类课程比例，重点培育信息技术、人工智能、大数据等新兴科学技术领域的专业人才。② 由此可见，日本的创新型人才培育具有很强的针对性，服务于实现国家创新发展的总体目标。

（二）日本科学技术政策的效果评价

自日本成为世界第二大经济体后，日本政府实施了一系列科学技术政策，致力于提高日本的科学技术水平和创新能力，取得了一定效果，但也带来一些问题，表现在正面效果和负面影响两个层面。

从日本科学技术政策的正面效果来看，首先，20世纪70~80年代日本通过设立一系列大型国家级科研攻关项目，推动了日本在化学材料、电子计

① 経済産業省経済産業政策局「株式会社産業革新機構について」、内閣官房ホームページ、https：//www.cas.go.jp/jp/seisaku/fund/dai1/siryou2.pdf。

② 国立研究開発法人科学技術振興機構『日本の科学技術イノベーション政策の変遷』、科学技術イノベーション政策ユニット、2019年。

算机、半导体制造、运输机械、可再生能源等领域的技术发展，日本产业结构从重化工业转向加工组装工业，较好地促进了日本经济转型。其次，日本政府推动了一系列促进企业研究开发的税制改革，通过按照研究开发投入的一定比例抵扣法人税的方式，促进企业研究开发，起到了激励企业开展研究开发活动的作用。特别是针对中小企业，日本政府在财政税收方面加大倾斜力度，促进了日本中小企业的研究开发活动。再次，日本政府的政策性引导提高了研究开发资金的使用效率，推动了研究开发活动的开展，促进了日本的创新活动，在一定程度上提高了日本的全要素生产率，从而推动了日本经济发展。根据“JIP database 2018”的数据，日本全要素生产率增速从1995~2000年的年均0.3%，提高至2010~2015年的年均0.8%，对日本经济增长的贡献程度也从1995~2000年的24.4%提高至2010~2015年的89.9%。[①] 由此可见，日本政府实施的科学技术政策促进了日本的创新发展，提高了其全要素生产率，并促使全要素生产率提高成为日本经济增长的最重要来源。

再看日本科学技术政策存在的缺陷。其一，对竞争性研究经费的过度追求导致日本大学的研究开发能力受到影响。由于近年来日本“国立大学运营费交付金”持续减少，日本研究者的科研经费来源越来越依靠申请基于项目的竞争性科研经费，从而使他们的精力集中于申请课题，结果导致研究者实际用于开展科研的时间不断减少。[②] 与此同时，由于国立大学的基本运营经费受到限制且呈现出逐年减少的趋势，日本一些国立大学出现了教授退休后没有继任者的问题，而博士毕业生在日本寻找教职的难度也在日益提高。其二，日本政府各部门设立的国家级研究开发项目的研究开发投资存在收益问题。20世纪90年代后，通过改革和调整七八十年代的“大型工业技术开发制度”，日本的各个政府部门均开始设立多种形式的研究开发项目，形成了竞争性资金体系，但是这些项目的实施和投资并未产生巨大的示范效应，也没有带来明显的技术溢出效果，较少见到专家学者对这些科研项目实施效果的客观性评价，从而发生了研究项目投入与研究成果产

① 「JIP database 2018」、独立行政法人経済産業研究所ホームページ、https://www.rieti.go.jp/jp/database/JIP2018/index.html。

② 毎日新聞「幻の科学技術立国」取材班『誰が科学を殺すのか』、毎日新聞出版、2019年、95頁。

出不对等的问题。[①] 科研经费过度向优秀的研究者倾斜，导致研究经费投入的边际产出不断减少，并且不利于缓解具有独创性思想的研究者面临的科研经费制约问题。

四　对中国的启示

日本科学技术政策的实施在一定程度上推动了日本科学技术的进步，提高了日本的全要素生产率，有助于日本实现创新发展，但也出现了大学科研能力降低、研究经费边际效益下降等问题。日本科学技术政策的经验教训可为中国提供参考与借鉴。

第一，加强国家对科学技术发展的引导。从日本的科学技术政策发展历程看，不论是早期的积极引导科学技术引进，还是成为世界第二大经济体后致力于自主创新技术发展，日本政府在科学技术发展中始终发挥着重要的引导作用，而且近期政府对科学技术发展的影响愈加增强。这是研究开发活动以及创新活动所具有的“公共产品”特征导致的必然结果。为了弥补市场机制对研究开发活动的投入不足，必然要求政府加大对研究开发活动的投入，特别是对基础性科学研究领域的投入。中国应吸取日本的经验，加强政府对科学技术发展的引导，推动实现创新发展，助力经济高质量发展。

第二，构建官产学一体的国家创新体系。在日本科学技术政策实施的过程中，日本始终重视构建官产学一体的国家创新体系，通过制定一系列法律措施，不断加强“官”与“产”、“产”与“学”、“学”与“官”之间的联系，致力于促进官、产、学三方实现协同创新，推动科学技术发展。中国应建立符合本国实际情况的国家创新体系，促进官、产、学三方共同合作，建设世界一流的高水平院校，提高基础性科学研究水平，为企业界构建未来课题发展蓝图，加强大学和企业之间的技术交流与转化，从而有效调动各方资源，提高科研资金的使用效率，促进科学技术水平提高。

第三，重点加强第四次“产业革命”领域相关研究。近期，日本政府特别重视发展与第四次“产业革命”相关的科学技术，如物联网、人工智

① 星岳雄・岡崎哲二「日本型イノベーション政策の検証」、『NIRAオピニオンペーパー』第19号、2016年。

能、大数据等，并试图以此为基础构建智能化社会，满足不同人群的个性化服务需求，实现“社会5.0”。[①] 从方法上看，日本政府加强了“课题解决型”科研项目设置，推动研究开发税制改革，激励企业运用新技术与新设备，鼓励中小企业开展创新开发活动。中国目前正处于新旧动能转换、经济结构调整的关键时期，应持续推动物联网、人工智能、大数据等新兴科学技术发展，采取多种财税措施，鼓励企业开展新兴技术领域的研究开发。

第四，建立国家级投资机构，促进民间企业的研究开发。日本科学技术政策的一个特点是设立官民并举的投资机构，投资于有发展潜力的中小企业、初创企业，发挥促进科学技术进步、激发创新活力的作用，从而弥补了资本市场对中小企业、初创企业的研究开发投资不足的问题。提高科学技术水平、促进自主创新是中国在未来一段时间内面临的迫切问题，可以设立国家级的投资机构，投资于有发展潜力的中小企业和初创企业，促进这些企业产生原发性创新，从而提高中国的自主创新水平，实现创新驱动的经济高质量发展。

（审校：叶　琳）

① 朱启超、王姝：《日本“超智能社会”建设构想：内涵、挑战与影响》，《日本学刊》2018年第2期。

• 社会 · 文化 •

《日本文论》(总第 4 辑)
第 48 ~57 页

国风文化中的“中国”

〔日〕小盐庆/著* 陆健欢/译**

内容摘要： 本文重新探讨了作为国风文化论研究前提的几个共通性认识。首先，日本咀嚼消化中国文化的实质是日本对中国文化进行分类汇编、改编、训读、教育等过程的结果。其次，关于唐物对日本文化产生的影响，就汉籍而言，暂无大量汉籍输入日本的史料记录。国风文化中的“中国”具有很复杂的结构，日本人在物质上喜欢现实的宋朝，但思想上将唐朝作为典范崇拜。有必要基于在不同维度并存的“中国”这一认识来推进今后的研究。最后，本文指出了从虚构的文学中提炼出史实对历史研究的重要性。

关 键 词： 国风文化　滨松中纳言物语　松浦宫物语　对外交流

“国风文化”① 一词广泛用于指称 10 世纪至 11 世纪的日本文化。如《古今和歌集》等和歌、《源氏物语》和《枕草子》等假名文学、大和绘以及定朝样式的佛像等，都是国风文化的代表。

过去一般认为，由于日本不再外派遣唐使，来自中国大陆的影响中断，日本特有的国风文化得以出现。不过，这一看法现在已不被主流意见所认同。20 世纪 90 年代以后的日本对外关系史研究指出，在日本停止外派遣唐使后，中国和日本之间的交流仍很兴盛。这一结论使以往日本学界对国风文化的理解出现了重大转变。榎本淳一认为，大量中国文化器物传入日本，使中国文化在日本变得大众化，这是国风文化形成的前提。他指出，所谓国风

* 小盐庆，日本京都大学大学院文学研究科博士研究生，主要研究方向为古代文化史。

** 陆健欢，清华大学博士研究生。

① 本文中“国风文化”指日本的国风文化，“国文学”均指日本文学。——译者注

文化是以中国文化为骨架而表面日本化的文化。10～11世纪形成了日本式的文化。但是从存在日本进口唐物[①]的事实来看，日本如果脱离中国文化，不消化咀嚼之前的中国文化，是不可能形成日本式文化的。[②] 这可以说是截至目前学者的共同认识。

以国际交流为核心的国风文化论，主要有两大研究脉络。一是中国货物研究，如河添房江和皆川雅树等人的成果。[③] 二是人员交流研究，例如西本昌弘就从中日僧侣交流的角度对国风文化进行了讨论。[④] 但后来尤其是进入21世纪以后，强调国际影响的国风文化论开始受到质疑。吉川真司认为，近年的研究轻视了日本国内因素，这是一个问题，需要重新关注国风文化的“和”的侧面。[⑤] 此后，日本学界开始尝试从各个领域重新审视、证明国风文化中来自大陆文化的影响。日本史学家佐藤全敏指出，10～11世纪的日本，人们尊重和爱好的并非同时代的中国文化，而是唐朝文化。[⑥] 美术史学家皿井舞指出，9世纪末之后，日本文化开始有选择性地吸收中国文化，但日本美术未再像过去那样受到中国文化的决定性影响。[⑦] 国文学家李宇玲指出，平安文学受到了承和时代（834～848年）以前输入的汉籍的很大影响。实际上，虽然本文与李宇玲的研究在论证方法上不同，但结论与其多有相同之处。[⑧] 近年来，国风文化论一直在讨论“和”与“汉”何者更重要，但西村里美认为，“和”“汉”这两个概念本身都有必要重新进行讨论。[⑨]

---

① 唐物，指来自中国或其他国家与地区的物品，多为纺织品或其他杂货。——译者注

② 榎本淳一「『国風文化』の成立」、榎本淳一『唐王朝と古代日本』、吉川弘文館、2008年。最早出版于1997年。

③ 参见河添房江『源氏物語越境論』、岩波書店、2018年；河添房江・皆川雅樹編「唐物と東アジア」、『アジア遊学』第147号、2011年。

④ 西本昌弘「『唐風文化』から『国風文化』へ」、大津透・桜井英治・藤井讓治・吉田裕・李成市編集『岩波講座　日本歴史　第5巻　古代5』、岩波書店、2015年。

⑤ 吉川真司「摂関政治と国風文化」、京都大学大学院・文学研究科編『世界の中の「源氏物語」』、臨川書店、2010年。

⑥ 佐藤全敏「国風とは何か」、鈴木靖民・金子修一・田中史生・李成市編『日本古代交流史入門』、勉誠出版、2017年。

⑦ 皿井舞「日宋交流と彫刻様式の転換」、森克己『日宋文化交流の諸問題』、勉誠出版、2011年。

⑧ 李宇玲「『源氏物語』と対外交流」、助川幸逸郎・立石和弘・土方洋一・松岡智之編『虚構と歴史のはざまで』、竹林舎、2014年。

⑨ 西村さとみ「『唐風』と『国風』」、田中史生編『古代日本と興亡の東アジア』、竹林舎、2018年。

以上表明，在日本，近年来关于国风文化的讨论愈加热烈，并且研究方向呈现多样化。在此，本文认为日本史学方面存在一个问题，即以往的学者往往忽略对国风文化产物本身的讨论。关于国风文化，国文学界、美术史学界等相邻领域已有不少优秀成果，但日本史学者未积极将其他领域的研究材料纳入视野。基于此，本文将尝试提出从日本史学角度研究国风文化的一个可能路径。本文的讨论将涉及国文学研究材料中的《滨松中纳言物语》和《松浦宫物语》两个物语文学。这两个物语均以中国为故事背景，描绘了国风文化时期日本虚构的中国形象。通过解构物语中虚构的中国形象的内部结构，或可揭示国风文化中“中国”的实质。本文的第一节和第二节探讨日本咀嚼消化中国文化的实质，第三节则分析中国典籍对日本文化产生的影响。两者均是国风文化研究的前提，很难说所有问题已经得到解决，还有必要继续进行研究。

一　从《滨松中纳言物语》看中国形象的形成：绘画、类书、物语

（一）概说《滨松中纳言物语》对中国的描写

一般认为《滨松中纳言物语》成书于 11 世纪中叶，最主流的看法认为其作者为菅原孝标女。在现存版本中，以唐朝为故事背景的第一卷中，描述了中纳言渡唐之后同唐朝皇后、太子等交往的故事。这个物语主要使用了三种手法来呈现中国样貌。

一是绘画式的描写，如下为代表示例。

> （唐后）所居之处，墙壁上反复涂的不是日本京城常见的桧皮色[①]，而是深蓝色。器具大多是朱红色，屋内还总挂着镶了锦边的帘子。辰巳[②]方向是从巨山高处流下来的瀑布，那防止水花飞溅的岩石形状，不是世间常有之光景……把另一边的帘子卷起来，十数个女官并排坐在铺

① 桧皮色，桧柏树皮的颜色，棕色。——译者注

② 辰巳，指东南方位。——译者注

了华丽毯子的檐下，一个个打扮端庄，头发束得庄重华美，各自配有裙带、领巾，手拿各色团扇半遮面庞。好似一幅画工精湛的唐绘。

在用绘画式的语言描写宫殿及人物之后，以“好似唐绘”总结了全文。这段文字表明，描绘中国的画（即“唐绘”）在当时的日本很常见，日本贵族间对中国的共同视觉想象是通过这些画来完成的。

二是引用汉诗。因为中国是故事背景，《滨松中纳言物语》中多次出现了登场人物吟咏汉诗的场面。这里想指出的是，物语所引汉诗几乎皆出自《白氏文集》和《和汉朗咏集》收录的诗作。并且，尽管所引各诗皆符合对应的物语场景，但这种引用实际上完全是根据《和汉朗咏集》中的分类进行的。举例如下。

大约七八位女官，身姿如同从天而降的仙女，手里把玩着菊花，稚嫩的嗓音齐声吟诵着“兰蕙苑岚摧紫后”[①]，曼妙动听出人意料。帘子内的人们也低声念出“此花开后更无花”[②]。

此处引用的两句汉诗皆收录于《和汉朗咏集》的“菊”分类之下，显然是由前文“把玩菊花”联想而引用的汉诗。《滨松中纳言物语》的作者只不过是将当时贵族熟知的汉诗在其认为应该可以吟咏的地方拈来引用罢了。

过去的学者总以这一物语中对中国的背景描写为由，认为菅原孝标女是学问家出身，有很深的汉籍素养。实际上，其中所体现出的汉籍知识反映的是当时日本贵族社会的一般常识水平。从《枕草子》中可知，在当时的日本宫廷之中，能够使用汉籍知识随机应变进行对答是一件值得称道的事。但是，《和汉朗咏集》等书籍的存在，使人们不必通读数目庞大的汉籍也可以轻易具备在适当场景使用恰当汉诗的能力。

三是引用名人逸事。《滨松中纳言物语》中穿插着潘岳、杨贵妃、王昭君、李夫人、上阳白发人、王子猷、西王母、东方朔等人物及其逸事。作为

① 出自菅原文时的汉诗“兰蕙苑岚摧紫后，蓬莱洞月照霜中”，收录于《和汉朗咏集·菊》。——译者注

② 元稹原诗作“此花开尽更无花”，《和汉朗咏集·菊》收录的此句记作“此花开后更无花”。——译者注

这些逸事出处的汉籍虽多种多样，但很难由此认为《滨松中纳言物语》的作者已全部通读相关汉籍。这是因为，与《滨松中纳言物语》中所有登场人物有关的逸事皆收录于《唐物语》（将中国的故事改编为和文[①]的物语，成书于 12 世纪后半叶）。据此可以认为，日本在 11 世纪时已零星流传着一些中国古代名人的故事，到 12 世纪，这些故事被汇集整理成了《唐物语》。至少可以确认的是，与《长恨歌》、王昭君相关的故事通过《伊势集》《源氏物语》《更级日记》在日本已被绘画化和物语化。《滨松中纳言物语》的作者在创作故事时，所做的就是把这些在日本已被人们熟知的人物选出来写进文章。

通过以上讨论，可大致确定《滨松中纳言物语》的作者在描绘中国时使用了何种材料。当时的中国形象之源泉，包括唐绘、类书以及根据汉籍记载改编为和文的物语。尤其是在女性学习吸收的中国文化中，物语（包括绘物语）发挥了很大作用。

（二）有关物语的几个关键词

平安时代的物语不仅是一种娱乐，也有教育子女的功能。因此，上层贵族便动员女官创作物语。对于菅原孝标女这样的中层贵族女性而言，获得物语并非易事。从《更级日记》可知，有人通过亲戚或熟人等同阶层人获得物语，也有人通过在修子内亲王家供职的亲戚获得内亲王家的物语。在上层贵族家，也会将古旧书籍等赐给为其服务的女官。据此推测，成人后的菅原孝标女可能是因藤原赖通的要求到祐子内亲王家供职后才开始创作物语的。

以上层贵族女性的交际场为中心，物语在广泛的阶层产生了影响。值得注意的是，虽然物语是由上层贵族赐给中层贵族的，但其创作主体是紫式部、菅原孝标女等中层贵族出身的人。读着上层赏赐的物语长大的人，即那些受物语滋养的人，又在供职处创作了新的物语。这可以说是一种文化圈。在宫廷这一供职场所，贵族们生产文化，被文化滋养，然后受到影响的人又集结起来创造新的文化，宫廷也就成了一个文化再生产之所。

有必要在上述社会状况下思考《滨松中纳言物语》中体现出的日本对中国文化的吸收。来自汉籍的名人逸事、汉诗等在日本宫廷或上级贵族宅邸

---

① 和文，指日语文言（或称日语古典文）。——译者注

被绘画化、物语化，在宴会席上被诵读，上等的唐物也可能在这样的场所为人们所目睹。这些中国文化通过宫廷供职人员进一步向交际场外扩散，被更广泛的贵族阶层所共享。同时，同一阶层的贵族间的交流也必然存在。通过这种跨越横纵身份的交流，便形成了日本文化的基底。日本人所喜欢的“中国文化”就是在这样的文化活动中，从庞大的汉籍知识之中一点点被精选出来，变成了《和汉朗咏集》与《唐物语》等收录的汉诗和故事。

二　从《松浦宫物语》看中国形象的形成：汉籍的学习

（一）概说《松浦宫物语》对中国的描写

一般认为《松浦宫物语》成书于12世纪末，最主流的看法认为其作者为藤原定家。虽然此书成书的时代晚于国风文化的时代，但从思考国风文化的角度而言，这部作品能提供很多有趣的材料。

《松浦宫物语》对中国的描写鲜有《滨松中纳言物语》的绘画式语言表达，其特征是通过数量众多的来自汉籍的故事来描绘中国世界。下面具体举例。

《松浦宫物语》男主人公橘氏忠和女主人公邓皇后分别以汉朝的金日磾、汉和帝的皇后邓氏为原形，不仅人物的名字类似，人物的性格也在一定程度上符合史实，很明显有来自《汉书》和《后汉书》的影响。此外，物语的故事背景不像《滨松中纳言物语》那样无意义地罗列有名的地名，而是选择了适合故事展开的地名。而且，物语的整体构思源于白居易的《李夫人》，这一点作者本人也在作品中有所透露。《滨松中纳言物语》的作者和《松浦宫物语》的作者掌握汉籍知识的差距显而易见。

那么，《松浦宫物语》是通过哪些汉籍知识来构筑其中国形象的呢？根据书中的诸条注释，该物语的出典包括《尚书》、《礼记》、《史记》、《汉书》、《后汉书》、《晋书》、《旧唐书》、《新唐书》、《文选》以及《白氏文集》、《蒙求》等汉籍。古代日本又是怎样看待这些汉籍的呢？

首先，《尚书》《礼记》《文选》在学令[①]中是必学书目。《史记》、《后

① 学令，日本于757年施行的《养老令》中与各国教育（教员的任用与考核、学生入学资格审查、教科书、教学方法、考试方法、学生生活等）有关的法令。——译者注

汉书》以及《晋书》在奈良时代的大宰府中是被要求修习的科目。当然，这些在中央也应是学习内容。《蒙求》在日本是幼学书[①]，始见于《日本三代实录》。《白氏文集》在平安时代的日本广受喜爱已是众所周知的事实。问题在于《旧唐书》《新唐书》等记述唐代历史的史书。其他汉籍在 9 世纪中叶承和时代以前已传入日本，《旧唐书》《新唐书》在日本则初见于 12 世纪以后。《松浦宫物语》成书于此后的仅半个世纪时间里。考虑到这一点，作者藤原定家记述唐代官职、人名时实际参考的图书很可能不是诸条注释中提到的《旧唐书》《新唐书》等最新史书，而是平安时代初期已经传到日本的《唐历》（现不存）。

其次，更为重要的是利用汉籍来书写物语的方法，利用有关唐代历史的书籍与利用其他书籍有很大差异。《汉书》《后汉书》《白氏文集》等汉籍的利用与物语的基干相关，例如人物造型、情节构思等，而诸条注释提及《旧唐书》《新唐书》时仅是人名、官职等与物语基干没有关联的修饰性元素。国文学研究中并未重视这一点，但这对研究国风文化时期汉籍的使用很有启发意义。归根结底，这一差异源于男性贵族学习汉籍的方式。

（二）学习汉籍的方式

10～11 世纪的日本贵族男性如何学习汉籍？孩童时代，他们主要学习《蒙求》《千字文》等幼学书。成年后，贵族男性多聘请大学寮明经道[②]、文章道[③]出身的人作为私人教师，相关记录在日本古代文书中随处可见。

明经道和文章道的教科书有经书、“三史”和《文选》等。此外，据《江吏部集》记载，大江家世代为天皇讲授《白氏文集》。当时的贵族男性既然受教于大学寮毕业的文人，其掌握的汉籍知识自然也受大学寮所讲授内容的影响。他们能学到大学寮教授的汉籍，但缺乏真正修习其他汉籍的机会。这些在大学寮讲授的汉籍同前述《松浦宫物语》中有关基本构思的汉籍存在大部分重叠。

---

① 幼学书，日本汉学初学者入门书、启蒙书。——译者注

② 明经道，日本律令制大学寮四大学科之一，其余三科为文章道、算道、明法道。明经道课程内容为中国经学，教科书有《周易》、《尚书》、“三礼”、《诗经》、《左传》、《孝经》、《论语》等。——译者注

③ 文章道，日本律令制大学寮四大学科之一。课程内容为汉诗文和历史，教科书有《史记》、《汉书》、《后汉书》等中国史书及《文选》等汉诗文集。——译者注

而且，在国风文化时期的汉诗集中，也有很多出典于这类汉籍的汉诗。说到底，“三史”、经书经过数百年已经成为日本汉文表述的典据。与此相对，记录唐代历史的书籍即便被使用，也不像“三史”、经书一般成为普遍的“学习对象”。

综上可以认为，《松浦宫物语》之所以存在汉籍使用方法的差异，是因为受到摄关时期男性贵族汉籍学习方式的影响。他们对大学寮所教授汉籍的掌握能够达到用其来构思物语基本框架的水平，而关于唐代的史实，他们真正“学到”的内容很少。此外，除了被《长恨歌》等文学作品改编、乐于使用的内容以外，以故事和名言形式进入日本贵族社会的唐代史实也很少，自然很难升华为物语内容。

三　重新审视对外交流与日本对中国文化的吸收

第一节和第二节对日本咀嚼消化中国文化的实质进行了探讨，接下来将讨论中国文化器物对日本文化产生的影响这一问题。

不过，这一问题本身包含了各种各样的问题。由于“文化”这一词语的内容宽泛，选取讨论的部分不同，关于中国文化器物有多大影响的结论也会不同。以往的研究认为唐物和佛教等本来就近乎外来文化，因而与这一部分相关的内容被认为是最新中国文化的传入，在某种意义上是理所当然的结果。本文将主要对与前文内容相关的汉籍输入展开讨论。

关于国风文化时期输入的汉籍，以藤原道长执政时期为中心的研究较多。藤原道长输入的汉籍不仅帮助其建立威信并构筑了政治权力的基石，而且对当时日本的整体文化产生了巨大影响。① 然而，近年来李宇玲对《源氏物语》和《枕草子》中出现的书名进行了集中研究，得出结论，认为对平安文学产生影响的汉籍仅限于承和时期以前传入之物。这一点与本文的观点相近。李宇玲指出，藤原道长输入的汉籍为《白氏文集》《文选》等前代已传入的汉籍的印刷版本，并未带来新知识。② 日本史学家佐藤全敏亦指出，

---

① 参见岡部明日香「藤原道長の漢籍輸入と寛弘期日本文学への影響」、王勇・久保木秀夫編『奈良・平安期の日中文化交流』、農山漁村文化協会、2001 年；小塩慶「国風文化期における中国文化受容」、『史林』第 6 号、2017 年。

② 李宇玲「『源氏物語』と対外交流」、助川幸逸郎・立石和弘・土方洋一・松岡智之編『虚構と歴史のはざまで』、竹林舎、2014 年。

摄关时期，受对外贸易环境的制约，“海商能够入手并运送的汉籍是有限的，人们只能偶尔从他们那里购买自己相中的书籍”。[①]

本文与佐藤关注的时期几乎相同，并得出了同样结论。为此，本文还列出了古代书目中能确定自宋代以后输入日本的书籍和出版物的清单。如果从结论来说，有以下三点值得注意。

第一，书籍的数目本来就很有限。以往总说藤原道长引进了很多汉籍，但可以切实确定引进日本的，只能举出奝然带回的《大藏经》、《五臣注文选》、《白氏文集》、辽朝的文章以及《文选》（还存在少数有可能引进的书目）。至少，在日本古代书目中无法确认制作于中国的汉籍被大量引进日本的痕迹。不过，现在关于国风文化时期汉籍输入实况的研究项目还在进行，相关研究成果令人期待。

第二，正如李宇玲所言，引进的很多宋本图书在前代已经传入日本。其中虽然有最新出版的书籍，但因最受欢迎而引进的是《白氏文集》。之前讨论的《松浦宫物语》中的主要出典是《白氏文集》以前的汉籍。从 9 世纪中叶《白氏文集》传入到 12 世纪末《松浦宫物语》成书之间，日本并未引进过给日本文学整体带来重大变化的汉籍。

第三，能直接输入汉籍的身份阶层是有限定的。天皇家、摄关家、大臣家、天台僧、大江家（学问之家）能直接同海商和中国僧侣交流而获得汉籍，其他阶层或人员能否独自入手汉籍，很难在史料中进行确认。根据史料可以确认的是，他们主要是通过抄写获得汉籍，而不是直接引进。此外，实际上，即便是摄关家和大江家也无法轻易获得汉籍。

综上可以认为，国风文化时期输入的汉籍数量，从现存史料来看，并没有过去估算得那么多，并且主要为前代传入汉籍的新版本。另外，能直接输入汉籍的阶层也十分有限。作为旁证的是，承和时期以前传入日本的汉籍依然在国风文化时期的物语中占据主要位置。

还需要注意的是，当时的日本贵族并不一定能解读未标注训读符号的汉籍原文。平安贵族在经典和汉籍上添加了训读符号。他们同现在的日本人一样，根据符号训读汉文从而解读文意。即便日本从中国输入了汉籍，在没有

---

① 佐藤全敏「国風とは何か」、鈴木靖民・金子修一・田中史生・李成市編『日本古代交流史入門』、勉誠出版、2017 年。

添加训读符号的情况下，几乎所有日本人都无法充分理解汉籍内容。汉籍输入量的增加与中国文化在古代日本的大众化并无直接联系。

结　语

本文重新探讨了作为国风文化论研究前提的几个共通性认识，主要观点总结如下。

首先，关于日本咀嚼消化中国文化的实际状况。以《滨松中纳言物语》和《松浦宫物语》中对中国的描写为线索，探寻了古代日本文学作品虚构中国形象的源泉。国风文化时期虚构的中国形象由唐绘、分类收集的汉诗文、用和文撰写的中国故事、大学寮学习的汉籍等元素构成。这四大元素皆不是从中国直接输入，而是在日本以某种形式加工过的。日本咀嚼消化中国文化的实质，具体而言，就是在日本对中国文化进行分类汇编、改编、训读、教育等而结出的成果。

其次，关于来自中国的舶来品对日本文化产生的影响。至少就汉籍而言，很难找到过去模糊认为的大量汉籍引进日本的史料记录。当然，日本引进了很多香木、纺织品等作为货物的唐物，这些是贵族生活不可或缺的物品。但爱好舶来品是日本人跨越时代的共性，对其作为国风文化特有的现象进行讨论还有很大余地。所以，国风文化中的“中国”实际上具有很复杂的结构，日本人物质上喜欢现实的宋朝，但思想上又将过去的唐朝（以及对于唐而言的典范汉朝等更早的王朝）作为典范崇拜。过去的国风文化研究往往扁平化地看待中国文化，今后有必要基于在不同维度并存的“中国”这一认识来推进研究。

另外，以往的日本史学中使用国文学资料的方法，往往限于从历史物语、说话集、假名日记、和歌集等之中寻找史实片段，或者利用《源氏物语》等分析摄关政治的本质，等等。要从“虚构”的文学中提炼出“史实”，使用物语是非常困难的。但如本文所用之方法，虚构性有时也会利于我们进一步明晰当时的认识。也就是说，如果是为追究“虚构的史实”以及从中可读出的思想认识的话，物语也可作为史料使用。

（审校：唐永亮）

• 社会 · 文化 •

《日本文论》(总第 4 辑)
第 58 ~ 70 页

日本古代寺院的乐舞和琴歌

〔日〕吉川真司/著[*]　秘秋桐/译[**]

内容摘要: 本文旨在考察日本古代的寺院音乐，尤其是乐舞和琴歌，并试图阐明其历史特质。在此基础上，进一步阐释从朝鲜半岛、中国传来的音乐文化如何被日本接受并与本土音乐共存，以及如何演变等问题。换言之，本文尝试以佛教仪式尤其是法会音乐为研究切入点，考察外来文化在日本的接受与演变过程。

关 键 词: 法会音乐　歌木简　乐舞　琴歌

6 世纪中叶，百济王将佛教传入日本。大约半个世纪后，大臣苏我马子开始建设飞鸟寺，这是日本第一个真正意义上的寺院。推古四年（596）该寺竣工，高句丽僧人慧慈、百济僧人慧聪等居住于此，这便是日本寺院文化的开端。自此，从未存在于列岛社会的佛教寺院和僧尼集团开始出现，并最终成为构成律令体制的基本要素之一。

佛教寺院举行的礼佛、诵经、说法等仪式一般被称为“法会”。日本古代寺院在举办法会时，常常会演奏各式各样的音乐，这不仅能够让会场更加庄严肃穆，发挥赞叹、供养神佛的作用，而且是传法的一种手段。在这些音乐中，既有华丽的外来乐舞，又有传统的和歌咏唱，甚至包括梵呗在内的声明①也被配上美妙的旋律吟唱出来。

---

* 吉川真司，日本京都大学教授，主要研究方向为日本古代史。

** 秘秋桐，清华大学历史系博士研究生。

① 佛教音乐的一种，将佛典配上曲调、节奏咏唱的音乐形式，通常用于佛教礼仪中。——译者注

有关日本寺院音乐的研究却并不多见。究其原因，第一，外来、本土的乐舞研究主要以宫廷为中心，寺院的法会乐舞则居于次要位置；第二，日本的历史学、文学研究者对古代的声明、法会和歌没有太多的研究兴趣。然而，在近代以前的乐舞发展中，除宫廷（乐人）外，南都和四天王寺的寺院乐人也扮演了重要角色，因此研究寺院乐舞的演变历程极为重要。此外，对于近期在古代寺院遗迹中发现的“歌木简”和乐器，也有必要进行历史定位。

因此，本文旨在考察日本古代的寺院音乐，尤其是乐舞和琴歌，并试图阐明其历史特质。在此基础上，进一步阐释从朝鲜、中国传来的音乐文化如何被日本接受、与本土音乐共存以及如何演变等问题。换言之，本文尝试以作为中华文化圈共通要素的佛教尤其是其中的法会音乐为研究切入点，考察外来文化在日本的接受与演变过程。

一　东大寺大供养会的音乐

（一）大佛开眼供养会的音乐

寺院法会可分为例会、临时会等，规模也大小不一。在此，以天平胜宝四年（752）的东大寺大佛开眼供养会为例。《续日本纪》盛赞此次法会为“佛法东归，斋会之仪，未尝有如此之盛也”（天平胜宝四年四月乙酉条）。当时，公卿贵族及约万名僧尼云集法会。大佛开眼仪式结束后，雅乐寮和平城京各寺的乐人表演外来乐舞，而诸姓王臣则表演本土歌舞。《续日本纪》对此也大书特书：“东西发声，分庭而奏。所作奇伟，不可胜记。”

据《东大寺要录》记载，法会的流程如表 1 所示：印度僧人菩提仙那主持开眼仪式，举行礼赞佛祖的四个法要，讲师隆尊讲《华严经》，四寺进献奇珍异宝，表演各种式样的法会乐舞。演奏的音乐大致分为声明、和乐以及番乐。“声明”在举行四个法要时唱诵，又分为唱梵音、振锡杖、诵梵呗、散华四种，因僧侣用汉文唱诵，听众几乎不明其意。“和乐”指由诸姓氏乐人表演的大歌舞、大节舞、久米舞、楯伏舞等日本古老的歌舞，而歌词多用通俗易懂的和语演唱。“番乐”为外来音乐，几乎与“雅乐”相同，分为唐乐（古乐、中乐、散乐）、高丽乐、林邑乐，其中高丽乐包括百济乐和新罗乐，林邑乐则与后述的伎乐相同。这些番乐由朝廷和各寺的乐人演奏，并无歌词。与和乐、番乐相关的部分器物被收为正仓院宝物，流传至今。

表1 《东大寺要录》中记载的奈良、平安时代的大供养会

仪式顺序	大佛开眼供养会	御头供养会	讲堂供养会
开眼仪式	开眼师开眼 参会人结缘*	开眼师发誓祈愿 佛师开眼 和乐（和舞、东舞）	佛师开眼 开眼师，佛眼真言、佛名
庄严仪式	（讲习后四寺进献奇珍异宝）	迦陵频伽、菩萨进献，舞天女进献、表演歌舞 天人表演歌舞、散华	菩萨、迦陵频伽进献、表演乐舞 天人进献
四个法要	唱梵音、振锡杖、诵梵呗、散华（推断在讲说之后举行）	四乐行道、行香 诵梵呗、散华、唱梵音（包含新乐）、振锡杖（包含高丽乐）	四乐行道、行香 诵梵呗、散华、唱梵音（包含敕乐）、振锡杖（包含敕乐）
讲习等	讲师、读师** 讲习华严经、修行佛道 表演度罗乐（推断为先行音乐）	导师*** 诵读咒文 称赞卢舍那佛佛号 咒愿师诵读咒愿文	导师诵读愿文 咒愿师诵读咒愿文
法会乐舞	和乐（大歌舞、大节舞、久米舞、楯伏舞） 番乐（女汉踏歌、唐古乐、唐散乐、林邑乐、唐中乐、唐女乐、高丽乐、高丽女乐）	番乐（新乐、高丽乐）	番乐（高丽乐、古乐、新乐、林邑乐，分别表演敕乐和诸寺乐）

注：* “结缘”为佛教用语，指佛教潜在信徒为了未来成佛、得道等功德而做出的与佛教产生关系的行为。

** “讲师”和“读师”为佛教用语，平安时代，讲师是在诸国的国分寺管理僧尼事务，同时讲习佛教经典的僧官；读师是在经论讲说的法会上坐在佛前讲座上诵读经题的僧官。

*** “导师”为佛教用语，指举办法会时唱导，诵读愿文、表白文，引导参会者的僧人。

除了这些音乐之外，《东大寺要录》中亦可见元兴寺僧人进献的和歌。咏唱和歌时很有可能用琴伴奏，如果是琴歌的话，大概属于和乐的一种。《东大寺要录》中记载了以下三首和歌：

庐舍那佛迁东山，新居佛下奉鲜花。
恰如佛下花正艳，来日佛法添荣光。

源氏家族佛法兴，飞鸟寺中佛乐唱。[1]

目前尚不清楚这些和歌要在法会的哪个阶段演唱，但很明显，这是“进献”给佛的和歌。

（二）法会音乐的目的

大佛开眼供养会上演奏各种音乐都是为了赞叹、供养佛祖。另外，林邑乐（伎乐）也并非余兴节目，而是起到劝诱观者信仰佛教的作用。也就是说，法会音乐原本的目的就是宣扬、传播佛教，而取悦前来参会的僧俗只是它的次要作用。但很多日本古代史研究者并不这么认为，四个法要本身就被无视，而相继被发现的外来、本土乐舞一般也被认为是彰显古代日本“帝国秩序”的一个手段，现在仍盛行着通过开眼大佛展示“帝国秩序”的奇特解释。

即便在唐王朝，在寺院法会上也会演奏九部乐，即在皇帝的许可下汇聚亚洲各个地区的乐舞。例如，唐代贞观二十二年（648）十二月，大慈恩寺恭迎佛像、佛经和佛陀舍利时，太宗就曾命人进献“九部乐、破阵舞及诸戏”（《大慈恩寺三藏法师传》）。九部乐为在皇宫举办的宴会上演奏的音乐，偶尔也会被赐予贵族在私宴上演奏，不过这些都是显示皇帝额外恩宠的方式，很难说其目的是彰显“帝国秩序”。因此，根据前例，将在寺院法会上进献九部乐认为是太宗对大臣的特别关照比较妥当，其本质仍是“为佛法而生的音乐”。

大佛开眼供养会上的奏乐与此相同。圣武天皇命乐人相继演奏外来和本土的乐舞、琴歌，显示其皈依佛祖的虔诚之心。因此，实无必要将此评价为具有“帝国性质”。笔者认为，正是为了“最大限度地实现供养（佛祖）、传播法乐”，才声势浩大地演奏法会音乐。

（三）（开眼会）之后的大法会音乐

举办大佛开眼供养会后，东大寺又于贞观三年（861）举行了御头

① 日文原文为：“東の　山傍を清み　新居せる　盧舎那仏に　花たてまつる、法の下　花咲きにたり　今日よりは　仏の御法　栄えたまはむ、源の　法の興りの　飛ぶや鳥　あすかの寺の　歌たてまつる。”

供养会（“佛首修缮供养会”），承平五年（935）举办了再建讲堂供养会。这些仪式的程序和音乐名称可参见表1，可以看出法会音乐的发展历程。

御头供养会和讲堂供养会的仪式程序极为相似，反映出大法会流程的相对固定化。仪式程序包括开眼仪式、庄严仪式、四个法要、发愿文奉读仪式以及乐舞表演。法会的核心环节是四个法要和发愿文奉读仪式，在此之前会举行开眼仪式和庄严仪式，最后才演奏乐舞。

论及音乐，声明是仪式中根本的要素。9世纪举行的御头供养会的开眼仪式中加入了和乐，但和乐在10世纪举行的讲堂供养会上完全消失了，取而代之的是与声明形式非常相近的被称为“佛眼真言”或“佛名”的仪式。有关番乐，直到8世纪，各寺院仍保持着表演法会乐舞的传统，但因庄严仪式中加入了迦陵频伽、菩萨、天人等的乐舞，会场变得更加庄严，所以又被称为“供养舞”，此后也成了大法会上的固定节目。10世纪中期以后，法会的核心环节中也会应和僧侣的动作、姿态演奏音乐。诸如此类，法会以外的部分也会使用番乐，使会场变得庄严、肃穆。

这里值得注意的是和乐的衰退和消亡。8世纪，和乐作为法会乐舞还与番乐一起演奏，9世纪初变成了只在法会开头表演倭舞、东舞，到了10世纪，和乐则完全退出了舞台，与番乐的兴盛形成鲜明对比。伴随着9世纪唐朝文化在日本的兴盛，番乐在日本实现了显著的发展，新的曲目被不断编制，唐乐、高丽乐演奏体制也渐臻完备。寺院法会上表演的供养舞的发展历程也与此大致相同。在这种变化中，基本确定了“佛教法会中的奏乐以番乐为主”的规范。伴随该规范的确立，各寺乐人的演奏体系也更加完备。

当然，和乐并没有完全消失。平安时代的宗教仪式、神祇祭祀与之后的直会（共食）仪礼，一直都重视倭舞、田舞、久米舞、五节舞等和乐表演。如此看来，可以说“佛教（仪式）使用外来音乐，神祇（仪式）使用本土音乐”的规范就此固定了下来。8世纪的宗教仪式上混入的番乐与和乐在9世纪后期即国风文化的形成期完成了分离。日本人对古代文化要素的认识不断加深，“和”与“汉”的并存、对立成了国风文化的基本构造，而佛教、神祇（仪式）上奏乐种类的区别也成为这种构造的一环。

二 东大寺恒例法会的音乐

（一）东大寺恒例法会和乐舞

在古代，东大寺每年要固定举行恒例法会，并进行盛大的歌舞表演。根据《东大寺要录》、正仓院文书、东大寺文书整理的相关事例可参见表 2。东大寺恒例法会上的各种仪式在创建之初就相对齐备。如表 2 所示，9 世纪末，主要的法会都在使用“乐舞”（番乐）；至少到 13 世纪末，法会上仍在沿用这种形式。而且，从乐舞表演使用的器物推测，至少在 8 世纪，东大寺就已经在表演各类乐舞了。

表 2　东大寺的年中法会和乐舞

《东大寺要录》诸会章（12 世纪前叶）		年中节会支度（889～898 年）	年中行事用途账（1299 年）	乐具欠失注文（764～767 年）
正月初一至初七	讲堂修正**	乐人	乐人	—
	中门修正	—	乐人（大佛殿）	—
三月十四日	华严会	敕乐、中乐、菩萨	敕乐、中乐、诸乐、菩萨、天人、师子	○
四月八日	伎乐会（佛诞会）	乐人	乐人	○
五月	小五月会	—	—	—
六月十四日	万花会*	乐人	乐人	△
六月二十三日	千花会*	乐人	乐人	△
六月二十八日	解除会	乐人	乐人	—
七月十五日	伎乐会（盂兰盆会）	伎乐	乐人	○
九月三日	手搔会	乐人、细男、厌舞	乐人	—
九月十五日	般若会	敕乐	乐所	—
十一月十四日	千灯会*	乐人	乐人	—
十二月十日	法华会*	乐人	乐人	—
十二月十四日	万灯会	乐人	乐人	○

注：* 表示乐记中无记载。

** 此处“修正”指修正会，通常指正月初一至初三或初七在寺庙举办的祈愿国家兴旺昌盛的法会。日本自 767 年开始举办。

与前文所述 9 世纪后期临时法会上的情况一样，恒例法会上也见不到和乐（在来音乐）的踪影。虽说在九月三日的“手搔会”上表演了在来乐舞“细男”，但这是东大寺镇守的手向山八幡宫的祭祀，并不是一般的法会。如果除去表 2 中关于 9 世纪末乐舞情况的记录，那就再也见不到任何和乐的要素了。

表 2 中值得注意的是，三月十四日的华严会和九月十五日的般若会上的敕乐，以及四月八日的佛诞会、七月十五日的盂兰盆会等曾被称为“伎乐会”。“敕乐”指朝廷雅乐寮派遣到东大寺的乐人与寺内所属乐人一同演奏番乐。据《延喜式》雅乐寮记载，朝廷曾派遣乐人赴西大寺的成道会（三月十五日）、大安寺的大般若会（四月六日、七日）奏乐。如后所述，雅乐寮也曾向诸大寺的伎乐会派遣乐人。也就是说，与东大寺一样，各个寺院的恒例法会上都会表演乐舞，一部分寺院还会得到朝廷的支援。番乐在恒例法会上必不可少，这是日本古代寺院的特色，从各寺的账簿中也能窥见这一点。

（二）唐代法会和音乐

那么，古代日本又是从何处学到在法会上表演乐舞呢？首先，这与日本派遣学问僧赴唐求法有关，但日本与唐朝的法会又有很大的不同。

唐代寺院演奏九部乐等的事例，除前述的大慈恩寺外，还有弘福寺、荐福寺、圣善寺、法门寺等，在《续高僧传》的玄奘传，《宋高僧传》的义净传、同善无畏传，以及《佛祖统记》中多有记载。但是乐舞都是在奉迎佛祖舍利或经文典籍的特别仪式上表演，并没有言及日常法会。另外，释迦圣诞祭上举行的“行像”仪式是从印度、西域传到中国的，至南北朝时期特别是北魏时期变成了盛大的奏乐仪式，但到唐代又逐渐衰微，只举行灌顶仪式。另外，《洛阳伽蓝记》描绘了北魏时期寺院法会的繁盛景象，其中记述了景乐寺的“女乐”和“音乐”、昭仪尼寺的“伎乐”、宗圣寺的“妙伎杂乐”、景兴尼寺的“丝竹杂技”、宣忠寺的“击鼓歌舞”等。但是，依笔者管见，在唐代两京的大寺院中，并未发现日常演奏这类布教所用音乐的相关史料。

论及此处，圆仁所著《入唐求法巡礼行记》中的法会记录就显得尤为珍贵。该书中记载，唐开成三年（838）十一月二十四日，圆仁参加了扬州开元寺天台大师忌日斋会。斋会上应当演奏了“音韵绝妙”的声明，更有叹佛、唱礼等音乐，但是完全没有像日本法会上表演乐舞那样的相关记载。翌年十一月十六日，圆仁参加了位于山东半岛最东侧的赤山法华院的法华讲经会。法会上，唐风与新罗风仪式交融，演奏了吟唱“佛名”的“音曲”，以及梵呗、散华等声明，但圆仁同样未记录有关乐舞的任何情况。从仪式的过程来看，认为没有表演法会乐舞的观点是比较妥当的。

如此看来，在唐代的法会上，尽管有礼佛、赞叹佛祖的声明，但表演乐舞应该是特例。而在古代日本的法会上，虽然也会演唱四个法要等声明，但为了营造庄严的氛围、法乐而重视乐舞，这是日本法会与唐朝法会最大的不同之处。

三 作为法会乐舞的伎乐

（一）伎乐会

如前所述，在东大寺的恒例法会中，佛诞会和盂兰盆会又被称为“伎乐会”。伎乐是演员戴着面具表演的戏剧式乐舞，演员们在表演中通常会配合笛子和鼓做出滑稽的动作（《教训抄》）。伎乐并不直接赞叹佛祖，而是含有较多的助兴成分，但亦是一种供养佛祖和弘法的手段。各寺的账簿中通常可见伎乐表演的支出，表演伎乐所用的面具则从法隆寺、正仓院和东大寺等地传来。

从 7 世纪开始，日本格外重视佛诞会和盂兰盆会。学界普遍认为，自推古十四年（606）起各寺就开始在“四月八日、七月十五日设斋”，除大化三年（647）制定官位十三阶的朝廷仪式外，又确立了“四月、七月斋时”的传统（《日本书纪》推古十四年四月壬辰条、大化三年是岁条）。实际上，并不是只有东大寺在这两个法会上表演伎乐。根据《延喜式》记载，在东寺、西寺、大安寺、西大寺、法华寺、秋筱寺，每到“四月八日、七月十五日斋会”时朝廷便会派遣伎乐人前去表演。除此之外，普遍认为各寺也在培养自己的伎乐人。朝廷派遣的伎乐人是从大和国城下郡杜屋村的“乐户乡”的乡民中选出来的。据记载，8 世纪初，此地的伎乐传承人共有 49 户（《令集解》职员令雅乐寮条）。

（二）伎乐的起源

根据《日本书纪》记载，伎乐起源于推古朝（《日本书纪》推古二十年是岁条）。一个自称味摩之的人从百济渡到日本，并宣称曾在吴（中国南部）学习过“伎乐舞”，于是朝廷便命一众少年跟随其学习此舞。大市首、辟田首等豪族曾代代传承伎乐的技巧，他们的聚居地离“乐户乡”不过一二公里。

正仓院的多数乐舞装束上有墨书铭文，根据其内容可以判断，大佛开眼供养会上一般使用4组伎乐用具（装束、假面、乐器等），也有将其标注为“吴乐”的情况，毫无疑问“伎乐”便是“吴乐”。另外，8世纪并没有关于林邑乐的墨书，自然可视其与伎乐同体。林邑指东南亚的占波，此地很早便接受了印度文化。如此看来，伎乐是由“印度—东南亚—中国南部—百济—日本”这条路线传到日本的。

在历史线索中，我们可以找到伎乐备受古代日本法会重视的理由。为了演奏法乐、传播佛法，7世纪前期的推古朝便确立了在寺院主要法会上表演伎乐的规范，练习伎乐的系统亦应臻于完备。律令体制建立后，这套体系得以延续。最晚8世纪，寺院的恒例法会上开始出现各种外来乐舞。根据笔者的推测，正是因为有了伎乐表演的传统和规范，在法会上才开始出现外来乐舞的表演。与唐朝不同，日本古代寺院盛行乐舞表演的理由可以从推古朝开始的“法会的初心”中找到答案。

如此考虑，便出现了一个重要的研究课题，即隋唐以前的中国王朝及百济存在的法会音乐形式。既然已阐明佛教统制系统是沿着中国南朝—百济—日本的路线传到日本，那么据此推测，佛教音乐也很有可能是通过同样的方式传到日本的。不只是伎乐，中国南朝和百济的法会音乐的整体情况是怎样的？这类法会音乐与《洛阳伽蓝记》中描写的中国北朝的法会音乐又是何种关系？这些都值得深究。梁武帝尊崇佛法，“制善哉、大乐、大欢、天道、仙道、神王、龙王、灭过恶、除爱水、断苦轮等十篇，名为正乐，皆述佛法。又有法乐童子伎、童子倚歌梵呗，设无遮大会则为之”（《隋书·音乐志》）。就目前的研究阶段而言，关于像梁武帝一样完善佛教音乐的问题仍有再探讨的必要。

四　法会上的琴歌咏唱

（一）皇后宫维摩讲的佛前唱歌

前面已经阐述了关于日本古代法会上奏唱外来音乐的若干问题，最后还想探讨一下有关9世纪后期在法会上消失的在来音乐即和乐问题。

根据《万叶集》所述，天平十一年（739）十月，在光明皇后主办的维摩讲上，有人咏唱了下述和歌（8-1594）[①]。

> 细雨簌簌落，正如山间红叶，纷纷凋落惹人怜。[②]

和歌的注解中则描述了法会的景象：

> 供养大唐、高丽等种种音乐、而乃唱此歌词。弹琴者市原王、忍坂王，歌子者田口朝臣家守、河边朝臣东人、置始连长谷等十数人也。

所谓“维摩讲”，源于藤原氏鼻祖（中臣）镰足忌日所进行的恒例法会，之后以兴福寺维摩会的形式传承下来。当日会场有皇后宫抑或兴福寺的高僧讲授《维摩经》，随后表演外来乐舞以示供养、法乐，接着是十数名“歌子”合着琴声咏唱和歌。

可以推测，与前述大佛开眼供养会相同，8世纪的日本法会盛行外来乐舞和在来琴歌混合的演奏方式。据正仓院文书所载，天平十五年（743），金光明寺（东大寺前身）盂兰盆会上同时表演了伎乐和高丽乐，并有19人以上的“音声舍人”参加了法会（《大日本古文书》8-220）。从音声舍人演奏音乐的性质来看，大概与维摩讲中的“歌子”类似，负责咏唱和歌。

尽管多数人支持维摩讲中的和歌是单纯的叙景歌的说法，但笔者认为这

① 括号内序号为标注和歌顺序之用。8-1594指《万叶集》第8卷中，在《万叶集》全部和歌排序第1594首的和歌。——译者注

② 日文原文为：“しぐれの雨　間なくな降りそ　紅に　にほへる山の　散らまく惜しも。”

种和歌的主要作用在于表现佛教无常观。诗歌描述的阵雨吹散的红叶或许正是眼前的场景，但当它成为祈祷镰足冥福仪式的法会歌曲时，便象征世事的无常与虚幻。这是与佛教法会场景十分契合的表现无常的和歌。并且，与汉语咏唱的声明不同，正因为是和语歌曲，所以参会者可以非常深刻地理解歌曲的内涵和精髓。

天长五年（828），适逢大安寺勤操的一周年忌，在空海所赠赞文中有如下一段话："或调倭曲以沐浴义成，或奏汉乐而祠享能仁。礼三千佛名二十一年、讲八座法花三百余会。师吼雅音听者绝肠、迦陵哀响见者爱死。"据说，勤操主要负责在佛诞会上演奏"倭曲"，在释迦供养会上演奏"汉乐"。从赞文中对句的描述看，诸法会为供养佛祖而同时演奏和乐与番乐。据此史料可知，至少到9世纪前叶，在寺院的恒例法会上本土与外来音乐是并用的。至于平安初期兴福寺维摩会上是否演奏了琴歌，目前还无法断言。

（二）法会和歌木简

2008年，在被认为是神雄寺遗迹的京都古代寺院遗址中，发现了写有和歌的木简。在一个原长约60厘米的木简残片上写着"阿支波支乃之多波毛美□"。此句因与《万叶集》中和歌的开头一句一致而备受关注。

秋萩下叶红，风吹明月隐。[①]

神雄寺是平安京时代都城附近的地方性小型寺院，但经过发掘调查，出土了各式各样的文物。其中，尤其引人注目的是与佛教法会有关的文物，包括记有"悔过"字样的墨书土器、陶制的唐鼓以及大量的佛灯盘等。由此，我们便通过考古学阐明了日本古代寺院的活动。

记有和歌的木简也是与寺院法会相关的物品。与维摩讲和歌相同，"秋萩"和歌也重在表达时间的转瞬即逝。在《万叶集》和歌中，红叶大多象征无常，故"秋萩"和歌亦符合佛教礼仪。在宽大木简的一面，一音一字地记录和歌的万叶假名表记。该木简属于荣原永远男提出的"歌木简"的一种，可以推测在举办法会时，歌子会将木简拿在手上吟诵佛教歌曲，歌会

① 日文原文为："秋萩の　下葉もみちぬ　あらたまの　月の経ぬれば　風をいたみかも。"

结束后将歌木简放在寺院的某处，供参会者观看。

迄今为止，神雄寺出土的文物是寺院法会所用歌木简的唯一实例。然而，《日本灵异记》里有将和歌“竖起来”吟唱的描写（上卷第4缘），药师寺里遗留的“佛足石歌碑”亦被认为是依据法会行道时所用歌木简上的内容书写、建造的。笔者认为，随着法会上和歌咏唱的流行，各个寺院也开始广泛使用歌木简。

（三）法会上的琴歌

目前尚无证据证明，神雄寺法会上的和歌咏唱使用了琴伴奏，即便发现了唐乐乐器，也无法说明琴歌和乐舞是同时表演的。但是，在寺院法会上咏唱的和歌与琴是密不可分的。在《河源寺佛堂内和琴面》群歌中的两首《厌世间无情歌》中，很容易窥见这点。

> 厌倦生死两片海，唯思群山潮退后；
> 宿浮世万千草屋中，独不知将至之国何貌。[①]

日本古代的琴本就经常用来给和歌伴奏。[②] 尽管琴歌多在朝廷仪式和私人宴会上咏唱，但与神乐歌、神祭以及直会也有较大的关联。也就是说，和歌咏唱本身就是包括宗教仪式在内的各类仪式的一部分，在咏唱时也经常会弹琴伴奏。

虽然全无史料凭据，但既然日本古代寺院法会上存在外来乐舞的表演，那么可不可以说神祇祭祀也同法会一般，可能存在向神佛进献琴歌的可能性呢？当然，这种场合自然会选择契合佛教氛围的和歌，并附于以伎乐为首的番乐之后。据此可以推测，在8~9世纪的寺院法会上，外来乐舞与在来琴歌都得到了广泛的使用。并且，乐舞与琴歌在佛事与神事上分别得到采用的

① 日文原文为：“生き死にの　二つの海を　厭はしみ　潮干の山を　偲びつるかも；世のなかの　繁き仮廬に　住み住みて　至らむ国の　たづき知らずも。”该和歌将生死比作两片不同的海域，所谓“群山潮退后”，即指登上极乐净土后无生无死的超脱境界，“将至之国”亦指极乐净土。该和歌表现了作者厌恶世间生活，欲早登极乐净土的心境。——译者注

② 相关记载见《日本书纪》应神三十一年八月条、雄略十二年十月壬午条、大化五年三月是月条，《续日本纪》天平十四年正月壬戌条等。

事实表明，9 世纪以后，在中国文化流行的格局中，“和风”内容开始逐渐浮现，而此时正值国风文化的形成期。

结　语

以上便是笔者有关日本古代法会音乐的管见。法会音乐创始于 7 世纪前期，对其之后的发展产生了巨大影响。尽管后来的法会音乐中加入了日本本土的琴歌咏唱，但琴歌咏唱随着国风文化的形成而逐渐淡出历史舞台。类似这些论点今后仍有进一步考证的必要，而关于中国、朝鲜半岛法会音乐的总体情况以及中世和赞吸收古代法会和歌的过程等也有待继续探索。

（审校：吴　限）

• 社会 · 文化 •

《日本文论》(总第 4 辑)
第 71 ~ 89 页

战后日本学术界对新兴宗教的研究

王新生*

内容摘要: 20 世纪 60 年代中期以后，研究者不再以西欧合理主义、自由主义思想批判天皇制国家意识形态，出现了从民众思想、“民众宗教”中重新认识日本近代化的动向。例如，安丸良夫认为在包含武士阶级儒家道德的民众通俗道德中，虽然没有变革社会、创造新社会的思想，但可以看到农民、商人自发磨炼自我的契机；高木宏夫将新兴宗教运动置于日本近代的大众思想运动中，认为明治政府开展的天皇制绝对主义教化运动以及自由民权运动、左翼运动、战后革新阵营的工人运动等是自上而下的大众教化、动员，与其相反，新兴宗教是下层民众自行开展思想运动并获得成功的事例。新宗教研究者来自宗教学、社会学、文化人类学、心理学、历史学、民俗学、文学等领域，从各个方面展开研究，提高了新兴宗教的研究水平。

关 键 词: 日本　“民众宗教”　新兴宗教　新宗教　宗教社会学

日本作为世界上对宗教最宽容的国家之一，不仅拥有远超其人口总数的各种宗教信徒成员，而且新兴宗教团体也为数众多，最多时达到 2000 多个，目前拥有一定规模、持续进行宗教活动的新兴宗教团体有 350 ~ 400 个，①信徒约占日本总人口的 1/10。② 日本学术界有不少研究新兴宗教的学者，研究方法与研究成果也较多。本文大致按照时间顺序介绍日本学界新兴宗教研

---

* 王新生，历史学博士，北京大学历史系教授、博士生导师，主要研究方向为日本历史与政治等。

① 石井研士『プレステップ宗教学』、弘文堂、2010 年、130 頁。

② 井上順孝『人はなぜ新宗教に魅かれるのか』、三笠書房、2009 年、18 頁。

究的历史与现状。具体地说，尽管目前在日本学术界大多数研究者将新兴宗教团体称为“新宗教”，但在战后学术史上先后将其称为“民众宗教”、“新兴宗教”以及“新宗教”等。当然，在同一时间段内也曾出现使用不同称呼的情况，即使同一个研究者也会改变其观点和定义名称。

一　“民众宗教”研究

在日本学术界，通常认为新兴宗教团体出现于江户时代末期，其后持续发展。因而战前已经出现相关学术性研究，特别是对教派神道的研究，例如中山庆一的《教派神道的形成过程》（森山书店，1932年）、鹤藤几太的《教派神道的研究》（大兴社，1939年）等。从书名可以看出，这一时期主要是对教派神道新兴宗教团体——天理教、金光教等的研究，既没有涉及源自佛教系的新兴宗教团体，也没有分析其他神道系的新兴宗教团体，例如同样源自神道系的“生长之家”“大本”等新兴宗教团体，因为这些团体常常被官方和媒体称为“新兴类似宗教团体”“疑似宗教”等。

战后初期，日本的新兴宗教研究受二战前研究方法乃至其观念的影响较大，尽管有时也涉及其他新兴宗教团体，但总体性评价依然较低，例如渡边楳雄的《现代日本的宗教》（大东出版社，1950年）、小口伟一的《日本宗教的社会性质》（东京大学出版会，1953年）等。[①] 小口伟一明确指出，传统宗教的领导者作为职业工作者，为轻松获得金钱而开展宗教家的活动，在克服战后混乱世态的健全精神层面上没有发挥领导者的作用。与此相对，新兴宗教的兴起不足以成为对传统宗教的革新运动，不满于依然延续原始心性和巫术传统、咒语等宗教行为。新兴宗教没有通过治病、现世利益等个人救济行为来聚集信徒并构筑社会变革的世界观。与其说新兴宗教团体的大部分是宗教传统的革新，不如说其保留了主题变奏的内容，在大部分宗教中可以看到教义内容的共同性，这些都与“民俗宗教”的传统密切相关。[②]

尽管如此，战后初期日本新兴宗教团体急剧增加，其信徒规模迅速扩

① 井上順孝「新興宗教から近代新宗教へ—新宗教イメージ形成の社会的背景と研究視点の変化—」、堀江宗正編集『宗教と社会の戦後歴史』、東京大学出版会、2019年、267－292頁。

② 小口偉一『日本宗教の社会的性格』、東京大学出版会、1953年、72－103頁。

大。究其原因，一方面是因为在占领时期，以美国为首的盟军总部对日本实施非军事化、民主化改革，确立了信教自由的制度保障。尽管 1951 年 4 月颁布的《宗教法人法》比 1945 年 12 月颁布的《宗教法人令》在有关宗教团体的界定上稍微严格些，但比 1939 年制定的《宗教团体法》要宽松得多，同时将税收优惠措施的适用范畴扩大到所有宗教团体，因而许多新兴宗教团体纷纷登记为宗教法人。但整体而言，其中大多数还是战前已经成立的新兴宗教团体，战争结束后出现的新兴宗教团体较少。另一方面，日本自 1955 年开始进入经济高速增长时期，这是新兴宗教团体规模迅速扩大的阶段。战前信徒超过百万名的新兴宗教团体只有天理教，但 20 世纪 60 年代信徒超过百万名的新兴宗教团体有创价学会、立正佼成会、灵友会等，创价学会的成员甚至达到数百万名之多，其组织方式、运动形式也发生了较大的变化。这些团体不仅开展宗教活动，大多也涉足政治、经济、文化、教育、医疗等行业，甚至设立政党进入政界，建立大中小学、幼儿园等教育机构和医院，在国际上也积极传教或开展交流活动。

受上述社会现象的刺激，日本学术界对新兴宗教团体开始进行较为深入的学术研究，其中具有代表性的学者有村上重良（1928～1991 年）和高木宏夫（1921～2005 年）等。村上重良从东京大学文学部宗教学宗教史学科毕业，曾任庆应义塾大学讲师。作为日本共产党的党员，他曾发表、出版过批判创价学会和公明党的论著，后因反对 1974 年日本共产党与创价学会达成妥协而被开除出党。村上重良主要以历史学研究方法论述新兴宗教，但其使用的词语是“民众宗教”，研究对象也主要是幕末维新时期出现的新兴宗教团体，尤其注重考察与国家神道相对立的民众主导的教派神道宗教团体。村上重良的奠基作是 1958 年出版的《近代民众宗教史研究》（法藏馆，1963 年出版增订版，1972 年出版修改版），其中写道：“在幕末维新时期从民众生活中诞生、得到民众支持的诸多新宗教中，大半是战前被称为‘教派神道’的宗教，可以暂称为‘近代民众宗教’。”① 1971 年出版发行的岩波书店《日本思想大系》第 67 卷为《民众宗教的思想》，收录了如来教、黑住教、天理教、金光教、富士讲、丸山教的基本文献和教典。村上重良关于收录方针做了说明：“在选定收录的文献时，原则上是在这个时期（幕末维新

① 村上重良『近代民衆宗教史の研究』、法藏館、1958 年、5 頁。

时期——引者注）的‘民众宗教’中，教义具有独特、明确的体系，经得起思想史的评价，并且对整个日本社会有一定宗教、思想影响的教典。”①

村上重良对幕末维新时期“民众宗教”的研究刺激了20世纪60年代以鹿野政直、安丸良夫为代表的学者对民众思想史的论述，因为“民众宗教”的思想与民众斗争、民众运动的思想有密切关系。正如鹿野政直所说，“通过向绝对者回归，在与传统秩序完全对立的新秩序这一点上，在神秘的束缚中包含革命的萌芽。”② 所谓“农民的变革思想”，从黑住教、天理教、金光教中可以看到，在这种民众思想史研究中，黑住教、天理教、金光教的特征正是安丸良夫所说的“现世利益性、一神教的普遍神与救济观念、人性变革与生活规律”。③ 显而易见，安丸良夫是将村上重良的研究成果放在民众思想史的脉络中加以评价与定位的。

换句话说，20世纪60年代中期以后，日本的宗教研究者不再局限于以西欧合理主义、自由主义思想批判天皇制国家意识形态，而是出现了从民众思想、“民众宗教”中重新认识日本近代化的动向。④ 例如安丸良夫认为，在包含武士阶级儒家道德的民众通俗道德中，虽然没有变革社会、创造新社会的思想，但可以看到农民、商人自发磨炼自我的契机。近代末期农民遭到封建权力和商业高利贷资本的剥削，进入明治时期仍被财阀资本主义、寄生地主剥削，即使遵循通俗道德刻苦劳动也难以取得成功，而且民众唯心论式地理解社会阶层的上升和没落对社会权力集团来说是有利的。然而，作为通俗道德实践者的民众有时会将不走运常态归结为自己的心态，在体验“民众宗教”的神迷之际而重新信仰。一位普通民众超水平神体验显示的宗教能力、教义与同样陷入社会不安、疾病、贫困、纠纷等苦恼的民众产生共鸣，从而形成“民众宗教”的初期信徒集团。“民众宗教”的主要教义除宗教因素外仍然是通俗道德，无法总体认识社会结构的志向。因此，社会批判的根据只是对自己遭遇不幸的诅咒、对世间道德颓废的不满，社会变革也停留在宗

① 村上重良・安丸良夫『民衆宗教の思想』、岩波書店、1971年、564頁。

② 鹿野政直『資本主義形成期の秩序意識』、筑摩書房、1969年、155頁。

③ 安丸良夫『日本ナショナリズムの前夜』、朝日新聞社、1977年、71頁。

④ 櫻井義秀「新宗教の形成と社会変動—近・現代日本における新宗教研究の再検討—」、『北海道大學文學部紀要』第1号、1997年、111-194頁。

教蓝图性描述的只有遵守通俗道德民众才能够安居乐业的理想之乡。[①]

如果将幕末以来的新兴宗教看作改革的“起点”，则否定了其战前“淫词邪教”[②] 的印象，而且使新兴宗教成为具有半封建性质的近代天皇制意识形态的对立面，由此决定了“民众宗教”对民众思想史研究的决定性影响。但这种历史学、思想史学式的定义具有局限性，也就是将18世纪以前和20世纪以后的新兴宗教排除出“民众宗教”的范畴，因而宗教学、宗教社会学领域的学者更多使用“新宗教”这一称呼，认为这一概念的范畴能够涵盖近代以来的所有新兴宗教团体，具有普遍性。[③]

实际上，在20世纪50年代，“民众”这一概念在历史学和思想史学界并没有特别的意义，但60年代民众思想史研究兴起后，其含义区别于“人民”、“国民”、“庶民”以及“大众”等概念，带有“传统性、土著性、底层性、日常性”的意识形态色彩，与民俗学的“庶民”概念较为接近，因而民众史、民众思想史的兴起开创了历史学与民俗学的相互交流之路。“民众宗教”也深受这一动向的影响，在进入20世纪70年代以后，对新兴宗教团体的研究也开始出现批判性的变化。例如，在对金光教的研究中，有观点认为，到明治初年，其教义较之创始时期已经出现较大差异，甚至动摇了草创时期最高神的地位，由此也可以看出民俗学对“民众宗教”研究的影响。[④]

进入20世纪80年代以后，民俗学进一步影响到民众史及民众思想史学、宗教学及宗教社会学对新兴宗教团体的研究。例如安丸良夫在“民俗性对抗”的宏观视角下探讨了幕末维新时期民俗信仰的变化，提出一个新的研究方向，即放弃过去曾经主张的“反叛的民众及其对有限近代天皇制的屈服与担忧”。这一新论点最后集结为1992年由岩波书店出版的《近代天皇观的形成》，从中也可以看出宗教社会学的影响。其实宗教学、宗教社会学领域的研究也受到民俗学的影响，例如岛薗进从民俗信仰结构性变动的

① 安丸良夫『日本の近代化と民衆宗教』、青木書房、1974年、87－146頁。

② 江户时代对有别于传统宗教的民间信仰的称呼，即将有伤风化的“小说淫词”与冲击封建正统意识形态的“异端邪教”合并为一个概念，近代日本政府和媒体有时使用该词称呼部分新兴宗教，但更多使用“类似宗教”一词。

③ 対馬路人・西山茂・島薗進・白水寛子「新宗教における生命主義的救済観」、『思想』第665号、1979年。

④ 参见宮田登『生き神信仰』、塙書房、1975年；宮田登『近世の流行神』、評論社、1976年；宮田登『民俗宗教論の課題』、未来社、1977年。

视角分析“民众宗教”的出现，改变了过去的近代“民众宗教”观，也较大地改变了通过对抗达到近代的民众观。[①]

直到20世纪90年代，日本“民众宗教”的研究仍然持续并且出现了新的变化，还开始与韩国进行相关学术交流。韩国也是世界上对宗教比较宽容的国家之一，因而研究者也比较多，但韩国的学术界多从宗教学、民俗学、社会学等视角研究新兴宗教团体。最初是日韩两国的宗教研究者之间进行学术交流，后来扩展到历史学、思想史学领域。尽管日韩在“民众宗教”研究上的方式、方法有所不同，例如对民族、国家、近代等概念的界定有较大差异，但对“民众宗教”有关宇宙观、末日观、生死观等方面的比较，在思想史研究领域共同提出了许多具有启示性的观点。通过一连串的学术交流和学术讨论会，最后集结为《从宗教看亚洲近代》（柳炳德、安丸良夫、郑镇弘、岛薗进等编，鹈鹕社，2002年）一书。

20世纪90年代以后的“民众宗教”研究不再强调其独特性，而是从普遍性的视角加以分析。例如，神田秀雄质疑安丸良夫等人包含在“通俗道德”家族下的“民众宗教观”以及通过民众斗争视角论述秩序意识的主张，认为“民众宗教”建立在恢复与近代家族对立的“互惠性交欢”基础上，应从包括未来世界在内的救济者信仰视角分析“民众宗教”。[②] 另外，“民众宗教”研究也受到20世纪90年代兴起的“国民国家论”的影响，即幕末以来的“民众宗教”在国民国家形成过程中的自我定位及其变化。也就是说，国民国家形成中的国民化与近代“民众宗教”团体及信徒的动向密切相关，而且近代宗教行政与学术对宗教概念的界定及其通俗化，不仅影响到普通民众对新兴宗教团体的印象，而且影响到战后对新兴宗教团体的研究。[③]

另外，使用“民众宗教”称呼研究新兴宗教团体的代表性学者还有小泽浩，其代表性著作有《活神的思想史——日本近代化与民众宗教》（岩波书店，1988年）、《民众宗教与国家神道》（山川出版社，2004年）等，不

① 島薗進「民俗宗教の構造的変動と新宗教」、『筑波大学哲学思想学系論集』第6号、1980年。

② 参见神田秀雄「十九世紀日本における民衆宗教の終末観と社会運動」、『歴史学研究』第724号、1999年；神田秀雄「近代移行期における伝統的社会の変容と民衆宗教」、柳炳徳（ほか）編『宗教から東アジアの近代を問う』、ぺりかん社、2002年。

③ 幡鎌一弘「明治期における社会と天理教」、『天理大学おやさと研究所年報』第3号、1996年。

过小泽也使用“新宗教”一词，例如《新宗教的风土》（岩波书店，1997年）。即使是“民众宗教”概念的倡导者、奠基者村上重良，早期也将日本进入帝国主义阶段以后出现的新兴宗教团体称为“新兴宗教”（主要指“大本教”派系和法华派系的在家修行教团），[①] 后来又将幕末以来的新兴宗教改称为“新宗教”（《新宗教——其行动与思想》，评论社，1980年）。但“民众宗教”至今仍在使用，例如2019年出版了岛薗进、安丸良夫、矶前顺一的《民众宗教论：宗教性主体化是什么》（东京大学出版会）。需要指出的是，“民众宗教”概念大体上仅指“教派神道”，研究者也侧重该领域，较少涉及其他新兴宗教团体，显然受到战前“类似宗教”概念的影响。

需要注意的是，在“民众宗教”研究中有这样一种论点，即认为“民众宗教”创始者的宗教思想达到比“天皇现人神”的复古主义更为合理的信仰水平，如果没有天皇制意识形态的压制，也许会成为与新教伦理媲美的革新宗教。[②] 这种论点评价过高，因为现在的“民众宗教”研究者从对天皇制意识形态对立的视角来看“民众宗教”，却忽略了一个事实，即当时的“民众宗教”和战后的新兴宗教、现在的新宗教一样，具有民俗宗教传统，即在教祖及教师的巫术神灵附体、灵界志向、咒术治疗法等影响下，广大民众才可能成为信徒。其原因在于，从教团的文献资料看教义形成的方法，这在某种意义上与经典研究非常接近。教团稳定、成形后的规定教义是合理的，立教时的混沌状态不可复原。另外，教义和实际的教团活动通常会有相当大的落差，信徒对文书的归纳形成对教团有利的资料。从这一点来看，幕末时期的“民众宗教”具有与现在新宗教相同的性质。正如新兴宗教研究者指出的宗教思想局限性那样，“民众宗教”研究除资料批判的严密性之外，与研究对象保持距离的态度是必要的。村上重良就通过研究指出，从日本近代资本主义成立期的教祖、信徒们的阶级规定性来论述“民众宗教”、新兴宗教的革新性和界限的方法依然有效。通过采取在历史、社会状况中理解宗教思想、意识形态的态度，可以避免过高地评价宗教思想的历史意义。[③]

① 村上重良『近代民衆宗教史の研究』、法藏館、1963年、193頁。

② 小沢浩『生き神の思想史』、岩波書店、1988年、24頁。

③ 櫻井義秀「新宗教の形成と社会変動—近・現代日本における新宗教研究の再検討—」、111－194頁。

二　新兴宗教研究

1959 年岩波书店出版高木宏夫撰写的《日本的新兴宗教——大众思想运动的历史与逻辑》，得到学术界认可，“新兴宗教”一词正式被学界使用。高木的研究方法接近社会学，研究对象是战后急剧增长的新兴宗教团体，大多是从组织论的视角探讨新兴宗教运动在较短时期内的巨大变化机制。高木宏夫 1949 年毕业于东京大学文学部宗教学科，其毕业论文为基于详细实地调查的《民众的宗教意识》，毕业后任职于东京大学东洋文化研究所，最初数年一直坚持进行实地调查。其最早研究的教团是天理教，因为当时天理教的最高首领中山正善是东京大学宗教学的毕业生，高木宏夫可以自由地查阅该教团早期的资料。

高木宏夫和小口伟一合著的《明治宗教社会史》指出，天理教的特征是信徒中“贫农和城市贫民较多”，“与民间信仰关系非常密切”；教祖出身“奈良县水田耕作村庄，当时日本农民因商品经济分化严重，从地主商人型的豪农跌落为贫民”；“社会问题的解决，在农村宗教中发挥了较大的作用”。[①] 在论文《宗教教团的形成过程——天理教的状况》中，高木宏夫写道：“宗教与社会组织及经济具有密切关系”，“在我国宗教的各种功能中，特别重要的问题是宗教组织起到维持、改造旧体制的较大作用，各种社会性问题消失在个人的宗教现实利益中，作为个人问题加以解决，具有不将社会性问题作为社会问题进行政治性解决的倾向”，“天理教是在封建制解体、向绝对主义转化的过程中发展起来的，信徒在社会阶层的解体和转化中得到增加”。[②] 在另一篇论文《日本人的宗教生活实体——从庶民宗教结构所见》中，高木宏夫进一步强调了这种具有唯物史观的经济社会作用。“日本经济社会的发展与宗教势力的消长具有极其密切的关系，经济危机时期有信徒急剧增加的教团，也有村落在该时期流行新宗教。”[③]

---

① 小口偉一・高木宏夫「第 5 章　明治宗教社会史」、開国百年記念文化事業会編『明治文化史　第 6 巻　宗教編』、洋々社、1954 年、439 – 535 頁。

② 高木宏夫「宗教教団の成立過程—天理教の場合—」、『東洋文化研究所紀要』第 6 号、1954 年、265 – 338 頁。

③ 高木宏夫「日本人の宗教生活の実体—庶民宗教の構造よりみた—」、創文社編集部編『現代宗教講座　第 5 巻　日本人の宗教生活』、創文社、1955 年、211 – 256 頁。

实际上，“新兴宗教”一词早在高木宏夫与高臣武史1956年合著、出版的《对生存的热情——从巫术到新兴宗教》（东都书房）中出现，1958年高木宏夫又撰写、出版了《新兴宗教——吸引大众的团体》（讲谈社）。“新兴宗教”一词流行的背景是新兴宗教团体规模迅速扩大并向政界扩展，例如创价学会1955年首次参加统一地方选举就获得了52个席位，1956年初次参加参议院选举，获得3个席位，在全国选举区获得99万张选票。高木宏夫认为新兴宗教团体有积极的一面，他在1959年发表的论文《作为大众组织的新兴宗教——大众组织中的生活规律问题》中指出，新兴宗教具有以下打破民众停滞性的特征，即确立自我地位、起到令人觉醒的“进步作用”、萌发连带感或同志意识、出现具有独特思想的活动家等，因而具有“现代、进步作用的侧面”。“教理通常透过生活规律加以说明”，“在个人的日常行动中，需要有不断加以实践的简单伦理道德，这个规律成为理论与实践的结合点在运动中得以实施”。[①]

高木宏夫在1959年发表的另外一篇论文中写道：“以前学者及评论家经常指出新兴宗教的现世利益及其咒语性质、教理的停滞落后性……脱离这些客观主义的立场，客观地看信徒的主体性立场，现世利益不过是入教或坚定信仰的一个媒介……作为生活规律来要求自己的实践性伦理道德，因生活行动的变化而使人性得以提高。”“宗教生活的终极目的自然是观念的东西，但在信徒看来日常生活就是为实现其目的而行动，因为时常将利益作为验证的对象，地上天国既具有观念上的内容，也是极为具体的东西，在这个意义上说，新兴宗教的思想是现实的、具体的，不是观念的、抽象的。”[②]

高木宏夫1959年出版的《日本的新兴宗教——大众思想运动的历史与逻辑》之所以产生较大影响，一方面因为这是首次系统阐述新兴宗教的专著，另一方面是因为该书将新兴宗教放在主流大众思想运动史中加以阐述，同时又将其与正在如火如荼展开的革新运动及革新政党联系起来加以评述。在该书前言中，作者明确写道：“新兴宗教的科学性研究原来只是集中批判其教理，几乎缺乏从大众思想运动的视角加以分析的研究。因此，我们将其

① 高木宏夫「大衆組織としてみた新興宗教—大衆組織における生活規律の問題—」、『中央公論』第1号、1959年、209－217頁。

② 塚田穂高「高木宏夫の新興宗教研究・再考」、東京大学宗教学研究室『宗教学年報』第25号、2007年、31－48頁。

作为大众思想运动进行研究的同时，必须认识到其在日本主流大众思想运动中的适当地位。新兴宗教的信徒主观上以建设理想社会为目标而参与运动，因而与革新阵营实现科学理想的社会运动自然具有共通之处，应该将两者应有的运动方式加以比较和分析，从权利的角度阐明目前大众思想运动的影响及两者之间的相互关系。以新兴宗教是低俗的、后进的、政治的、反动的思想为理由而否定全部大众思想运动，这种评价是错误的。这种单纯的否定论也不会正确评价正在展示的大众创意和能量。”①

《日本的新兴宗教——大众思想运动的历史与逻辑》包括日本人的宗教生活、明治以后的大众思想运动（战前的大众思想教育、战前的新兴宗教）、战后的大众思想运动（革新阵营的大众思想运动、战后的新兴宗教）、新兴宗教的运动形态（组织形成的各种条件、大众思想运动的展开、完成阶段的教理、完成阶段的组织）、新兴宗教引发的各种问题（新兴宗教缔造什么样的人、在思想方面与革新阵营的比较、在组织方面与革新阵营的比较）、若干结论等章节，篇幅不长，基本内容围绕大众思想运动及其与革新阵营的比较展开。在结语中，作者认为新兴宗教团体不仅给保守政党带来正面作用，而且对资本一方而言也存在有利的因素，因而革新阵营如何通过正确的大众教育活动争取新兴宗教是重要的课题。

受“安保斗争”的影响，进入20世纪60年代后，高木宏夫甚至对新兴宗教团体与政治社会运动的结合加以评论，即将新兴宗教作为大众思想运动成功的因素分析政界革新阵营与工人运动的问题。例如，“我们作为具有认真、优秀人格的人必须以平等心态倾听大众的苦恼，建造成为谈话伙伴的体制，必须建造确信这是自己生存价值场所的组织。如果缺乏这些就不能阻止新兴宗教的扩张”。② 进入20世纪70年代以后，新兴宗教团体规模发展处于停滞时期，高木宏夫的相关研究不仅数量较少，而且观点也发生了较大变化。概括地说，其对新兴宗教团体的评价较为消极，明确认为从幕末直到战后，新兴宗教没有形成主体性的信徒，也没有面向社会变革，却使信徒们心理上处于反动、后进的状态，没有起到任何积极作用。例如，“无论是在绝对主义天皇制的末期，还是战后社会的变革时期，新

① 高木宏夫『日本の新興宗教—大衆思想運動の歴史と論理—』、岩波新書、1959年、iii頁。

② 塚田穂高「高木宏夫の新興宗教研究・再考」、31－48頁。

兴宗教的信徒们没有发挥显著的现代化作用";[①] "灵友会、创价学会、佼成会等日莲系教团几乎所有的信徒生活在远离社会主义运动的地方，没有参加'改变社会'的活动";[②] 等等。尽管前后观点有不一致的地方，但高木宏夫认为新兴宗教团体的教义具有反动性、后进性，并从社会经济的视角加以分析，站在批判、启蒙的"立场"，同时采用基于当事人认识及组织运动方式来阐明教团的内在逻辑的"方法"，从某种意义上可以说这种方法论是成功的。[③]

高木宏夫将新兴宗教运动置于日本近代的大众思想运动中，认为明治政府进行的天皇制绝对主义教化运动以及自由民权运动、左翼运动和战后革新阵营的劳动运动等是自上而下的大众教化、动员，与其相反，新兴宗教是下层民众自行开展思想运动并成功的事例。尽管新兴宗教的思想具有将大众从社会不安、苦恼中拯救出来的广泛社会运动意义，但问题是作为个人心态的反映，有一个颠倒的社会认识，即对具体社会问题如疾病、贫困、纠纷的产生，信徒对教祖、导师无条件服从，没有形成民主式的组织。因此，虽然革新阵营的各种运动应该大力学习新兴宗教生活规律带来的理念内部化、集会一体化、领导者经验主义的组织运营能力、大众本位的教化方法、大众动员等，但最终得到理性社会认识而形成民主社会的主体应该是新兴宗教以外的群众运动。高木从组织论的视角分析新兴宗教的运动形态，即在任何时代都有民间信仰小集团在一定社会背景下成功地发动群众，进而发展为组织的可能性，其论述水平较高。战后，由于疾病、贫困、争端，群众陷入社会不安之中，而且为解决问题提供力量源泉的家庭、村庄、工作单位等共同体性质的成分减少，大众在新兴宗教小集团活动中寻找人生向导、身边的人际关系。高木的分析并不仅仅局限于新兴宗教兴盛的社会因素，还详细地分析教团发展阶段及教义组织的合理化、与自然科学及传统社会制度的磨合过程，以及宗派活动的组织条件、流动信徒因教团内地位上升而得到在世俗社会无

① 高木宏夫「日本近代と新興宗教運動」、丸山照雄編『変革期の宗教』、伝統と現代社、1972年、132－147頁。

② 高木宏夫「世直しの思想」、清水雅人（ほか）『新宗教の世界Ⅰ　新宗教の諸問題』、大蔵出版、1979年、85－102頁。

③ 塚田穂高「高木宏夫の新興宗教研究・再考」、31－48頁。

法体会到的充足感等活动的动机等。[①]

总的来说，“新兴宗教”这个名称抓住了新兴宗教集团的活动时期，可以理解加入宗教活动的信徒动机、教团发展的社会背景，但批判刚刚兴起的教团的宗教观、礼仪。实际上，现在成为大教团的新兴宗教团，其当时的教义、礼仪、信徒动员的方法就是采取与现世利益紧密相连的咒术性宗教行为。堀一郎感叹，不少新兴宗教团体利用咒术性现世利益吸引信徒。迷信、俗信之类受到民众支持的文化的残缺性不仅来自农耕祭祀型的民间信仰，传统宗教的衰落也是咒术繁荣的原因。“宗教不是通过使用咒术来引导民众获得更高拯救，而是产生咒术征服宗教、接近民众，民众使用咒术挽救宗教的讽刺现象。”[②] 不能否认，日本新兴宗教热无论在什么时代都会反复出现这样的观点。

不过，与新兴宗教研究者的预测相反，将咒术要素合理化，将“民众宗教”本来的通俗道德体系化，这样的宗教集团取得了前所未有的扩大和成功。这是因为战后依然重视勤劳、和平的通俗道德，正是既没有恒产也没有组织背景的平民成功的唯一途径，是在阶层平均化的税收制度和高速经济成长中实现的。这种通俗道德自明治以来与通过学历主义获得成功的方式相结合，给予难以实现阶层上升的普通人一点希望，也是宣泄不满情绪的渠道。新兴宗教团体的成长之所以停滞，是因为日本整体的上升志向处于暗淡时期，而之后详细叙述的新新宗教兴起是在低速增长、前途不安的时代出现的。[③]

其后使用“新兴宗教”词语研究新兴宗教团体的代表性学者是佐木秋夫，其代表作有《新兴宗教——其产生的现代条件》（青木书店，1960年）、《新兴宗教的系谱——天皇制的产物》（白石书店，1981年）等。

三 新宗教研究

为区别旧的新兴宗教团体与新的新兴宗教团体，1979年社会学家西山

① 高木宏夫『日本の新興宗教』、岩波書店、1954年、85－154頁。

② 堀一郎『日本宗教の社会的役割』、未来社、1962年、144－153頁。

③ 櫻井義秀「新宗教の形成と社会変動—近・現代日本における新宗教研究の再検討—」、111－194頁。

茂在其发表于《历史公论》上的论文《新宗教的现状——面向“后现代化”的意识变化视角》中首次提出“新新宗教”这一概念，认为随着第一次石油危机及高速增长后富裕社会的到来，以巫术性神秘主义和末日论式原本主义为特征的一种新型宗教抬头。特别是随着20世纪80年代以后出现的“幸福科学”“奥姆真理教”“统一教会”等新兴教团的出现与急速扩展，大众媒体将其称为“新新宗教”。沼田健哉撰写、出版了《现代日本的新宗教》（创元社，1988年）、《宗教与科学的新乐园——以新新宗教为中心》（创元社，1995年）等，指出“新新宗教”不仅强调神秘现象，也依靠伪科学吸引年轻人。

井上顺孝在《“新新宗教”概念的学术有效性》一文中指出：“充实的新宗教研究有宏观分析视角与微观分析视角以及连接两者的视角，新新宗教论属于这个联结点的研究……这一概念是否有效取决于能否将微观、宏观的课题有效地结合在一起。”[①] 尽管如此，由于“新新宗教”本身含义的界定较为含糊，这一词语并没有流行开来，甚至诸如《广辞苑》《大辞泉》等著名大词典也没有将其单独列为词条。但随之而来的问题是如何称呼不同时期的新兴宗教，也曾出现过“后新宗教”、“超新宗教”以及“近代新宗教”等名词。其中的“近代新宗教”与传统宗教关系较深，可以看作传统宗教的近代形态，特别是源自佛教系的创价学会、立正佼成会、真如苑等，是在家佛教团体。由是，新兴宗教可分为与传统宗教关系较少的“超宗教”以及与传统宗教关系较多的“新宗教”，后者占多数。[②]

尽管本文中使用的“新宗教”概念出现时间较晚，但可以追溯到战后初期。1951年成立的“新日本宗教团体联合会”（以下简称“新宗联”）由“新宗教团体联合会”和“日本新宗教联合”两个团体合并而成，但“新宗教”这个词语在名称中消失了，一直到1963年“新宗联”调查室编辑、出版的《战后宗教回想录》中出现“新宗教”一词，其用意是取代当时带有歧视含义的“新兴宗教”一词。尽管如此，该词语在10年后才逐渐被学术界和媒体使用，特别是大藏出版社在1978～1979年出版五卷本《新宗教的

① 井上順孝「『新新宗教』概念の学術的有効性について」、『宗教と社会』第6号、1997年、3－24頁。

② 井上順孝「新宗教研究の射程から—新興宗教から近代宗教へ—」、『月本昭男先生退職記念献呈論文集』（第1巻）、聖公会出版、2014年。

世界》、1980年新兴宗教研究领域开拓者村上重良撰写与出版《新宗教——其行动与思想》、1981年出版资料文献集《新宗教研究调查指南》等书籍后，“新宗教”才作为专门术语固定下来。[①] 但正如神田秀雄所指出的那样，“新宗教”这一概念也有局限性，即“以当代各种宗教存在为前提，最大限度地忽略其历史性地位而对各种宗教进行分类与分析”。[②]

进入20世纪70年代以后，较年轻的研究者纷纷展开对新兴宗教团体的个案研究，其中最活跃的是1975～1990年的宗教社会学研究会（以下简称“宗社研”）下属研究团队，成员有井上顺孝、孝本贡、岛薗进、对马路人、西山茂、渡边雅子等学者。该团队时常举办学术讨论会和开展共同调查活动，同时最早广泛使用“新宗教”一词，其理由是当时大众传播媒体使用的“新兴宗教”多带有贬义，“民众宗教”的范畴又不够宽泛，而且近代出现的新兴宗教团体是具有时代特征的宗教。“新宗教”一词带有更多的包揽性、中立性的含义，宗社研研究团队1981年出版的《新宗教研究调查指南》（井上顺孝、孝本贡、盐谷政宪、岛薗进、津岛路人、西山茂、吉原和男、渡边雅子等合著，雄山阁）也反映了其意图。[③]

宗社研研究团队的成员来自宗教学、社会学、文化人类学、心理学、历史学、民俗学、文学等领域，反映了其对新兴宗教的研究方法涉及多个方面，与研究佛教、神道教、基督教、伊斯兰教等传统宗教的方法相同，因而提高了新兴宗教的研究水平，这一点在1990年出版的《新宗教事典》中也有所体现。其中之一是关于新兴宗教的时期划分，例如幕末维新时期出现的天理教、金光教等与战后开始活动的创价学会、立正佼成会、世界救世教等有很多不同，显示出社会变迁与宗教的关系。在近代化过程中日本社会发生变化，新兴宗教受其影响本身也出现新动向，因而新兴宗教出现的时期可分为二期、四期甚至六期。

1995年“奥姆真理教”地铁毒气事件是新兴宗教研究的一个转换点，相关论著较多，其中有代表性的有樱井义秀的《有关“奥姆真理教”现象的记叙》（《现代社会学研究》第9期，1996年）、岛薗进的《现代宗教的可

① 井上順孝（ほか）『新宗教事典・本文篇（縮刷版）』、弘文堂、1994年、2頁。

② 神田秀雄「近世後期における宗教意識の変容と統合」、『日本史研究』第368号、1993年。

③ 井上順孝「新興宗教から近代新宗教へ—新宗教イメージ形成の社会的背景と研究視点の変化—」、267－292頁。

能性——“奥姆真理教”与暴力》（岩波书店，1997 年）、岛田裕巳的《“奥姆”——为何宗教产生恐怖主义》（特朗斯彼，2001 年）等。这些论著各有独特的见解，但共同之处是认为将信徒的入教与转向看作单方面精神控制之观点是错误的。[①] 与此同时，受“奥姆真理教”事件的较大影响，研究新兴宗教者明显减少，而且调查方法也被迫发生变化，完全接受新兴宗教团体理念的研究以及为“奥姆真理教”开脱的研究者受到社会的严厉批判。究其背景，一方面普通民众对新兴宗教团体的认识仍受战前“邪教观”的影响，另一方面也是研究者在整体评价新兴宗教团体上依然存在不足的地方。

新兴宗教出现的背景，首先是近代以来的工业化、城市化及随之而来的家庭形态急剧变化。也就是说，明治维新以后，人口急速流动，从第一产业向第二产业、第三产业转化，过去那种定居特定地区、与固定寺院具有密切关系的生活方式发生完全变化。在这一社会背景下，新兴宗教团体起到让国民进入新团体的作用。与此相对，巨大的社会变化也对宗教团体的活动形态产生影响。人们集结为团体的原理由原来的地缘、血缘逐渐变为社团缘乃至同志缘，宗教成为人与人之间联系的媒介。生活在同一地区产生的关系与家庭关系逐渐弱化，新兴宗教的信徒得以增加。例如，孝本贡通过对灵友会和妙智会的研究指出“祖先信仰”和“现世利益”是新宗教的两大特征，信徒的先祖是祭祀的夫妻双方先祖，供养他们可以左右现世中子孙的幸福与不幸，这种先祖观在下层市民中很有市场。[②]

在新兴宗教研究中，宗教与政治的关系也是一个重点。传统宗教与政治的关系很早以前就成为研究的对象，在实施“政教分离”制度的战后日本，出现了像创价学会那样的新兴宗教团体，它们很快对政治产生影响而备受关注。正如因为针对藤原弘达的妨碍言论、出版自由事件而导致创价学会放弃国立戒坛且表明政教分离、“奥姆真理教”组织的“真理党”以及幸福科学组织的幸福科学党在参与国政选举时通过各种媒体大肆宣传自己主张所体现的那样，政治与宗教的关系也是新兴宗教研究的一个热点。该领域的代表作是冢田

① 西山茂「日本の新宗教研究と宗教社会学の百年—実証研究の成果と課題を中心に—」、『宗教研究』第 4 号、2005 年、195 - 225 頁。

② 孝本貢「新宗教における先祖祭祀」、孝本貢『現代日本における先祖祭祀』、御茶の水書房、2001 年、145 - 198 頁。

穗高的《宗教与政治的转换点——保守党合并与政教一致的宗教社会学》（花传社，2015年）。

更为重要的是对新兴宗教团体信徒动机的研究，换句话说，就是探究什么样的理由使人们加入新兴宗教团体。经济因素是其中之一，经济不景气时期与稳定时期有不同的变化，贫穷、疾病、纠纷被认为是加入新兴宗教团体的主要原因。在经济高速增长结束以后状况稍微有所变化，因经济问题加入新兴宗教团体的信徒占比明显减少，但疾病或人际关系仍然是重要的因素。另外，从宗教社会学的视角分析有关贫困问题，实际上这里的贫困并非单纯的贫困，而是比较标准不同的相对贫困论。[①]

新兴宗教团体规模的迅速扩大与高等教育的普及和提高也有密切关系。战前日本在一定程度上普及了初等教育和中等教育，1945年接受中等教育者的比例大约为45%，其后高等教育也得到普及。教育的普及有助于提高以印刷物为媒介的信息传递、接受能力，进而成为许多新兴宗教团体大量出版教祖传记、教义解说、定期刊物等的社会基础。20世纪70年代以后，随着电视、卫星广播、互联网等传媒被广泛利用，宗教与信息化的关系成为学术界探讨的一个热点，《新宗教事典》用了较大篇幅介绍新兴宗教团体在该领域的活动。地域社会的变动与差异也是新兴宗教实证研究的重要领域，该领域的代表性著作有柳川启一、安斋伸所编《宗教与社会变动》（东京大学出版会，1979年）、田丸德善所编《城市社会的宗教——滨松市宗教变动的诸相》（东京大学宗教学研究室，1981年）等。

研究者还重视新兴宗教与传统宗教之间的关系，例如岛薗进分析了早期的新兴宗教与“民俗宗教”的密切关系，并认为从中出现飞跃而形成近代新兴宗教，西山茂着重研究日莲派系新兴宗教与日莲宗、法华宗之间密切的组织关系，提出“内栖性新宗教”的概念，即从传统宗教团体继承了宗教仪式核心部分的传统宗教团体内的新宗教。[②] 随着新兴宗教团体的增加，新兴宗教、“民俗宗教”与神社神道、佛教派系的关系密切程度超过想象，即使每个宗教团体各有特色。三木英等人对生驹山宗教的实证研究证明了新兴

① 森岡清美『現代社会の民衆と宗教』、評論社、1975年。

② 西山茂「新宗教の特徴と類型」、東洋大学白山社会学会編『日本社会論の再検討—到達点と課題—』、未来社、1995年、147－168頁。

宗教与“民俗宗教”的关系难以区分。[①]

“奥姆真理教”事件发生后，学术界对新兴宗教负面因素的研究增多。战后对新兴宗教的批判性言论多出自媒体记者和传统宗教相关者，新兴宗教研究者在分析研究对象时大多尽量不带有价值判断，但“奥姆真理教”事件发生后，有关邪教问题受到社会关注，因而邪教问题也成为研究的一个重要课题。尽管樱井义秀以“统一教会”为中心研究邪教问题，[②] 但研究邪教问题的论著大多以“奥姆真理教”为典型事例。宗教团体实施无差别的恐怖事件是近代日本宗教史上前所未有的事情，迫使研究者或多或少地转变意识，也就是“性善说”发生了变化。

新兴宗教研究是观察同一时期的社会状况，因而研究方法较为多样化，例如可以与创始人和骨干信徒直接面谈，也可以采访那些脱离教会者离开的理由，还可以参与教会的活动，得到没有文字化的信息，同时对复数教会进行比较研究。宗教团体在形成过程中，不仅可以参考其对外发布的信息，而且可以更多地考察外部对其的反应，也就是对其进行批判的信息，自然也有宗教团体方面的反驳，即“残留的宗教”成为历史资料的中心。

即使在幕末维新时期成立的新兴宗教团体也有反对者的声音保留下来，例如当时的报纸杂志或其他活字印刷，战后还可以从电视等影像资料中获得相关信息，特别是进入互联网时代后，可以看到无数有关宗教的信息，无论是肯定态度还是否定立场，均努力阐述自己的主张。研究者可以依据双方的资料，从各种角度加以论述。一个新兴宗教团体既有热心的信徒，也有形式上的信徒，既有无情的批判者，也有同情的批判者，因而具有复杂的人际关系，可以从网络状态论的角度进行分析。

新兴宗教团体往往衍生出许多团体，对其他宗教团体的创始人也会产生思想上的影响。例如，世界救世教系的教团超过20个，灵友会系的教团有20个左右，天理教系也有10个以上的分派教团。[③] 传统宗教也有分派，新兴宗教分派有独特原因。例如，世界救世教和灵友会的组织结构是一个重要

---

① 参见宗教社会学の会編『生駒の神々—現代都市の民俗宗教—』、創元社、1985年；宗教社会学の会編『聖地再訪：生駒の神々—変わりゆく大都市近郊の民俗宗教—』、創元社、2012年。

② 桜井義秀『「カルト」を問い直す—信教の自由というリスク—』、中公新書、2006年。

③ 弓山達也『天啓のゆくえ—宗教が分派するとき—』、日本地域社会研究所、2005年。

因素，支部独立性较高的教团容易分派。另外，创始人去世，后继者竞争也容易分派。世界真光文明教团创始人冈田光玉1974年去世引起的纷争是典型事例，关口荣与冈田惠珠各自主张自身是教团继承人，最后上诉到最高法院，关口荣获得承认，冈田惠珠则于1978年新建崇教真光教团。

宗教有时代与地域的差异，领导人交替时如何适应新需求是一个关系到教团生存的大课题，各地支部也要适应地方特色，因而对新兴宗教的认识也丰富起来。新兴宗教的团体比较多，其中一部分发展为巨大教团，与产业形态、城市化、家族状态以及教育普及等有密切关系，其变化与地域、社会阶层、年龄层也有较大关系。从认知宗教学的角度出发，适应固定状态也是一种认识途径；日本的寺院将会减少，可将传统宗教与新兴宗教加以比较；从生死观、祭祀等文化角度分析也有必要。此外，全球化时代也会对其产生影响。1964年东京奥运会前后访问日本的游客每年有二三十万人，2010年有1000万~2000万人，这也是宗教传播的机会。[①]

总结以上的研究史，即对从近世后期开始到明治、大正、战时、战后的“民众宗教”、新兴宗教、新宗教进行的研究，首先可以看出时代背景的影响。由于日本战败投降，以美军为中心的盟军占领日本并对其进行改造，因而主张日本落后型的“讲座派”马克思主义在学术界影响较大。以村上重良为代表的新兴宗教研究者采用唯物史观的研究方法，以国家权力下近代化之前民众自身近代化的萌芽和天皇制意识形态压制下的教团形态为焦点，将幕末维新时期的新兴宗教看作推动历史发展的人民斗争的组成部分，不仅将其命名为“民众宗教”，而且肯定其在历史发展中的积极作用。尽管高木宏夫的新兴宗教研究接近社会学的研究方法，但在很大程度上仍然是村上重良研究方法的延续，是在战后的民主主义思潮中，近似从消除前现代化的视角进行社会批评。同时，将在战后初期规模急速扩大的新兴宗教团体作为研究对象，而且高木宏夫从社会组织论的角度比较新兴宗教团体与革新政党的异同，其政治性倾向显而易见，结论也有前后矛盾的地方。也许正因如此，高木宏夫在学术史上的影响力不如“民众宗教”的研究者。从20世纪70年代开始，日本学术界深受欧美国家社会学的影响，不仅作为研究对象的新兴

① 井上順孝「新興宗教から近代新宗教へ—新宗教イメージ形成の社会的背景と研究視点の変化—」、267-292頁。

宗教集团发生了变化，而且研究的方式也不一样了，其问题意识更加重视以宗教集团的实际情况调查为中心的现代宗教研究。这种田野调查式的研究方法更容易把握新兴宗教的真实面貌，也有利于客观评价新兴宗教团体的社会功能，但将宗教集团作为其自身来接受、远离宗教批判观点是其研究的一个问题。[①] 因此，1995 年“奥姆真理教”地铁毒气事件之后，日本学术界也在反思新兴宗教研究中的问题意识及研究方法，不仅采取与新兴宗教团体拉开一定距离进行观察且不带有先入为主观念的方法，也重新审视新兴宗教团体的负面影响。

（审校：陈梦莉）

① 櫻井義秀「新宗教の形成と社会変動—近・現代日本における新宗教研究の再検討—」、111 – 194 頁。

• 政治 · 外交 •

《日本文论》(总第4辑)
第90~112页

日本共产党"1922年纲领草案"研究[*]

牟春伟　杜凤刚[**]

内容摘要："1922年纲领草案"是日本共产党的第一个纲领性文件。在收集、整理"1922年纲领草案"相关文献的基础上，本文考察了"1922年纲领草案"的制定过程，推断出其起草者与成文时间。对当时日本社会主要矛盾做出的判断是日本共产党纲领形成的重要依据。在分析明治维新后尤其是20世纪20年代日本国情的基础上考察纲领草案的内容，发现纲领草案对日本社会性质的认识比较客观，关于革命对象、革命任务、革命动力、现阶段行动纲领、革命性质乃至前途和转变的分析与判断比较准确，对日本共产党后来继续探索日本革命的独特道路具有重要进步意义。

关 键 词：日本共产党　共产国际　日本共产党纲领

日本共产党（以下简称"日共"）成立于1922年7月15日，是目前日本国会中最古老的政党，其作为革新政党，在遏制日本政界、社会总体日益右倾方面发挥着积极作用。日共的第一个纲领性文件被称为"1922年纲领草案"，这是日共将科学社会主义理论应用于日本的实践，集中体现了日共在成立初期的基本理论。1923年3月，日共在东京石神井召开临时代表大会，对"1922年纲领草案"进行审议。在纲领草案审议过程中，由于党内对某些问题存在分歧，故向共产国际申请3个月后再提交纲领审议的最终结

* 2020年教育部人文社会科学研究青年基金项目"《共产党宣言》在中日两国早期译介过程中马克思主义术语的译出、共享与演变研究"（编号：20YJC740035）。

** 牟春伟，大连理工大学马克思主义学院博士研究生，主要研究方向为日本共产党理论研究；杜凤刚，文学博士，大连理工大学外国语学院教授、博士生导师，主要研究方向为日本近现代社会思想与社会运动。

果。但同年 6 月，日共被检举，堺利彦、荒畑寒村、佐野学等 20 余名日共党员被捕，加上随后发生的关东大地震、解党等一系列事件，导致日共“1922 年纲领草案”始终停留在草案层面。此纲领虽为草案，却指明了日本革命的目标与前进方向，指导着日共开展斗争活动。

一 “1922年纲领草案”的起草者与成文时间

战前，日共作为非法政党而存在，党组织遭到日本当局多次破坏，日共党中央收藏的关于“1922 年纲领草案”的档案资料缺失，造成“1922 年纲领草案”相关研究缺乏。1993 年，俄罗斯颁布并实行了《关于俄罗斯联邦档案馆馆藏及档案馆库管理的基本法》，俄罗斯国家社会政治史档案馆中苏联时代形成的共产国际以及日共的档案文献得以解密公开，这为考察“1922 年纲领草案”的制定过程提供了宝贵的文献资料。

（一）“1922年纲领草案”文献版本

涉及日共“1922 年纲领草案”内容的文献分为两类：一类收录于公开出版的图书，其中包括 1962 年 11 月由日本共产党中央委员会出版社出版、日本共产党中央委员会编译的《日本共产党纲领集》，1986 年 5 月由大月书店出版、村田阳一编译的《共产国际与日本资料集》第 1 卷；另一类为档案馆馆藏的档案文献，其中包括保存于俄罗斯国家社会政治史档案馆的“日本共产党纲领草案”俄文版、英文版、法文版。

《日本共产党纲领集》收录的“日本共产党纲领草案（1922）”以 1924 年在伦敦刊发的《纲领问题论集》收录的英文版原文、1924 刊发的《共产国际纲领——为在第五次世界大会讨论而提出的诸草案》收录的法文版原文、1924 年在汉堡刊发的《共产国际纲领问题资料集》收录的德文版原文为基础编译而成。通过对比可知，村田阳一编译版本与日本共产党中央委员会编译版本内容一致，因此两者编译所依据的原始文本基础是相同的。

俄罗斯国家社会政治史档案馆保存的“日本共产党纲领草案”俄文版[①]第一页有“布哈林起草、1923 年 6 月由共产国际第三次扩大全会审议”的

① “日本共产党纲领草案”俄文版，РГАСПИ495/127/50/1 - 123。

俄文手写标注，因此下文将其称为“共产国际审议版”。“共产国际审议版”档案文献共 123 页，其中第 1～39 页为一般纲领部分，第 40～73 页为前面 39 页的誊写版，第 74～81 页为民族纲领部分，第 82～123 页为民族纲领部分的复印版。“日本共产党纲领草案”英文版[①]和法文版[②]的内容与“共产国际审议版”一致，都是由一般纲领和民族纲领构成。“共产国际审议版”民族纲领部分与日本共产党中央委员会编译版本、村田阳一编译版本内容一致，从日本当下社会构成、日本共产主义运动目标和共产主义革命战术三方面展开论述。

因此可以认为，日本共产党中央委员会编译版、村田阳一编译版、“共产国际审议版”及“日本共产党纲领草案”英文版和法文版等版本的民族纲领部分的文本来源相同。“共产国际审议版”是经过共产国际执行委员会第三次扩大全会审议并于共产国际刊物发表的版本。基于此，本文以“共产国际审议版”纲领草案为研究文本，所述日共“1922 年纲领草案”即“共产国际审议版”纲领草案。

（二）“1922年纲领草案”起草者

日共作为共产国际支部，按照共产国际要求，其制定纲领的程序是先由共产国际纲领委员会下设的日本纲领委员会起草纲领草案，之后交由日共委员会审议并提交审议通过版本，最后由共产国际代表大会或共产国际执行委员会批准。但是，由于日共内部在一些问题上存在分歧，石神井临时代表大会未能向共产国际执行委员会第三次扩大全会提交审议通过的纲领。

《日本共产党的六十年（1922～1982 年）》记载：“1922 年 6 月，共产国际第二次扩大会议开始制定纲领，作为这项工作的一个组成部分，还成立了制定日本共产党纲领委员会，并在片山潜的参加下，起草了日本共产党纲领草案。”[③] 堺利彦、佐野学署名的石神井临时代表大会报告书《党纲起草特别会议报告》（Report on the Special Convention for the Drawing up of a Party

① “日本共产党纲领草案”英文版，РГАСПИ495/127/50/124－164。

② “日本共产党纲领草案”法文版，РГАСПИ495/127/50/165－242。

③ 《日本共产党的六十年（1922～1982 年）》，段元培等译，北京：人民出版社，1986 年，第 15 页。

Program）记载：“（日共）收到由委员会起草的纲领案……”[①] 布哈林在共产国际执行委员会第三次扩大全会的报告中指出：“日本的草案是在我也参加了的委员会里制定的。”[②] 1931年7月，市川正一在“日本共产党事件”公审法庭上作为代表之一进行陈述时指出：“当时在共产国际领导同志直接参加之下，仅制定了日本共产党纲领草案。”[③] 以上文献说明日共“1922年纲领草案”的制定是在共产国际指导下起草的，由共产国际纲领委员会下设的日本纲领委员会负责起草。

“1922年纲领草案”由一般纲领和民族纲领构成，其中一般纲领部分的起草者可确定为布哈林，因为布哈林在共产国际执行委员会第三次扩大全会的报告中曾指出，“日本的草案含有差不多完全与我的草案相一致的总括部分”。[④] 布哈林提到的“总括部分”即“1922年纲领草案”的一般纲领部分。将“1922年纲领草案”一般纲领部分与1922年布哈林起草的“共产国际纲领草案”（以下简称“布哈林共产国际纲领草案”）进行对比，可发现二者内容大体一致。“布哈林共产国际纲领草案”由四章构成，分别为第一章“资本主义奴隶制”、第二章“劳动者的解放与共产主义社会制度”、第三章“资产阶级的推翻与为共产主义而斗争”、第四章“通往无产阶级专政的道路”。而“1922年纲领草案”一般纲领由六章构成，分别为第一章“资本主义奴隶制”、第二章“劳动者的解放与共产主义社会制度”、第三章“资产阶级的推翻与为共产主义而斗争”、第四章“无产阶级专政与各阶级”、第五章“排除帝国主义压力与自发的国家联合组织”、第六章“通往无产阶级专政的道路”。其中，“1922年纲领草案”第一章、第二章、第六章与“布哈林共产国际纲领草案”第一章、第二章、第四章直接对应；“布哈林共产国际纲领草案”第三章内容拆分后，则分别对应“1922年纲领草案”的第三章、第四章、第五章。详细来看，“布哈林共产国际纲领草案”第三章中的过渡时期的一般特征、作为为共产主义斗争必要条件的无产阶级

① “Report on the Special Convention for the Drawing up of a Party Program”（f. 495/op. 127/d. 62/9－13），转引自加藤哲郎「第一次共産党のモスクワ報告書（上）」、『大原社会問題研究所雑誌』第489号、1999年8月。

② 陈新明主编《共产国际执行委员会第三次扩大全会文献》，北京：中央编译出版社，2015年，第297页。

③ 市川正一『日本共産党闘争小史』、大月書店、1966年、73頁。

④ 陈新明主编《共产国际执行委员会第三次扩大全会文献》，第297页。

专政、推翻剥削者和废除资产阶级生产资料垄断三部分内容对应“1922年纲领草案”的第三章；“布哈林共产国际纲领草案”第三章中的无产阶级专政和各阶级、废除资产阶级文化两部分内容对应“1922年纲领草案”的第四章；“布哈林共产国际纲领草案”第三章中的消除帝国主义压迫与无产阶级自发的国家综合体组织化的内容对应“1922年纲领草案”的第五章。基于此，可以判断“1922年纲领草案”一般纲领部分的起草者为布哈林。

根据布哈林1922年11月在共产国际第四次代表大会上所做报告“共产国际和各国共产党的纲领”的内容，“至于民族部分，论述这些问题不是我的任务；对此，必须根据各国的情况和各党的纲领进行专门的研究”[①]，可以判断，“1922年纲领草案”民族纲领部分的制定应是由共产国际纲领委员会下设的日本纲领委员会其他成员完成。

根据《日本共产党的六十年（1922～1982年）》的记载及对片山潜这一时期思想的分析可判断，片山潜参与了起草工作的可能性极大。1903年，片山潜在《我的社会主义》中主张依靠普选和议会斗争，还提出了“社会必将发生革命”，并开始意识到革命的中心问题是夺取政权。1921年，片山潜在《日本老革命家致进驻西伯利亚的日本士兵的衷心劝告书》中，强烈呼吁：“作为一个爱护自己的兄弟，爱护日本工人和农民甚于自己生命的日本人，诚恳地劝告各位，应该立即撤出西伯利亚，回到自己的家乡去！”[②]1922年，片山潜在共产国际第四次代表大会上指出：“当政府提出一项反对日本一切激进运动的法律草案时，各种政治色彩的工会，无政府主义者、工团主义者、共产党人和温和派都联合起来，开始进行了一场极为有效的宣传攻势，使政府不得不放弃他们的计划……应该为维护统一的战线、反对帝国主义和资本主义而斗争，分析了统一战线所具有的可能，并强调革命运动要统一战线。”[③] 同时，他强调：“日本的革命不单单是由工业无产阶级来完成，而且也要由日本的农民和农业工人来完成。”[④] 显而易见，其主张与“1922年纲领草案”提出的普选和议会斗争及“暴力革命相结合，坚持无产阶

① 《共产国际第四次代表大会文件1922年11～12月Ⅰ》，《国际共产主义运动史文献》编辑委员会编译，北京：中国人民大学出版社，1990年，第533页。

② 片山潜生誕百年記念会編『片山潜著作集』（第1巻）、河出書房新社、1959年、14頁。

③ 《共产国际第四次代表大会文件1922年11～12月Ⅰ》，第228～229页。

④ 《共产国际第四次代表大会文件1922年11～12月Ⅱ》，第858页。

级国际主义的立场，联合各革命阶级统一战线”等要求相一致。因此，日共创始人、共产国际执行委会员委员片山潜极有可能参与了“1922 年纲领草案”的起草工作。

《党纲起草特别会议报告》写道：“为编制党的纲领，日本共产党执行委员会（1923 年）3 月 15 日召开了临时党大会。然而，在有关纲领内容的几个问题上，大会并没有得出明确的结论。所以我们必须推迟你们所要求的纲领制定。”延期的理由之一是“我方收到指令太迟，收到由委员会起草的纲领草案（包括布哈林同志起草的纲领草案及其他制定纲领的相关材料）时已经是 3 月初；但最主要的原因是党员们在日本革命展望及（部分）过渡期的战术问题上存在严重分歧，未达成一致意见”。“这些意见的差异，与日本共产党的政策基本有关，大会为了给党员充分考虑问题的时间，决定推迟三个月通过纲领。”“关于日本政治、社会、产业的一般情况，由作为共产国际执行委员会第三次扩大全会代表的同志青木（荒畑寒村）当信托以进行解释说明。”①

《日本当今政治状况》（即上文提及的关于日本政治的一般情况的报告书）作为研究日本问题的基础资料（部门报告书），在荒畑访苏之际，经由上海或符拉迪沃斯托克向莫斯科递交，详细介绍了当时日本的政治状况，其中关于统治阶级的分析与纲领内容相一致。

表 1　“1922 年纲领草案”与《日本当今政治状况》内容对照

“1922 年纲领草案”	《日本当今政治状况》
国家权力掌握在大土地所有者和一部分工商业资产阶级联盟的手中	统治阶级由贵族、官僚，地主，资本家三个要素构成
国家权力的半封建性质表现在贵族院在国家中占据重要地位并起着指导作用	贵族院势力长期掌握政治中心势力进行专政

根据以上材料可判断，日共参与了“1922 年纲领草案”的制定过程，这一纲领草案大部分内容代表着当时日共的意见与立场。

---

① “Report on the Special Convention for the Drawing up of a Party Program”（f. 495/op. 127/d. 62/9 – 13），转引自加藤哲郎「第一次共産党のモスクワ報告書（上）」、『大原社会問題研究所雑誌』第 489 号、1999 年 8 月。

（三）“1922年纲领草案”成文时间

1922年11月18日，布哈林在共产国际第四次代表大会上所做的报告“共产国际和各国共产党的纲领”中提出：“各国党的纲领至少应该由两部分组成：(1) 对各党都适用的总纲的部分，共同的总纲部分应当写在每个国家的每个党员的党员证上面；(2) 纲领必须有一个阐明有关国家工人运动的特殊要求的民族部分；(3) 也许可以——但这不是纲领本来的部分——再加一个阐明纯策略问题的行动纲领，可随意迅速修改。”[①] 布哈林向本次大会提交的“布哈林共产国际纲领草案”便作为其报告中提到的适用于各国共产党共同的总纲部分（一般纲领）。“（在一般纲领部分）必须有下面这些小章节：首先是对资本主义的一般的分析；作为纲领的第二部分，我们应当描述一下共产主义社会；第三部分应当包括资产阶级的被推翻和无产阶级为政权而斗争；第四部分应当论述一般的战略问题。”[②]

“1922年纲领草案”由一般纲领和民族纲领两部分组成，符合布哈林提出的“各国党的纲领至少应该由两部分组成”的要求，而且一般纲领部分与“布哈林共产国际纲领草案”内容相一致。因此，“1922年纲领草案”的成文时间不早于1922年11月。

1923年6月21日，布哈林在共产国际执行委员会第三次扩大全会上所做的关于共产国际纲领问题的报告中提及：“现在我们拥有各党的两个纲领草案——英国党的纲领草案和日本党的纲领草案。”[③] 而且，俄罗斯国家社会政治史档案馆保存的“日本共产党纲领草案”俄文版标注了“布哈林起草、1923年6月由共产国际第三次扩大全会审议”。因此可确定，“1922年纲领草案”成文时间不晚于1923年6月。

根据《党纲起草特别会议报告》可判断，日共石神井临时代表大会讨论了“布哈林共产国际纲领草案”及“1922年纲领草案”民族纲领的核心内容。《党纲起草特别会议报告》记载，日共在1923年3月初“收到由委员会起草的纲领草案（包括布哈林同志起草的纲领草案及其他制定纲领

① 《共产国际第四次代表大会文件 1922年11~12月 Ⅰ》，第532页。
② 《共产国际第四次代表大会文件 1922年11~12月 Ⅰ》，第532~533页。
③ 陈新明主编《共产国际执行委员会第三次扩大全会文献》，第297页。

的相关材料)”。[①]

基于对《党纲起草特别会议报告》的分析可推断,“布哈林同志起草的纲领草案及其他制定纲领的相关材料”包括“布哈林共产国际纲领草案”及“1922年纲领草案”民族纲领的核心内容。《党纲起草特别会议报告》显示,在石神井临时代表大会上,日共在纲领形式问题上对最初采用的形式没有过多异议。其采用形式为:其一,序言部分即一般纲领,包括近代资本主义的本质、无产阶级的发展和不可避免的胜利、共产主义的实现、共产主义的其他理论与原理;其二,日本当下社会构成部分,包括日本资本主义和日本无产阶级的特征、阶级分化、政治权力结构、农民的特殊地位、水平社运动[②]的特征,以及阶级斗争的过去、现在及未来;其三,日本共产主义运动目标,包括夺取政治权力、无产阶级专政、建立苏维埃制度;其四,共产主义革命战术,包括政治、经济、农业、国际等方面。除序言外,其他三个部分为民族纲领部分。“1922年纲领草案”中的民族纲领部分虽未以标题做显著划分,但内容按照报告中提及的思路展开,两者具有一致性。《党纲起草特别会议报告》后半部分还指出,在石神井临时代表大会上,日共就“日本共产党过渡时期的战术”(上述共产主义革命战术)的部分内容达成了一致意见,并列举了几点内容,其中部分内容与“1922年纲领草案”中的行动纲领具有很大的相似性。

表2 “1922年纲领草案”与《党纲起草特别会议报告》中关于“日本共产党过渡时期的战术”的内容对照

	“1922年纲领草案”	《党纲起草特别会议报告》
政治领域要求	2. 废除贵族院	2. 废除贵族院
	9. 废除现在的军队、警察、宪兵和秘密警察	3. 废除征兵制
	4. 一切工会、工人政党、工人俱乐部及其他工人组织都完全有结社的自由 5. 工人刊物完全有出版的自由 6. 不论在室内或室外,工人都完全有集会的自由	4. 言论、集会、结社自由
	7. 有示威运动的自由	5. 示威自由

① “Report on the Special Convention for the Drawing up of a Party Program”(f. 495/op. 127/d. 62/9-13),转引自加藤哲郎「第一次共産党のモスクワ報告書(上)」、『大原社会問題研究所雑誌』第489号、1999年8月。

② 水平社成立于1922年3月,水平社运动是以水平社为中心的反对种族歧视、政治压迫和经济奴役的斗争运动。1925年以后,水平社运动逐渐同无产阶级运动、社会主义运动联合起来。

续表

	"1922 年纲领草案"	《党纲起草特别会议报告》
经济领域要求	1. 实行工人八小时工作制	2. 八小时劳动时间及改善其他劳动条件
	2. 实行包括失业保险在内的劳动保险制度	3. 实行劳动保险制度及采取其他类似措施
农业领域要求	2. 为援助缺乏土地的农民，建立国有土地基金制，特别要把农民过去作为佃户而用自己农具耕种的土地全部交予农民，但不作为农民的私有财产	2. 手工业者、贫农的权益
国际关系领域要求	1. 放弃一切对外干涉的企图 2. 撤离驻扎在朝鲜半岛、中国大陆、中国台湾和库页岛等地的一切军队	2. "殖民地"自治
	3. 承认苏联	1. 立刻承认苏联并重开贸易

这一时期，维经斯基正在符拉迪沃斯托克的共产国际执行委员会东方部远东局工作。远东局成立于 1923 年 1 月 2 日，由维经斯基建议、经共产国际执行委员会组织局批准建立，设有情报机构，负责与远东地区各国共产党联系，同时设有印刷厂等。根据这一时期维经斯基的信件可大致判断出"1922 年纲领草案"民族纲领的核心内容形成的时间。

1923 年 1 月 25 日，维经斯基在写给共产国际执行委员会东方部的信中指出："我是在赤塔写这封信的，我在这里已有一个星期，明天将沿黑龙江去符拉迪沃斯托克。从莫斯科到赤塔路上共 7 天，而从赤塔到符拉迪沃斯托克共 6 天。"[①]根据这封信可以推断出，维经斯基于 1923 年 1 月中旬（12 日前后）从莫斯科出发，大约于 1 月末到达符拉迪沃斯托克。1923 年 2 月 15 日，维经斯基向日共中央执行委员会发送的信中写道："应该已经收到日本共产党纲领草案并在进行相关研究了吧。请尽快将对纲领草案的意见和纲领草案的日语译文发送到符拉迪沃斯托克。日语译文版将在符拉迪沃斯托克印刷。"[②]据此可以确定，1923 年 2 月 15 日，"1922 年纲领草案"民族纲领的核心内容已经形成。

① 《联共（布）、共产国际与中国国民革命运动：1920～1925》，中共中央党史研究室第一研究部译，北京：北京图书馆出版社，1997 年，第 203 页。日期是根据 1923 年 3 月 8 日"维经斯基给共产国际执行委员会东方部主任萨法罗夫的信"得出的，信中记述："我在从赤塔写的第 1 份报告（1 月 25 日）中，已经指出今春中国军阀间即将展开的争斗。"

② "1923 年 2 月 15 日维经斯基给日本共产党中央执行委员会的书信"，РГАСПИ 495/127/45/4－5。

1923年3月27日，维经斯基向日共中央执行委员会发送的信中写道：“已经讨论过布哈林同志起草的日本共产党纲领草案了吗？请将党政治活动的最低要求、当前战术的具体建议及对纲领草案的意见发来。”① 同一天，他给马林的信件中写道：“根据日本共产党最低纲领（民族纲领）中所述的原则（18岁以上的所有男女），要求朝鲜人在日本众议院拥有普通选举权。”② 根据这两封信可知，1923年3月27日，维经斯基还未收到日共关于纲领草案的讨论意见，但此时他对“1922年纲领草案”民族纲领的核心内容已十分了解。参照当时的交通、通信条件可以推断，维经斯基应该在从莫斯科出发去符拉迪沃斯托克前就已了解了“1922年纲领草案”的相关内容。因此，“1922年纲领草案”民族纲领的核心内容在1923年1月中旬前形成的可能性极大。

综上可断定，本文所讨论的“1922年纲领草案”的成文时间为1922年11月至1923年6月；其中民族纲领的核心内容在1923年2月15日前已经形成，并且在1923年1月中旬前已形成的可能性极大。

二　“1922年纲领草案”的形成依据

对当时日本社会主要矛盾做出的判断是日本共产党纲领草案形成的重要依据。明治维新后，日本政府开始对政治、经济体制进行自上而下的改革，政治上和经济上都保留了浓厚的传统色彩。在政治力量的促成下，日本资本主义迅速发展，社会生产关系不断发生变化，导致社会结构、政治结构与思想文化也在不同程度上发生转变。

（一）日本经济结构

明治维新后，在日本政府“殖产兴业”政策的推动下，日本的资本主义迅速发展。在日俄战争后，日本资本主义在军事垄断权和掠夺朝鲜、中国的特殊便利地位的补充下，迅速进入帝国主义（垄断资本主义）发展阶段，

① “1923年3月27日维经斯基给日本共产党中央执行委员会的书信”，РГАСПИ 495/127/44/1－3。

② Tony Saich，“The Origins of the First United Front in China：The Role of Sneevliet”，Vol. 1，Brill，1991，p. 428.

其垄断组织采取“财阀”的形式。与欧美国家不同，日本产业资本的确立未经历资本主义的自由竞争，而由专制主义政府保护、培植特权的大资本家压抑自由竞争，又由商人的投机行为左右生产，还依靠攫取赔款和发动帝国主义侵略活动，才实现了资本主义工业化并确立其结构。

1914～1919年是日本的“大战景气”时代，这一时期的经济特征为出口主导型的经济增长。在第一次世界大战爆发的第一年（1914年），由于贸易和海运的中断，日本经济受到了沉重打击。但是在大战的第二年，日本经济出现了好转。世界大战引起了世界性的购买军需品的高潮，为日本产品的出口提供了条件。出口的扩大和海运业的繁荣刺激了日本国内的产业发展，生产急剧扩大，其中工业生产比一战前提高了5倍。

1920～1929年是日本经济的“慢性不景气”时代。第一次世界大战结束以后，由于海外需求减少，日本经济陷入了危机。这一时期日本经济的特征是“双重结构”，即具有不同性质和特点的两种企业同时并存。一方面，为了应对经济危机，许多企业进行了集中和合并，几乎所有的产业都成了卡特尔。这些卡特尔通过签订销售协定和价格协定来限制生产与提高价格。日本的卡特尔在成立初期统制能力还不太强，但是随着危机的长期化和深刻化，特别是当日本政府提出了《重点产业编制法》即卡特尔奖励法之后，卡特尔的数量迅速增加，力量也迅速增强。在此期间，日本财阀对全国经济的支配力量也进一步增强。可以说，第一次世界大战前后，三井、三菱、住友等财阀已经借助国家权力的庇护，在本系统银行的支持下，发展成组织严密、各有特色的巨大经济集团，主宰了日本全国经济的命脉。另一方面，农业、小手工业、大量服务性行业以及大部分零售业等行业构成了日本经济的低层次，这个层次的产业依然保留着某些前资本主义的特点。这两个层次的企业在规模、生产率、工资和利润等方面存在巨大差别。

（二）日本政权结构

1889年2月，日本通过《大日本帝国宪法》（“明治宪法”），确立了君主立宪制。该宪法的核心是“天皇中心主义”，因为推翻德川幕府的根据是恢复天皇在理论上的直接统治。根据“明治宪法”的规定，天皇权力高于一切，天皇作为国家元首总揽统治权，帝国议会、内阁、法院等机构均从属于天皇，贵族院、枢密院等也成为保障天皇权力的特殊机构；军队直属于天皇，军权摆脱了国会、政府的制约，“天皇统帅陆海军”和“天皇决定陆海军之编制及常备兵额”。总之，在日本的君主立宪体制下，天皇牢牢掌握了预算、立法、行政权、审判权和军权。

事实上，维新政府是“藩阀政府”，即实行藩阀政治。明治和大正时期的国家政权是武士把持国家权力中枢的“天皇制武士政权”或者说“资产阶级武士政权”，维新政府的实权由倒幕维新的藩阀的实力派掌握，主要集中于萨摩、长州两藩。藩阀宣扬天皇权力高于一切是想让天皇成为幕前傀儡，期待借助天皇的权威让自己的决策生效，因此“明治宪法”并未规定专制君主制。长州和萨摩的寡头政治集团（“元老”）控制着政府，以天皇的名义行使大臣的任命权，掌握实际权力。中下级武士掌握明治、大正时期的军权，以军人政治家的身份掌握国家权力中枢（见表3）。

表3　1885～1923年历代首相中的武士或出身于武士者

		姓名	出身	曾任职
明治时期	1	伊藤博文	长州藩足轻伊藤家养子	元老
	2	黑田清隆	萨摩藩4石武士	元老
	3	山县有朋	长州藩中级武士	元老、陆军大将
	4	松方正义	萨摩藩武士	元老
	5	大隈重信	佐贺藩400石炮术长之子	
	6	桂太郎	长州藩中级武士(125石)之子	元老、陆军大将
	7	西园寺公望	公家	元老
大正时期	8	山本权兵卫	萨摩藩下级武士之子	海军大臣、海军大将
	9	寺内正毅	长州藩下级武士之子	陆军大将、陆军元帅
	10	元敬	南部藩上级武士	
	11	高桥是清	仙台藩足轻养子	
	12	加藤友三郎	长州藩下级武士之子	海军大将、元帅

帝国议会由贵族院和众议院构成，贵族院模仿英国的上院，几乎完全通过世袭或敕命产生。它的成员需要具备贵族资格，由1884年获赐爵位的旧朝廷公卿、封建领主和新领导集团的成员构成。众议院则由选举产生，但20世纪20年代的日本选举有严苛的限制，并且众议院各政党主要代表大地主和大资产阶级利益。日共成立前，日本先后实行过3部选举

法，分别为1889年《选举法》、1900年《选举法修正案》与1919年《选举法修正案》。以1919年《选举法修正案》为例，虽然法案对选举权与被选举权的规定有所进步，但要求选民是年满25岁的男性、纳税额超过3日元等，符合选举条件的选民仅占日本当时总人口的5.5%[①]，远未实现普选。

（三）日本阶级结构

在阶级社会中，阶级结构是社会的框架，它能大致显示该社会的特征。阶级结构是理解其他群体地位和作用的基础，阶级关系决定着社会整体和各个社会群体的发展方向。当时的日本是残留着封建因素的资本主义国家。根据人的经济地位（所拥有的经济资源），可将当时的日本社会划分为半封建的统治阶级（天皇、贵族、官僚、地主）、资产阶级、工人阶级、农民，其中资产阶级又可分为把持政权的大资产阶级与中小资产阶级两类。出于经济原因以及帝国主义政策的需要，新兴的资产阶级与半封建的各阶级相互融合，在资本家和大地主结成的同盟中，资本家占据领导地位。同时，日本资本主义与半封建统治阶级对工人、农民和其他下层人民的剥削日益加深，统治阶级与被统治阶级间的矛盾日渐尖锐。

天皇、贵族、官僚等半封建的统治阶级经过倒幕维新掌握了国家的政治权力。农村地主于明治9～13年（1876～1880）开始登上政治舞台。伴随资本主义的发展，农业生产力也在不断增强，其带来的主要结果是许多地方的地主由自营农耕转为寄生性质。1898年制定的民法确立了地主在资产阶级法制上的地位，使土地所有权绝对压倒耕作权。大约在这个时期以后，寄生地主制在日本全国确立，全国佃租率超过40%（见表4）。在大地主地区，拥有1000町步[②]土地的地主地位最后决定着农村的再生产结构。随着资本主义的发展，在经济和政治方面，资本家的实力均超过地主，居于主导地位。资产阶级的领导力量是以具有统治力量的财阀和政商为中心的大资产阶级，财阀集团的政治参与主要通过与政党的“权钱交易”方式实现。

---

① 沖野安春『現代日本の政治—制度と選挙過程—』、芦書房、1995年、132頁。

② “町步”为日本、朝鲜、韩国使用的土地面积计量单位，1町步约9917平方米。

表4　1883～1922年日本佃租率

单位：%

<table>
<tr><th>地区</th><th>1883～1884年</th><th>1887年</th><th>1892年</th><th>1897年</th><th>1903年</th><th>1908年</th><th>1912年</th><th>1917年</th><th>1922年</th></tr>
<tr><td>东北</td><td>25.1</td><td>29.9</td><td>32.4</td><td>32.7</td><td>36.5</td><td>40.4</td><td>41.0</td><td>41.9</td><td>43.5</td></tr>
<tr><td>北陆</td><td>46.3</td><td>50.0</td><td>49.2</td><td>47.1</td><td>49.2</td><td>49.8</td><td>50.5</td><td>51.6</td><td>51.5</td></tr>
<tr><td>近畿</td><td>40.2</td><td>44.8</td><td>44.4</td><td>48.2</td><td>49.0</td><td>49.5</td><td>50.1</td><td>50.5</td><td>50.8</td></tr>
<tr><td>山阳</td><td>34.4</td><td>39.3</td><td>40.9</td><td>42.4</td><td>46.9</td><td rowspan="2">47.4</td><td rowspan="2">47.9</td><td rowspan="2">46.8</td><td rowspan="2">46.3</td></tr>
<tr><td>山阴</td><td>47.9</td><td>50.9</td><td>51.4</td><td>52.3</td><td>53.5</td></tr>
<tr><td>全国</td><td>—</td><td>39.5</td><td>40.4</td><td>41.2</td><td>43.9</td><td>45.4</td><td>45.4</td><td>46.2</td><td>46.4</td></tr>
<tr><td>内地</td><td>35.9</td><td>39.6</td><td>40.2</td><td>41.2</td><td>43.5</td><td>44.9</td><td>45.2</td><td>45.9</td><td>46.2</td></tr>
</table>

资料来源：中村隆英『日本経済—その成長と構造—』（第2版）、東京大学出版会、1988年、68頁。

当时日本政府推行的各项政策主要维护半封建统治阶级和大资产阶级利益，与工人阶级、农民及中小资产阶级存在对立，其中与工人、农民的矛盾尤其尖锐。包括广大的知识分子、小商人、手工业者和自由职业者在内的中小资产阶级在社会中占有一定的生产资料或拥有少量财产，主要依靠自己的劳动为生，受垄断资产阶级和半封建地主阶级的双重压迫，渴望参政。19世纪70年代的自由民权运动便以中小资产阶级和地主为主体。

1872～1920年，从事第一产业的人即农民的占比始终保持在55%以上。同时，随着就业人口逐年递增，从事第一产业的人口占比呈现下降趋势（见表5）。当时的日本农民在经济剥削和政治压迫下，过着贫穷、困苦的生活。商品经济侵入农村，导致自耕农出现分化和中间农民阶层逐渐减少。农民只依靠从事农业生产不能生活，如果不在批发行、手工作坊或工厂充当雇佣劳动者就不能补充生计。这些庞大的潜在过剩人口成为资本主义所需的劳动力，在这一时期日本有大量农民转变为第二产业、第三产业从业者。

表5　日本就业人口的构成（1872～1920年）

<table>
<tr><th rowspan="2">年份</th><th rowspan="2">人口总数(千人)</th><th colspan="3">占比(%)</th></tr>
<tr><th>第一产业</th><th>第二产业</th><th>第三产业</th></tr>
<tr><td>1872</td><td>21371</td><td>72.7</td><td colspan="2">27.4</td></tr>
<tr><td>1885</td><td>22339</td><td>70.1</td><td colspan="2">29.9</td></tr>
<tr><td>1890</td><td>23042</td><td>67.8</td><td colspan="2">32.1</td></tr>
</table>

续表

年份	人口总数(千人)	占比(%)		
		第一产业	第二产业	第三产业
1900	24378	65.0	35.0	
1910	25475	67.1	16.7	16.1
1920	27260	55.3	24.1	20.6

注：第一产业为农林水产业，第二产业为工矿业、建筑业，第三产业为运输通信、电器煤气、自来水、商业、金融业、服务业以及公共行政管理事务。

资料来源：中村隆英『日本経済—その成長と構造—』(第2版)、1988年、34頁。

工人阶级的力量不断壮大。日本现代产业的发展建立在对工人残酷剥削的基础之上，工人在工作环境恶劣而政府无法提供保护的情况下，以集体罢工方式进行抗议。但当时工会概念并未普及，工人对于如何组织、如何抗争的经验不足，工会发挥的作用十分有限。

（四）社会思想

“1922年纲领草案”提出时，日本正处于大正民主时期。[①] 其间，日本的政治、社会、文化等领域显现出强烈的民主主义倾向，“天皇机关说”和“民本主义说”作为大正民主运动的指导思想产生了巨大影响。吉野作造的“民本主义”强调政府应该以人民的福利为依归，要达到这个目标，不能只靠道德上的呼吁，更重要的是从制度层面开始改变，其中的关键是让更多人能够参与投票，通过选举机制，让一般人也能表达自己的政治意见。美浓部达吉主张“天皇机关说”，把讨论的对象指向天皇，认为天皇只是政府机关的一个部分，并不拥有绝对的权力，天皇需要内阁的辅佐，但内阁并不只是对天皇负责。

在民主思想的指引下，普通民众的民主思想高涨，以要求实行议会政治和普选权为主的民主运动高潮迭起，米骚动、1908年恶税反对运动、三恶法（过激社会运动取缔法案、劳动组合法案和租佃争议调整案）反对运动等产生了巨大影响。运动的主体是同统治阶级存在尖锐矛盾的中小资产阶级

① 关于“大正民主时期”的划分，学界尚未有定论，部分学者主张把从1905年反对日俄媾和的大众运动开始到1925年“护宪三派内阁”施行改革为止的时期划为大正民主时期，也有部分学者主张把从1918年原敬内阁成立到1932年犬养毅内阁为止的时期划分为大正民主时期。本文倾向于第一种划分方式。

和工人、农民等下层民众，尤其是工人阶级的觉悟日益加深和势力不断增强。中小资产阶级和工人、农民等按自身要求结成团体组织，其中工团主义的代表友爱会（日本劳动总同盟的前身）提出工会自由、八小时劳动制和普通选举等要求；青年改造联盟提出实行普通选举、承认工人团结的权利、改造国民经济组织、实现言论绝对自由等要求。但这一时期的运动是分散性的，各团体间并未形成全国性的统一指挥部以统一行动，而且随着革命运动和革命倾向的出现，各种运动内部发生分裂。

在无政府工团主义、社会改良主义、资产阶级民主主义盛行的同时，社会主义思想也广泛传播。在日共成立前，日本社会主义活动家就已建立了社会主义组织开展运动。例如，1898 年片山潜、幸德秋水、安部矶雄创立了“社会主义研究会”，1901 年第一个社会主义政党社会民主党成立，1906 年堺利彦组建了日本社会党，1921 年近藤荣藏组建晓民共产党，但这些组织最后都遭到镇压而被迫解散。

三 “1922年纲领草案”民族纲领的内容

“1922 年纲领草案”由一般纲领和民族纲领两部分组成，其中一般纲领部分实际为“布哈林共产国际纲领草案”，是适用于各国共产党的总括性纲领。“1922 年纲领草案”民族纲领[①]部分按结构划分，由“日本当下社会构成”、“日本共产主义运动”和“共产主义革命战术”三部分构成，内容包含日本社会性质，日本革命的对象、革命动力、革命领导力量、奋斗目标，以及日共现阶段行动纲领与革命任务。

（一）日本社会性质

认清社会性质是认清一切革命问题的基本根据。“1922 年纲领草案”民族纲领剖析了当时日本社会的性质，指出日本是带有强烈中央集权制封建社会特征的资本主义国家。日本资本主义在第一次世界大战中没有像其他国家那样受到严重破坏，反而在这次战争中实现了特别的繁荣，但过去各种封建

① 本文所涉及的“1922 年纲领草案”民族纲领部分的内容，译自 1962 年 11 月由日本共产党中央委员会出版社出版、日本共产党中央委员会编译的《日本共产党纲领集》。

关系的特征依然显著。

“1922年纲领草案”民族纲领着重从土地所有权和国家权力结构两个方面阐述了日本社会中带有封建色彩的各种关系残余的表现。其一，半封建的统治阶级——天皇、贵族、地主等，拥有最多的土地，而农民只拥有很少的土地或者完全没有土地。“绝大部分的土地今天还掌握在半封建的大土地所有者的手中，其中最大的就是日本政府的首脑——天皇。另一方面，农民缴纳地租后，用自己的农具耕种大地主所有者的广大土地。由于农民缺少土地的情况日益严重，地租不断上涨，事实上已经达到了农民缴纳佃租后便陷入饥饿的程度。”其二，在国家权力结构中，封建社会各种关系的残余表现得更为突出。“国家权力的半封建性质表现在贵族院（元老）在国家中占据重要地位并起着指导作用，也表现在日本宪法的整体性质上。”

（二）革命对象

“1922年纲领草案”强调日本现阶段革命的主要对象或主要敌人是天皇政府和现行政治制度。“必须以推翻天皇政府和废除天皇制为过渡时期的口号，还必须为实行普选斗争。”“推翻现在的政府，已经成为以专政为目标的工人阶级斗争不可避免的步骤。”“在第一次世界大战后，由于生产衰退引发严重的经济危机，日本的阶级斗争和政治危机趋于激烈。在这样的条件下，社会发展将趋向推翻现存政治制度的革命。”

（三）革命动力和领导权

在日本社会各阶级中，民众对于革命的态度和立场由其在社会经济中的地位决定。根据对日本社会性质的分析，“1922年纲领草案”民族纲领指出，工人、农民和小资产阶级、自由主义资产阶级中的政府反对派共同构成了现阶段日本革命的动力。“不仅工人、农民和小资产阶级，连一大部分所谓自由主义的资产阶级也被完全剥夺了参与国家政权的可能性，后者是站在政府反对派的立场。”“随着资本主义的发展，自由主义资产阶级中的政府反对派的政治要求也逐渐扩大，集中表现在要求实现普选权和国家权力的民主化。”另外，工人阶级和广大的农民在国家生活中成为积极的政治因素，“资本主义虽然正在迅速地发展，但资产阶级革命被拖延了。这种情况促使工人阶级和广大的农民参加了现实斗争”。

“1922 年纲领草案”民族纲领强调日共应该联合一切革命力量建立联合战线，掌握革命领导权。“以无产阶级专政为目标开展斗争的日本共产党，有责任团结实际上有能力与现在的政府开展斗争的一切社会力量”，“在日本革命运动发展的现阶段，要更广泛地团结一切可以利用的力量，并把领导权掌握在自己的手中，以便为旨在建立苏维埃政权的日本无产阶级今后的斗争开辟道路”。

（四）革命的奋斗目标

“1922 年纲领草案”民族纲领将最低纲领与最高纲领相结合，明确了日共的奋斗目标。其中，最低纲领是推翻天皇政府和废除天皇制，革命性质是资产阶级革命。党的最终奋斗目标即最高纲领是“实现无产阶级专政”，“建立工农苏维埃政权”，革命性质是无产阶级革命。

“日本资产阶级革命的完成，将在强大的工人阶级和以废除地租为目标的革命的农民出现之后才能实现”，因此日共“必须支持一切为了反对大土地所有者而开展的农地改革运动，用各种手段推进这个运动发展”。“资产阶级革命的完成，将成为以推翻资产阶级统治和实现无产阶级专政为目标的无产阶级革命的序曲”，因此日共“必须以推翻天皇政府和废除天皇制为过渡时期的口号，还必须为实行普选斗争。在与天皇政府的斗争中，工人阶级的党在任何情况下都不允许袖手旁观，即使这种斗争是在民主主义的口号下进行的，也应如此”。但民主主义的口号对于日共来说只不过是与天皇政府开展斗争的一时手段，在废除现行政治制度的当前直接任务完成后，就必须立刻无条件地抛弃这个手段。

在资产阶级革命取得成功之后，由于自由主义资产阶级改良派的半途而废和不彻底的本质，过去的一部分同盟者将开始转变为失败的阶级和阶层，“日本共产党必须进一步推动革命深入发展，为建立工农苏维埃政权努力”。

（五）党在过渡时期的行动纲领

“1922 年纲领草案”民族纲领在分析了日本现阶段革命情形后，从政治、经济、农业及对外关系四个方面提出了党在过渡时期的行动纲领。

在政治方面，要求废除天皇制，废除贵族院，废除现在的军队、警察、宪兵和秘密警察，建立工人武装；主张 18 岁以上的男女皆有选举权，一切工会、工人政党、工人俱乐部及其他工人组织，都完全有结社自由、出版自由、集会自由、示威自由及罢工自由。

在经济方面，要求保障工人权利，承认工会为工人阶级的合法组织，由工厂委员会来管理生产；实行工人八小时工作制，实行包括失业保险在内的劳动保险，根据市场物价拟定工资水平，保证最低生活。

在农业方面，要求无偿没收天皇、大土地所有者和寺院、神社的土地，并归为国有，援助缺乏土地的农民，制定累计所得税制，征收特别奢侈税。

在对外关系方面，主张承认苏联，放弃一切对外干涉的企图，撤离驻扎在朝鲜半岛、中国大陆、中国台湾和库页岛等地的所有军队。

（六）现阶段日本共产党的革命任务

日本革命是包括资产阶级民主主义性质的革命和无产阶级社会主义性质的革命，包含现在阶段的革命和将来阶段的革命两重任务。而这两重革命任务的完成都离不开日本无产阶级政党——日共的领导。为完成日本革命的任务，“1922 年纲领草案”民族纲领提出了日共现阶段的革命任务。

第一，建立中央集权的指挥部以指导无产阶级行动。“日本工人阶级，只有在拥有统一的中央集权的指挥部时，才能经过推翻现在政府的道路，取得以“实现无产阶级专政”为目标的斗争的胜利。有些革命分子（无政府主义者、工团主义者等）对于拥有这样的指挥部之所以表示怀疑，是因为他们不能理解在斗争起决定作用的瞬间所必然出现的全面形式。这个斗争迟早将不得不导致与拥有强有力的中央集权化机关的国家权力发生直接冲突，为了粉碎这种机关，革命的无产阶级行动就必须有最大的计划性，而这种计划性只有依靠统一的意志和统一组织起来的力量才能实现。”

第二，争取工会支持和保持共产党对工人阶级组织的影响力。“最重要的就是要彻底扫除黄色的、国家主义的和社会改良主义的领导者们在工会运动中遗留下的影响，提高共产党在工会组织以及广大群众中的威信。”

第三，掌握工人运动的领导权。“要支持工人的一切行动，无论是对雇主的行动还是对国家的行动，无论是多么小的运动，也要把一切工人运动的领导权掌握在自己手里。”

第四，扩大对农民阶级的影响力。“用一切办法把农民特别是广大的贫农阶层置于自己的影响下。”

第五，必须认识到资产阶级在革命中的不彻底性。“在利用资产阶级反对政府运动的同时，要无情地批判其不彻底性，揭露自由主义资产阶级因对高涨起来的工人运动感到恐惧而必然要犯的叛变行为。”

四 “1922年纲领草案”的审议

1923年3月，日共在东京石神井召开临时代表大会，对“1922年纲领草案”进行了审议。日共内部虽然就“日本共产党过渡时期的战术”的部分内容达成一致，但在日本革命的性质问题上存在分歧，进而导致局部性目标的不统一，因而大会未做出关于整个纲领的决定。从《党纲起草特别会议报告》① 可知，局部性目标的分歧具体表现在以下四个方面：是否应该积极地开展普选运动，是否应该积极利用资产阶级议会，积极呼吁无产阶级群众开展斗争是否应为党的主要努力方面，是否应立即组建合法的社会民主主义政党或工人政党。

在日本革命的性质问题上，布哈林在共产国际执行委员会第三次扩大全会上明确表示支持“二阶段革命论”，认为“在日本首先应该进行能够在很短时期内转变为无产阶级革命的资产阶级革命”。② 关于在局部性目标上的分歧，“1922年纲领草案”民族纲领的规定与共产国际执行委员会的意见如下。

首先，“是否积极地开展普选运动”与“是否积极利用资产阶级议会”的问题，实质上是和平斗争方式能否作为日本无产阶级革命方略的问题。在普选运动问题上，“1922年纲领草案”民族纲领将争取“18岁以上的男女皆有选举权”作为过渡时期行动纲领的一项政治要求，提出“必须为实行普选斗争”。在利用资产阶级议会进行斗争问题上，“1922年纲领草案”民族纲领主张现阶段日共必须“团结实际上有能力与现在的政府开展斗争的一切社会力量”，包括主张通过议会选举、议会斗争夺取政权的资产阶级改良派，以及支持利用资产阶级议会推动无产阶级革命、把资产阶级议会主义转变为革命的议会主义。自1921年开始在共产国际从事领导共产主义运动

① “Report on the Special Convention for the Drawing up of a Party Program”（f. 495/op. 127/d. 62/9－13），转引自加藤哲郎「第一次共産党のモスクワ報告書（上）」、『大原社会問題研究所雑誌』第489号、1999年8月。

② 陈新明主编《共产国际执行委员会第三次扩大全会文献》，第297页。

工作的片山潜也一直坚持认为议会斗争是实现社会主义的最好舞台。

其次，在“积极呼吁无产阶级群众开展斗争是否应为党的主要努力方面”上的分歧，反映出日共内部当时存在一部分党员对无产阶级的力量认识不足。“1922 年纲领草案”民族纲领指出：“斗争迟早将不得不导致与拥有强有力的中央集权化机关的国家权力发生直接冲突”，在斗争力量中“工人阶级和广大的农民在国家的生活中成为积极的政治因素”，并计划“建立工人武装”，实际上表明在革命斗争中必须紧紧依靠无产阶级群众。

最后，在是否应立即组建合法政党问题上，1923 年 6 月 12 日，季诺维也夫在共产国际执行委员会第三次扩大全会上做关于共产国际执行委员会主席团的报告时，援引美国成立合法工人政党工党的例子，认为日共应即时组建合法政党。“日本正在发生强烈的政治动荡。很大一部分资产阶级坚持鲜明反对统治制度的立场。同苏维埃俄国接近的思想是在日本最受欢迎的思想之一。工人罢工此起彼伏，罢工浪潮蔓延全国。怎么实际上认为在这样的情况下任何使共产主义运动合法化的尝试都预先注定失败呢？我认为，未必如此。所以我们将坚持让我们的日本同志认真注意美国工党的经验，仍然使其尝试在日本建立合法的共产党。”①

五　“1922年纲领草案”的进步性

“1922 年纲领草案”的提出过程是对日本国情认识不断深化的过程，也是将科学社会主义理论与日本革命实践相结合的探索过程。作为日共第一个纲领性文件，“1922 年纲领草案”提出了日本革命运动的方向和目标，虽然受到当时历史条件的限制，但它作为一个良好的开端，对日共后来继续探索日本革命的独特道路奠定了基础，具有重要进步意义。

“1922 年纲领草案”由共产国际纲领委员会下设的日本共产党纲领委员会起草，凝聚了共产国际和日共两方面的智慧。它立足日本实际，比较客观地分析了日本当时的社会、经济及政权结构的一般情况，总结出日本社会性质为带有强烈中央集权制封建社会特征的资本主义国家，并针对当时日共状况，在革命对象、革命任务、革命动力、革命性质乃至前途和转变等一系列

① 陈新明主编《共产国际执行委员会第三次扩大全会文献》，第 37 页。

问题上提出了实际要求。日共在审议由共产国际纲领委员会负责起草的纲领草案时，党内存在分歧，说明作为共产国际支部的日共在纲领问题上坚持独立自主探索，认识到日本革命具有特殊性。

“1922年纲领草案”明确区分了党的最高纲领与最低纲领，强调了两者的辩证统一。最低纲领是推翻天皇政府和废除天皇制，最高纲领是实现无产阶级专政。该草案清醒认识到在当时的日本首先要完成民主主义革命的任务，而不是直接进行社会主义革命，要求在完成资产阶级民主革命后，再继续向社会主义革命方向发展。无产阶级政党在推动社会变革的过程中，必须在始终坚持最高纲领的同时，一切从实际出发，根据形势的发展变化，客观分析当时社会的基本走向，及时变更和制定符合各阶段实际的最低纲领，分阶段、有步骤地推进。

“1922年纲领草案”提出了统一战线政策，并且强调日共在日本社会变革中的领导作用。“在日本革命运动发展的现阶段，要更广泛地团结一切可以利用的力量，并把领导权掌握在自己手中，以便为旨在建立苏维埃政权的日本无产阶级今后的斗争开辟道路。”在无产阶级革命过程中，领导权问题一直是备受关注的关键问题。日共的这份纲领草案要求日共要掌握革命领导权，这一认识抓住了日本革命的中心问题。

“1922年纲领草案”提出的过渡时期行动纲领，表明日共继承了自由民权运动的真意，始终坚守人民立场。废除天皇制、贵族院，18岁以上的男女皆有选举权，工人有结社、出版、集会、示威及罢工的自由，废除现在的军队、警察、宪兵和秘密警察等要求，表明日共领导的革命运动是对自由民权运动的继承和发展，是为了实现真正的代表人民主权的民主政治斗争。同时，实行工人八小时工作制、劳动保险制，根据市场物价拟定工资，承认工会为工人阶级的合法组织，由工厂委员会来管理生产，没收大土地所有者的土地，把出租的土地移交给耕种的农民，制定累计所得税制及征收特别奢侈税等策略，其目的为改善工人阶级、农民等下层普通民众的生活，真正代表和维护大众的根本利益。

“1922年纲领草案”反对日本帝国主义，坚持无产阶级国际主义的立场。该草案要求日本放弃一切对外干涉的企图，撤走驻扎在朝鲜半岛、中国大陆、中国台湾和库页岛等地的一切军队，表明日共积极维护全世界各民族独立自主，反对帝国主义、殖民主义、强权政治的侵略扩张活动的基本立场。“日本共产党作为共产国际的支部，在为实现无产阶级专政而进行的革命斗争中，正高举着工人的世界同盟的旗帜，向最后的胜利，即无产阶级的世界专政前进。”日共将日本无产阶级革命的任务与全世界无产阶级专政的目标结合起来，响应了《共产党宣言》“全世界无产者联合起来”的口号。

（审校：李璇夏）

• 政治 · 外交 •

《日本文论》(总第4辑)
第113～154页

国家间推进军事安全合作的路径选择*

——以日印军事安全合作为例

武　琼**

内容摘要： 安全合作是国际关系中经久不衰的话题。安全合作具体可分为经济安全合作、军事安全合作以及文化安全合作等诸多方面。其中，军事安全是国家安全的基石，在国家安全体系中发挥着举足轻重的作用。本文以国际制度理论为理论基础，提出制度形塑和网络拓展两个概念，构建“制度形塑+网络拓展”的分析框架，认为“制度形塑+网络拓展”是国家间加强军事安全合作的主要路径。该框架具体可细分为低层面、中层面以及高层面，并分别具备相应的评判标准。将近年来不断升级的日印军事安全合作作为具体的案例，经过检验发现，两国内部的制度形塑（即高层会晤机制、军事演习机制以及政策保障机制）和外部的网络拓展（美日印、日澳印三边战略合作以及美日澳印四边战略合作）已基本达到中层面的水平，并在相当长的一段时期内会持续深化，短期内两国军事安全合作彻底瓦解的可能性不大。

关 键 词： 军事安全合作　国际制度　制度形塑　网络拓展　日印合作

安全合作是国际关系中经久不衰的话题。安全合作具体可分为经济安全合作、军事安全合作①以及文化安全合作等诸多方面。其中，军事安全是国

* 本文为“第二届日本研究青年学者论坛”入选论文，经吸收评审老师意见修改而成。

** 武琼，南京大学国际关系研究院博士研究生，主要研究方向为国际关系。

① 军事安全合作是指国家间为应对、抵消和防范国家军事安全威胁、维护国家安全环境稳定、保障国家军事发展、拓展国家军事安全利益而进行的专项安全合作。相关研究参见宋德星、李庆功等《世界主要国家安全政策》，北京：中央文献出版社，2016年，第18页。

家安全的基石，在国家安全体系中发挥着举足轻重的作用。[①] 有学者指出，军事安全属于传统安全范畴，是国家安全的根本保证，也是国家彰显自身国际地位的重要基石。[②] 因此，从理论视角准确把握国家间军事安全合作的未来走向具有重要的现实意义，也有利于增强对未来国际关系结构和国际政治格局的前瞻。那么，国家间的军事安全合作应从哪些方面展开？其具体的推进路径为何？应在哪些领域不断加强国家间军事安全合作的深度和广度？本文将以近年来不断升级的日印军事安全合作为具体案例，尝试对这些问题做出解答。

一 关于制度形塑与理论拓展的初步分析框架

作为当前主流的国际关系理论范式，国际制度理论就是研究制度在影响国家行为和政策方面具有的优势和影响。[③] 制度在国际社会体系中的重要性，等同于权力在国内社会体系中的重要性。[④] 可见，制度的确要紧，比其他任何用于解释政治决策的事情都重要。[⑤] 道格拉斯·诺思（Douglass C. North）认为制度是由人们创造出来的，是人类给自己施加的约束。它包括惯例、行为准则、行为规范、普通法及成文法等。制度在社会中的主要作用是通过建立一个互动的稳定结构以减少不确定感。[⑥] 罗伯特·基欧汉（Robert Keohane）认为国际制度是成套而持久的相互联系的正式或非正式的规则，这些规则规定行为体的角色，限制行为体的活动，并塑造行为体的预期。[⑦] 上述关于国际制度的定义为本文的研究提供了理论基础。在借鉴

---

① 于巧华、周碧松：《军事安全》，西安：陕西人民教育出版社，2006年，第7~9页。

② 宋德星、李庆功等：《世界主要国家安全政策》，第52~53页。

③ Robert O. Keohane, "Twenty Years of Institutional Liberalism", *International Relations*, Vol. 26, No. 2, 2012, pp. 125－127.

④ 王明国：《"一带一路"倡议的国际制度基础》，《东北亚论坛》2015年第6期，第78页。

⑤ 〔美〕B. 盖伊·彼得斯：《政治科学中的制度理论："新制度主义"》，王向民、段红伟译，上海：上海人民出版社，2011年，第162页。

⑥ 〔美〕道格拉斯·C. 诺思：《制度、制度变迁与经济绩效》，杭行译，上海：格致出版社，2016年，第4~6页。

⑦ Robert Keohane, *International Institutions and State Power: Essays in International Relations Theory*, Boulder: Westview Press, 1989, pp. 3－4.

国际制度理论[①]的基础上，本文尝试引入两个概念——制度形塑和网络拓展[②]，并做出相应的分析。

（一）关于制度形塑和网络拓展的概念

所谓制度形塑，是指国家间（以双边合作为代表）安全协商机制的制度化建设过程。具体来说就是国家在构建政策执行机制的过程中，通过加强高层互访、举行联合军演、更新防卫政策以及发展军事技术等一系列手段来影响制度的设计、形成以及运行。所谓网络拓展，是指国家间的制度建设从双边走向多边的过程。具体来说就是通过增强同盟友以及其他军事伙伴国间的小多边合作，将以双边（例如日美联盟、日印“准联盟”）为核心的制度化合作转换为错综复杂的多边制度化合作机制（即三国或三国以上的网络化合作机制）。

具体来看，制度[③]是由一连串正式和非正式的规则、协议以及规范构成的，它们深嵌在制度结构中并对行为体的活动范围产生“锁定”（lock-in）

① 需要指出的是，本文只是将国际制度理论视为理论基础，而非直接用国际制度理论去分析问题。之所以将国际制度理论视为理论基础，主要是借鉴了国际制度本身的原则、规范和准则会限制和约束行为体的活动范围，在此过程中逐步形成自我发展和自我完善的运行机制，使安全协商机制的制度化建设既拥有国际制度本身的普遍性，也具备自身的独特性。

② 笔者对这两个概念的界定受到了复旦大学国际关系与公共事务学院包霞琴和崔樱子所撰写的《冷战后日美同盟的制度化建设及其特点——兼论日本在同盟中的角色变化》一文的启发。该文指出，历经半个多世纪的日美同盟仍在不断强化和拓展，具体表现为同盟内部的制度化建设和同盟外部的网络化拓展。参见包霞琴、崔樱子《冷战后日美同盟的制度化建设及其特点——兼论日本在同盟中的角色变化》，《日本学刊》2019 年第 1 期。笔者将其概括为“制度形塑”和“网络拓展”两个概念。虽然日印并未结成正式的军事同盟，但两国已发展为“准联盟”关系，并且军事交流与合作日益深化。因此，这一概念同样适用。限于文章篇幅，本文重点对日印两国的双边制度化建设和多边网络化拓展的特点进行梳理，对其发展动力和限制因素不做考察。

③ 不管是国内层面的制度建设，还是国际层面的制度建设，都存在竞争与合作两方面。但本文研究的重点是军事安全领域，与经贸或人文领域的合作相比，军事安全领域的合作更具有特殊性、敏感性以及保密性。一般而言，军事领域的机制建设分为消极和积极两个层面。消极层面的军事合作一般旨在避免冲突、缓解矛盾以及化解危机等；积极层面的军事合作一般旨在增强战略互信、增强战术协调以及培育战略默契等，例如日本与美国、澳大利亚以及印度等国建立的稳定的防务安全机制。本文的案例为日本和印度，两国已构建全方位并日渐扩展的防务安全机制。因此，两国在安全领域的竞争并不是特别突出。当然，不可否认的是，日印在军事领域的关键技术研发、核心数据安全等方面也存在一定的竞争，但从整体层面而言，合作是两国在防务安全领域的基本形态，军事竞争退居较次要地位。

作用。虽然这些规则、协议以及规范有时约束力很小，但是在大多数情况下，国家基本遵守这些规则。制度形成和塑造的过程就是各种规则、协议以及规范形成和塑造的过程，该过程的运作虽然较为缓慢，但是一旦完成，制度内部存在的黏性力（即制度黏性力）会不断地自我发展、自我巩固以及自我提高，并随着时代变迁而适应新变化。制度建立后会具备自我更新和强化的惯性逻辑，想要实现制度变革是十分困难的，这类似于历史制度主义流派所强调的路径依赖。在路径依赖的影响下，行为体间会以常态化、协调化以及密度化的方式强化制度并不断进行战略互动。从长远角度而言，制度建立后会沿着固定的路径或轨迹一直演化下去，从而具备自我更新和不断强化的惯性力。因此，不排除长久的路径依赖会使国家间进入所谓的战略惯性期[①]。除非发生各种内生流动性冲击（剧烈的政坛变动和社会变革）或外生流动性冲击（大规模的军事冲突和严重的经济危机），否则这种制度结构会继续以稳定的方式向前发展。鉴于这种制度结构和规范路径的黏性力，国家间希望设计和建立多层次、多级别的机制体系来推动其制度建设从“低制度化”向“中制度化”和“高制度化”转变。

（二）制度形塑与网络拓展的评判标准

在安全领域，国家间进行制度形塑和网络拓展往往是一个由浅入深、从低到高、从简单到复杂的过程。从宏观上而言，国家间的军事安全合作一般涵盖陆、海、空、天、网等多方面。从微观上而言，国家间的军事安全合作往往包括高层互访、联合军演、军品贸易、技术研发、情报合作、物资运输以及太空、网络和深海等方面。因此，有必要将以上诸多领域进行合理的分类，以便更好地总结出国家间军事安全合作的发展态势（见表1）。

① 关于战略惯性的详细研究，参见严家明《惯性管理：企业持续发展之道》，北京：经济科学出版社，2005年，第51~167页；刘海建《企业战略演化中的惯性：概念、测量与情境化》，《中央财经大学学报》2012年第4期，第55~61页；门洪华、肖晞《国际战略惯性与苏联的命运（1979~1989）》，《中国社会科学》2011年第6期，第184~192页；刘国柱、杨楠《后冷战时期美国大战略的演进：基于战略惯性的视角》，《浙江大学学报》（人文社会科学版）2019年第4期，第34~49页。

表1　国家间（双边和多边）军事安全合作制度化的评判标准

制度化层面	评判标准
低层面	双边(多边)条约或协定(主要侧重相互尊重主权和领土完整、军舰互访以及加强非传统安全合作等),司局级、局长级、外长、防长、元首会晤,军舰互访,双边(多边)情报合作(主要侧重反恐、海上移民以及非法走私等非传统安全威胁),双边(多边)联合军演(主要侧重联合反恐、海上搜救、打击海盗以及海上恐怖主义等),等等
中层面	双边(多边)条约或协定(主要侧重联合军演、扩大军售和技术合作等),双边(多边)高层定期会晤机制(国家安全顾问、军种负责人、外长、防长、元首战略对话机制),军品贸易和军事技术合作(主要侧重防御性武器),双边(多边)情报合作(共享"重点国家"和周边地区的政治、军事以及科技信息、分享卫星数据和开发情报预警侦察系统等),双边(多边)军事物资运输和后勤保障体系,双边(多边)联合军演(主要侧重联合反潜、防空反导以及舰空实弹射击等),双边(多边)太空、网络以及深海等新兴领域合作
高层面	联合部署军队,共享军事基地、训练设施、油料库以及弹药库,军品贸易和军事技术合作(主要侧重进攻性武器、敏感军事技术以及尖端军事科技),设立三军联合作战指挥中心,统一指挥与控制的战略协调或决策机制等

注：由于篇幅有限，仅列举具有代表性的军事安全合作项目。
资料来源：笔者依据相关资料自制。

对大多数国家而言，中层面的制度化处于承上启下的阶段，是国家间形成“准联盟”和走向正式联盟的必经之路。由于篇幅限制，本文将重点分析中层面的制度化，并适当涉及低层面和高层面的制度化。本文拟采用高层定期会晤机制、军事条约和协定、定期联合军演以及军事政策协调四个指标来衡量国家间中层面的制度化建设程度。①

1. 高层定期会晤机制

制度化的规范塑造着安全政策，它们使行为体认同和行为标准的内容具体化，并对正式的、有约束力的机制起指导作用。② 在此基础上，国家经过长年的发展会逐步形成符合自身利益需求的机制性框架。这些机制性框架建立后会具备自我更新和不断强化的惯性力，这就是所谓的路径依赖。在路径

① 此处对于4个指标的划分借鉴了亚历山大·科罗列夫（Alexander Korolev）分析中俄军事合作时运用的4个指标。参见 Alexander Korolev, “On the Verge of an Alliance: Contemporary China-Russia Military Cooperation”, *Asian Security*, Vol. 15, No. 3, 2019, pp. 233 - 252。

② 〔美〕彼得·J. 卡赞斯坦：《文化规范与国家安全——战后日本警察与自卫队》，李小华译，北京：新华出版社，2002年，第20~23页。

依赖的影响下，国家间会建立各种稳固和持久的高层定期会晤机制（例如元首互访机制、外长和防长互访机制、三边或三边以上的对话机制等）。高层定期会晤机制的建立能够使行为体在政治、经济以及军事层面上更加畅通地进行战略互动，有利于发挥增加信息交流总量、提高合作可信度以及减少制度摩擦等诸多功能。国家间最初会建立一些司局级或局长级的定期对话机制。到中后期，随着各种战略对话机制日益完善，国家间会将在初期建立的司局级或局长级的定期对话机制升级至副部长级、部长级甚至元首级。例如，2011年，美、日、印首次举行局长级三边对话。2015年，美、日、印正式将司局级对话升级为部长级对话。

2. 军事条约和协定

军事条约和协定是主权国家间缔结的符合国际法原则的书面条约和协定，其本身涵盖的规范和规则对于缔约双方均具有法律约束力，不仅有助于增强双方的政治互信和减少战略猜疑，还能明确双方在地区和国际问题上的权利和义务。军事条约和协定不仅能为联合军演、军品贸易以及技术合作等一系列军事活动提供法律基础和保证，还能不断推动国家间在安全领域的制度化和法律化建设进程向纵深方向发展，以加强国家间内部秩序的稳定性和对外行动的一致性。在初期，国家间一般会签署“基础性”安全条约，内容一般包括相互尊重主权和领土完整、军舰互访以及加强非传统安全合作等。之后，国家间往往会签订“升级版”安全条约，旨在举行联合军演、扩大军售和开展技术合作等。例如，日越在2007年签订《深化日越关系的联合声明》，内容包括加强两国在反恐、维和以及联合国改革等领域的合作，增强海军舰艇互访以及推动司局级防务部门间的交流与合作等。① 2009年，两国签署《关于亚洲安全与繁荣的战略伙伴关系联合声明》，规定元首定期会晤、完善外务次官定期会晤、日越安全委员会年度会晤等军事合作机制。② 2018年，两国签订《日越联合声明》，其中提到，日本继续支援越南海

① 「深化する日本・ベトナム関係に関する共同声明」、外務省ホームページ、2007年11月27日、https://www.mofa.go.jp/mofaj/area/vietnam/visit/0711.html。

② 「アジアにおける平和と繁栄のための戦略的パートナーシップに関する日本ベトナム共同声明」、外務省ホームページ、2009年4月20日、https://www.mofa.go.jp/mofaj/area/vietnam/visit/0904_ks.html。

上执法部门的力量建设，加强两国在海洋领域的防务装备和军事技术合作等。[①]

3. 定期联合军演

联合军演既是国家实现其安全目标的重要战略途径，也是国家制定军事战略的主要组成部分。国家间定期举行联合军演至少起到以下三重效果。一是提高盟友或主要防务伙伴间的协同作战能力，增强各国间的政策配合力和军事协调力。受历史传统和现实政治的影响，不同国家在军队体制、装备建设、战略任务以及指挥体系等方面均存在差异。若举行联合军演，建立各军种兼容联通的联合作战能力则显得尤为重要。通过联合军演，可以发现和解决部队通信指挥功能不协调、陆海空武器系统不匹配等问题，进而采用统一的战术数据链来建立和完善相关国的指挥与通信网络，以提高各军种的互联互通和联合作战能力，增强本国的地缘安全系数。二是检验尖端军事装备的作战性能，借助其“外溢”效应向各国推销高端武器。一般而言，如果军火公司生产的高技术武器不装备到军队并投入实战，往往难以发现这些装备的作战缺陷和技术局限。只有通过实战检验，才能改善和提高装备的系统性能与作战能力，以让这些新式装备发挥出强大的战斗力。三是制订军演计划，加大对潜在竞争对手的战略威慑力度。通常而言，国家间进行的联合军演都会制订反映其作战企图和作战背景的演习方案，并根据演习的实际效果进行相应的修订和完善。在演习方案中，绝大多数参演国会把潜在对手设为假定作战对象，尽管有时候并不会明确指出来。在初期，国家间往往进行低烈度、低敏感性的联合军演。随着国家间军事安全合作不断深化，国家间一般会进行实战程度较强的联合军演。例如，俄印自 2003 年开始举行的“因陀罗”联合军演。该军演最初只包括反恐、联合救灾以及人道主义援助等科目。近年来，该军演的演习科目升级为联合反潜、水上射击以及封控武装叛乱等。演习的针对性和实战程度不断加强，并朝着机制化和常态化的方向发展。

4. 军事政策协调

除高层定期会晤、军事条约和协定以及定期联合军演外，国家间的军事安全合作还涉及情报合作、后勤保障、军品贸易和军事技术合作等传统领域

---

① 「クアン・ベトナム社会主義共和国国家主席の国賓訪日の際の日ベトナム共同声明」、外務省ホームページ、2018 年 5 月 31 日、https：//www. mofa. go. jp/mofaj/files/000368991. pdf。

以及太空、网络和深海等新兴领域。为方便论述，本文将国家间在传统领域和新兴领域的合作统一归纳为军事政策协调。

首先是情报合作。国家加强情报合作至少起到以下三重效果：其一，不同国家的领导人将从外界获得的敏感信息和机密情报作为制定稳健的安全战略和外交政策的依据，从而在地区竞争格局中占据优势地位；其二，在中小规模武装冲突、特种部队大规模作战以及事关国家安全的军事行动中高效协调和指挥各部队间的作战部署和战区配置，提高情报传输、指挥控制以及物资保障等各作战要素间的整体融合和互联互通能力；其三，为可能出现的自然灾害、社会骚乱以及暴力恐怖等事件发布预警监测信息，健全和完善预警应急机制。例如，起源于二战时期的“五眼联盟”[①] 就是典型的情报合作组织，该组织重点收集恐怖主义、网络、海洋安全以及周边国家与地区等领域的情报，已成为美国和其亚太盟友所建立的覆盖全球的情报侦察和收集联盟。

其次是后勤保障体系。国家在扼守地缘战略枢纽的重要地区建立后勤保障基地和物资运输通道，至少起到以下三重效果：其一，有助国家形成点线结合、梯次配备的海外战备物资存储保障体系，为大国获得制海权、两栖战略投送以及海基远程对陆攻击等作战能力提供后勤支援；其二，预先将战备物资和保障力量囤积在海外战略要地，建立纵向联通、横向互补的物资储备基地，大幅提高水面舰艇部队、海军航空兵以及特种部队等兵种的海外机动作战和应急物资保障能力；其三，降低对盟友或主要防务伙伴军事基地的依赖，为国家执行救灾、海外撤侨以及人道主义救援等多样化任务提供物资储备。例如，美国在其主要的海外军事基地群（例如阿拉斯加基地群、东北亚基地群等）建立了一系列战备仓库，储备和囤积了数量庞大的作战装备物资和日常生活用品，形成了结构合理和运行高效的联合后勤保障体系。这对美军在海外实行两栖突击登陆、远程战略投送以及后勤物资支援发挥了重要的作用。

再次是军品贸易和军事技术合作。国家间的军品贸易和军事技术合作主要包括陆海空三方面，其合作重点有所不同。陆地合作主要体现在提高对地面远程目标的装甲机动和纵深打击能力；海洋合作主要体现在提高在近海和

① “五眼联盟”的成员国包括美国、英国、加拿大、澳大利亚、新西兰。

远洋的两栖作战和远程预警能力；航空合作主要体现在提高对周边地区及洲际的防空作战和远距离重负荷投送能力。对于装备输入方而言，可以利用输出方充裕的资金与雄厚的国防科技实力来提高和实现本国国防工业制造水平及防务装备来源多样化，推动国防和军队的现代化进程。对于装备输出方而言，能够利用输入方的国内市场来扩大军品销售，进一步带动本国国民经济的内生性增长，以加强国内军工企业对高精尖装备的研发生产。在合作初期，输入方国家往往集中采购对方的基础装备和军事零部件；到高级阶段后，国家间一般在尖端军事技术方面进行合作。

最后是太空、网络以及深海等新兴领域。“空网海”作为国家间合作的“新高地”，已成为军事安全合作密不可分的一部分。国家间在这些方面进行合作至少起到以下三重效果：第一，运用远程动态监控技术全程跟踪并实时报告不同类型的军事行动和不同层次的作战人员信息，实现快速、高效的信息化和数字化作战；第二，利用“空网海”复杂的“地形地貌”来建立隐蔽的战略防线，以探测敌情，实现军事行动的快速突击和战略投送能力；第三，打破“关键国家”在新兴领域的战略牵制，实现国家军事力量在国际海底区域和外层空间的战略延伸，是新兴国家改变与传统大国不对称制衡的重要手段。

（三）进行制度形塑和网络拓展的原因、特征、功能及效果

1. 原因

第一，国际环境的改变。进入 21 世纪以来，大国力量对比呈现出“新升老降”态势，美日欧等发达国家经济增长持续疲软，西方民粹主义泛滥，逆全球化思潮汹涌，国际形势呈现出犬牙交错的状态。当代大多数国家面临着动荡频发的国际安全形势、不断加剧的大国战略博弈以及日益增加的非传统安全威胁，各国必须建设不同层次的制度体系以适应当今世界的深刻变化。例如，金砖国家合作机制作为新兴国家群体性崛起的产物应运而生，尤其是金砖国家新开发银行和外汇储备库的成立，使金砖国家合作机制的深度和广度进一步延伸。

第二，政策制度需求不断提高。国家间最初会建立一系列较低层次且影响力有限的安全管理机制。然而，随着国内政治和国际形势的发展演变，这些初始阶段建立的协调机制会越来越难以满足双方的要求。这时，双方会不

断寻求和扩大利益交汇点，积极调整本国的政策，从不同角度设计出符合双方战略利益的新制度，拓展政策制度的选择范围，提升政策制度的安全管理级别，以适应形势的不断变化。例如，日美同盟从冷战期间建立的安全保障协商委员会、防卫合作小组委员会以及安全协商小组委员会等基础性安全协商机制，升级为现在的机制化程度很高的联盟协调机制和双边计划机制。这有利于推动联盟战略沟通，加强联盟强有力的战略对接，为两国实质联合作战提供坚固的制度保障。

第三，领导人间亲密关系的建立。国家领导人既是国家的最高决策者和国际政治的特殊行为体，也是拓展该国政治主张和军事影响力的重要载体，对于协调国家间关系发挥着独特的作用。国家领导人可以利用热线电话、双边会谈以及重大峰会等多种途径进行不同形式的沟通、交流与接触。这有利于领导人在相互信任和相互尊重的基础上建立起深厚友谊和互信关系，对建立国家间的制度体系有相当大的影响。例如，莫迪亲自前往机场“熊抱”（bear hug）安倍和安倍邀请莫迪在其私家别墅共进晚餐等多种形式展现了两人以及两国间的亲密关系，这在日印关系史上十分罕见，无疑有利于推动和拓宽两国制度化建设空间。

第四，国家利益的变化。国家利益是主权国家生存与发展的必要条件，也是主权国家制定与推行对外政策最重要的驱动力。由于国际社会处于无政府状态，国家作为理性自私的行为体，主要是在国家利益的驱动下制定并执行实现国家目标的政策方案。不同国家在不同历史时期必然会为实现和维护国家利益做出相应的战略设计和构想，通过制度化合作的方式来加强政策和战略协调，以实现帕累托最优结果。例如，中美曾建立过国防部防务安全磋商机制（1997年）、海上军事安全磋商机制（1998年）以及国防部工作会晤机制（2005年）等战略磋商机制，对管控军事风险、避免出现军事对峙以及加强军事人员交流发挥了积极的作用。

2. 特征

第一，规范内化。由于历史经验、地缘政治、经济体制以及战略文化等方面的差异，不同的行为体在规范内化的过程中呈现出一种认知差异，即不同的行为体对制度中的原则和规范的接受程度存在差异。这种差异会导致行为体在规范内化的过程中呈现出两大阶段。首先是低级阶段。在该阶段，当行为体发现遵守原则和规范无法给它们带来利益的时候，它们有时会按照自己的认知来决定其行为方式。当然，对霸权国或主导国而言，它们可以借助压倒性的权力优势或物质诱惑或对国际组织的掌控力来迫使其他行为体接受某项制度规范。然而，对大多数国家而言，由于原则和规范等制度性要素并没有完全嵌入军事安全合作，它们有时会各行其是，难以形成合力。不过，由于原则和规范本身的约束力以及制度黏性力的存在，国家仍然会有限度地调整战略认知以建立一些符合双方利益的安全协商制度。[①] 其次是高级阶段。在该阶段，规范和原则可以对行为体的战略偏好和价值观念起到一种“矫正”和“约束”作用，要求不同的行为体采取同样的措施。而行为体同样也会调整自身的认知（甚至包括核心安全认知），认同规范与原则的合理性和合法性，并将其内化为深层次的结构性因素。终极目标是让行为体遵守和服从规范、原则等关键要素，形成一套内生型服从的运行和保障机制。

第二，议程务实。议程由某一行为体创建和提出，在两国的双边协调和战略互动中发挥着重要作用。对行为体而言，议程设置是一个长期的过程，每一项议程都是在社会实践和相互作用的基础上根据现实需要与实际情形设立的。[②] 无论是高层互访还是联合军演，抑或情报安全，制定有效务实的议程在国家间军事安全合作中占有举足轻重的地位。首先，在国家内部，行为体会对各种涉及自身利益的议题表现出较高的敏感性，并根据自身的战略偏好、议题的重要性和紧迫性进行优先排序。其次，在双方决策互动的过程中，当议程符合双方的战略利益和安全需求时，行为体就会接受该项议程。当议程不符合双方的战略利益和安全需求时，行为体（主要是指霸权国或主导国）要么采取“胡萝卜 + 大棒”方式或利用对国际组织的控制力迫使或诱使对手改变立场，要么有限度地改变自身的战略认知来推进议程。如前所述，随着规范不断内化，行为体会逐渐将规则和规范内化为深层次的结构性因素。受此影响，行为体最终也会设计出涵盖各方偏好、契合各方理念的议程。务实的议程设置可以更好地对接行为体间多层次的利益诉求，为行为体实现大范围、深层次和高水平的战略合作夯实

① 同后续谈及的议程务实一样，这里还有一种特殊情况，就是双方均坚持己见，拒不调整认知，致使安全协商制度的建立和议程设置走向破裂。不过这类事件出现的可能性相对较小。

② 娜塔莎·马里奇、魏玲：《务实制度主义：中国与中东欧国家的合作》，《世界经济与政治》2018 年第 7 期，第 48 页。

基础。

第三，异质协调。在国际社会中，不同国家在国家属性、经济发展水平、地缘特性以及文明特质等方面均存在普遍差异。从国家属性而言，可分为社会主义国家与资本主义国家；从经济发展水平而言，可分为发展中国家和发达国家；从地缘特性而言，可分为海洋国家、陆地国家以及海陆复合型国家；从文明特质而言，可分为儒家文明、伊斯兰文明、日本文明以及印度文明等。行为体间的异质性必然在某种程度上造成安全利益的诉求相对泛化，这会对行为体间的凝聚力和组织力造成一定的影响。而加强军事安全合作有助于行为体协调异质性，对推动建立高层定期互访机制、加强联合军演和政策协调、构建多样化的安全伙伴关系网均具有重要的意义。众所周知，与国家安全息息相关的军事、战略等“高政治”领域内的事务具有较强的敏感性、机密性以及特殊性。因此，国家间在安全方面进行合作能够从深层次反映出两国关系的进展，从而发挥“推进器”的重大作用。

3. 功能

第一，加强军事安全合作的双边以及多边化。国家在加强双边安全关系的同时，也不断推动盟国间以及盟国同其他军事伙伴国间的横向联系，以持续加深不同领域内的军事安全合作。例如，美国在巩固和加强同日本、韩国以及澳大利亚等核心盟友与印度、新加坡等主要防务伙伴关系（“盟友+伙伴”的关系网络）的基础上，极力推动美日印、美日澳以及美日韩间的军事安全合作。

第二，增强军事安全合作机制的双边以及多边化。首先是创立时间最早的美日韩三边合作对话机制（1999年）已从司局级、副部长级、部长级提升到元首级对话。其次是创建时间晚于美日韩合作机制的美日澳合作机制（2002年）和美日印合作机制（2011年），也已升级至部长级对话。再次是日澳印合作机制（2015年），仍然保持着副外长级别的战略对话。最后是美日澳印合作机制，虽然该合作机制起源于2004年的四国集团抗震救灾，并于2007年举行过一次司局级对话，但是由于历史与现实等多重原因，四边对话停滞了10余年，直到2017年才真正开始运行（详见下文）。

4. 效果

第一，减少权力竞争。国际关系的基本性质几千年来没有发生变化，其基本特征依然是独立行为体在无政府状态下争取权力、声望以及财富的循环斗争。[①] 换言之，由于国际体系呈现无政府状态，国家安全总是稀缺的，谋求影响力与权力地位依然是大国战略博弈的优先选择。在制度主义者看来，制度的实用性和有效性集中体现在它能扩大合作范围，避免权力争夺，维护国际和平与安全。制度本身就是一系列原则、规则、规范以及决策程序的集中体现，大多数行为体在大多数情况下受到这一系列原则、规则、规范以及决策程序的约束和限制，这可以确保行为体合作的可信度，增强对行为体间行为的稳定预期，从而减少国家间为争夺权力、地位以及资源而产生的战略竞争，确保国家间在主要理念和基本原则方面达成战略共识。

第二，提供优质信息。信息的不完善状态会给行为体带来一种心理不确定感，这种心理不确定感使一方无法判断另一方的行为意图，致使合作无法实现。制度的主要功能便是向行为体提供高质量的标准信息和完善信息交流的渠道，缓解行为体间因心理不确定性和信息扭曲而导致的潜在矛盾和冲突，使行为体对另一方的行为意图有准确的认知，从而促进国际合作的实现。[②] 正是由于制度能够满足和发挥这一主要功能，国家作为理性、理智的行为体，希望能从制度框架提供的高质量信息中获得和掌握较大的份额。可见，信息化程度和制度化程度呈现出较明确的递进关系，即信息化是制度化的前提和条件，当信息化程度越高时，制度化程度就越高。

第三，开展集体行动。国际合作是一种典型的集体行动。由于国际体系长期处于无政府状态，并不存在一个凌驾于各独立行为体之上的世界政府，制度的重要功能就是可以建立互利、惩罚以及监控机制，有助于降低成员国间“搭便车”的行为，并塑造成员国间的集体行动。首先是互利机制，也可称为共同利益机制。当今世界正处于复合相互依赖的模式，相互依赖使国家间或不同国家的利益形成相互影响、相互制约的利害关系，有关各方的利益处于共同获益或共同受损的状态。这就要求国家通过组织集体行动来实现

① Robert Gilpin, *War and Change in World Politics*, Cambridge University Press, 1981, pp. 1 - 8.

② 秦亚青：《权力·制度·文化：国际关系理论与方法研究文集》，北京：北京大学出版社，2005 年，第 103 ~ 105 页。

双边以及多边合作，做到互惠互利，实现双赢。其次是惩罚机制，如果行为体故意采取欺骗性的违反制度行为，制度就会惩罚采取不合作行为的行为体，通过增加违规者的交易成本来培育和塑造集体行动。最后是监控机制，对参与制度的行为体建立监控机制，目的是逐步减少行为体的违规现象，使之在以后的决策程序中学会不采取违规行为。[①]

第四，确保相互信任。在世界政治领域，信任既是制度结构中不可或缺的组成部分，也是国家间建立制度的基础和前提。在对外关系上，当把国家确立为朋友的角色结构时，[②] 国家间的信任程度就越高。信任程度已成为国家建立制度体系的关键条件和必要元素，只有做到恪守承诺和相互信任，国家间建立的制度体系才能够真正发挥作用。反之，信任缺失或滞后有可能会导致国家在霍布斯主义的丛林中游荡。国家可以通过遵守国家法、国际规则以及国家间的双边或多边协议来建立国家间的相互信任。信任逐渐形成时，也逐渐成为一种规范体系，信任机制得以建立。[③] 制度的全面性、稳定性和长期性有利于培育和塑造国家间的信任机制，加深信任力的程度和范围。

二　日印军事安全合作的制度形塑

冷战期间，受两极格局影响，日本在外交上追随美国，坚定奉行以日美同盟为基轴的安保政策。与此同时，印度长期把不结盟政策作为其外交政策的基本原则，与苏联在 1971 年签订具有军事联盟色彩的《印苏和平友好合作条约》，结成“印苏特殊关系”，并在诸多领域进行紧密合作。因此，受美苏争霸的影响，日印关系比较冷淡，军事安全合作发展缓慢。

冷战结束后，尤其是进入 21 世纪以来，日印一改昔日在安全事务中的“脱离”态度，开启一系列制度建设的努力。迄今为止，两国已在双边层面

---

① 秦亚青：《权力 · 制度 · 文化：国际关系理论与方法研究文集》，第 94 ~ 106 页。

② 〔美〕亚历山大 · 温特：《国际政治的社会理论》，秦亚青译，上海：上海人民出版社，2008 年，第 289 页。

③ 李淑云：《信任机制：构建东北亚区域安全的保障》，《世界经济与政治》2007 年第 2 期，第 34 ~ 38 页。

建立战略协调机制、军事演习机制以及政策保障机制，[①] 为加强军事安全合作提供了坚实的规范和制度保障。实际上，两国已发展为“准联盟”[②]（quasi-alliance）关系。日印安全关系是日本与第三国制度化建设过程中最具代表性的双边关系之一，仅次于日本与美国和澳大利亚的安全关系。[③] 2019 年 9 月，日本政府发布《防卫白皮书》，在“安全保障合作”一节中，印度的排序从 2018 年版中的第三位升至第二位，[④] 可见印度作为日本“准盟国”的战略地位日益上升。日本和印度作为东北亚和南亚举足轻重的地区大国，两国安全关系的发展和强化不仅会对中国周边安全环境以及中国与其他周边国家的战略互动产生潜在威胁，也会对当前印太地区这一不断扩展的大棋局产生不容忽视的影响。尤其是特朗普政府提出“印太战略”以来，日印已成为美国在该地区的战略支点国，其地缘战略价值和军事重要性日益凸显。

（一）高层会晤机制

在高层方面，建立以元首会晤机制为主翼，以防长和外长定期对话为辅翼的高层会晤机制。

首先，元首会晤机制日益稳定，在建立和加强战略合作的过程中具有先导性和全局性的作用。日印关系因 1998 年印度强行进行核试验后日本不断加大对印度的经济制裁而处于持续紧张的状态，但双方高层仍然保持密切接触。[⑤] 进入 21 世纪以来，日印经历了从“全球性伙伴关系”（2000 年）到

① 『日印間の「安全保障協力に関する共同宣言」に基づく安全保障協力を促進するための「行動計画」（骨子）』、外務省ホームページ、2009 年 12 月 29 日、https：//www. mofa. go. jp/mofaj/area/india/visit/actionplan_ 09. html。

② 相关研究参见葛建华《试析日本的“印太战略”》，《日本学刊》2018 年第 1 期，第 73 ~ 77 页；吴怀中《安倍政府“印太”战略及中国的应对》，《现代国际关系》2018 年第 1 期，第 15 页。

③ Yuki Tatsumi, “Abe's Visit Takes Japan-India Security Relations to the Next Level”, The Diplomat, December 14, 2015, https: //thediplomat. com/2015/12/abes - visit - takes - japan - india - security - relations - to - the - next - level.

④ 『令和元年版防衛白書』、防衛省ホームページ、2019 年、https：//www. mod. go. jp/j/publication/wp/wp2019/pdf/index. html。

⑤ 1998 年 11 月，日本众议院副议长渡部恒三访印。1999 年 11 月，印度外交部部长辛格访日。2000 年 1 月，印度国防部部长费尔南德斯访日；同年 5 月，日本通商产业大臣深谷隆司访印；同年 6 月，费尔南德斯再度访日。参见「インド（India）基礎データ」、外務省ホームページ、2019 年 8 月 5 日、https：//www. mofa. go. jp/mofaj/area/india/data. html。

“全球战略伙伴关系”（2008年）再到“特殊战略与全球伙伴关系”（2014年）三个阶段，呈现出步步提高、层层深入、全面发展的势头。

10余年来，两国已形成稳定的元首会晤机制，其签署的重要文件包括《日印联合宣言》（2001年）、《面向“日印战略性全球伙伴关系”的联合声明》（2006年）、《关于推进日印全球战略伙伴关系的共同声明》和《关于日印安全保障合作共同宣言》（2008年）、《深化安保合作行动计划》（2009年）、《日印特殊战略与全球伙伴关系东京宣言》（2014年）、《日印愿景2025：特殊的全球战略伙伴关系的联合声明》（2015年）、《面向自由、开放和繁荣的印度洋太平洋的联合声明》（2017年）以及《日印愿景声明》（2018年）。①

通过梳理两国元首互访发表的一系列联合宣言以及签署的相关条约和协定，可以发现，日印建立的高层会晤机制主要有元首互访机制、“2+2”机制（后升为部长级）、外长级战略对话机制、国家安全顾问定期战略对话机制以及副外长级战略对话机制等。② 其中，元首互访机制的建立在加强战略合作的过程中发挥着战略引领和全局统筹的作用，主要体现在以下三方面。

第一，日印领导人建立的深厚友谊和相互信任对推动两国关系的稳定发展发挥了重要作用。2012年12月安倍晋三就任日本首相后，莫迪便与其通话，提出“要进一步升级‘全球战略伙伴关系’，全面加强安保和外交领域的合作”。③ 截至2019年11月，两国领导人互访和在国际多边场合的会面次数已创下7年20次的纪录（见表2）。这样的会晤频率有助于两国领导人建立良好的个人友谊和工作关系，减少两国间存在的分歧和摩擦，从而发挥出战略引领和顶层设计的作用。第二，统筹规划各领域政策的主要内容和发展方向，使日印“特殊战略与全球伙伴关系”始终保持高水平运行。在“特殊战略与全球伙伴关系”下，两国将全面加强在外交战略、安保合作以

① 在《日本强化与印度军事合作问题探析》一文中，张光新和徐万胜对日印在2001~2018年签署的相关条约和协定的内容有详细论述，参见张光新、徐万胜《日本强化与印度军事合作问题探析》，《日本学刊》2018年第1期，第92~94页。

② 『日印間の「安全保障協力に関する共同宣言」に基づく安全保障協力を促進するための「行動計画」（骨子）』、外務省ホームページ、2009年12月29日、https://www.mofa.go.jp/mofaj/area/india/visit/actionplan_09.htm。

③ 「安倍総理大臣とシン・インド首相との電話会談」、外務省ホームページ、2012年12月28日、https://www.mofa.go.jp/mofaj/kaidan/s_abe2/121228_02.html。

及军事安全等“高政治”领域的事务，并力争将其落到实处。这有利于在两国关系的发展过程中形成明确清晰的制度化安全合作框架，使日印“特殊战略与全球伙伴关系”始终在高层次上不断深化并保持运行。第三，加强两国在地区和国际热点问题上的高水平战略协作，以不断寻求并扩大利益汇合点，拉紧双边关系的利益纽带。日印元首不仅每年定期会晤，还利用多边国际会议等场合进行交谈，在共同关心的恐怖主义、海洋安全以及网络犯罪等一系列问题上保持密切沟通与合作。这有助于管控两国的潜在矛盾和利益摩擦，增强两国关系的利益兼容性和扩展主要战略空间，加深两国的共同利益联结。

表 2　2012～2019 年日印元首会晤情况

时间	会晤情况
2012 年 3 月	日印元首会谈(第 2 届核安全峰会)
2012 年 11 月	日印元首会谈(第 21 届东盟峰会)
2013 年 5 月	印度总理访日
2013 年 10 月	日印元首会谈(第 23 届东盟峰会)
2014 年 1 月	日本首相访印
2014 年 8 月	印度总理访日
2014 年 11 月	日印元首会谈(第 9 次 G20 领导人峰会)
2015 年 11 月	日印元首会谈(第 27 届东盟峰会)
2015 年 12 月	日本首相访印
2016 年 4 月	日印元首会谈(第 4 届核安全峰会)
2016 年 9 月	日印元首会谈(第 28 届东盟峰会)
2016 年 11 月	印度总理访日
2017 年 7 月	日印元首会谈(第 12 次 G20 领导人峰会)
2017 年 9 月	日本首相访印
2017 年 11 月	日印元首会谈(第 31 届东盟峰会)
2018 年 10 月	印度总理访日
2018 年 11 月	日印元首会谈(第 13 次 G20 领导人峰会)
2019 年 6 月	日印元首会谈(第 14 次 G20 领导人峰会)
2019 年 9 月	日印元首会谈(第 5 届东方经济论坛)
2019 年 11 月	日印元首会谈(第 35 届东盟峰会)

资料来源:「インド　過去の要人往来・会談」、外務省ホームページ、https://www.mofa.go.jp/mofaj/area/india/visit/index.html。

其次，外交与防务部门副部长级战略对话机制（以下简称“2＋2”机制）逐渐完善，在两国的密切沟通和协调互动中发挥着重要的战略支撑作用。2010年7月，日印首次举行“2+2”副部长级战略对话。至2018年6月，日印已举行过5次“2+2”副部长级战略对话。2018年10月，莫迪访日期间，两国决定把“2+2”战略对话正式升为部长级。2019年11月，日印举行首次“2+2”部长级战略对话。从历次“2+2”战略对话讨论的内容来看，主要涉及以下四方面。第一，在合作领域上，除反恐、打击海盗、防止核扩散、人道主义援助以及武器采购等传统领域外，还包括网络信息、宇宙空间、深海安全以及人工智能等新兴领域。第二，在合作议题上，注重在地区和全球议题上进行协调。日本尤其关注多边贸易体制、海洋秩序以及朝核问题等议题；[①] 印度则看重南亚地区安全、金砖国家合作机制、海上安全通道以及海外贸易投资等议题[②]。两国在维护海上通道以及增强海洋安全等涉海议题上拥有不可忽视的共同利益，未来两国会继续推进海上安全合作。第三，在合作重点上，在“特殊战略与全球伙伴关系”的框架下深化安全伙伴关系，将日本“印太战略”与印度“东向行动”进行对接，就实现“基于法治的自由与开放的印太秩序，确保区域内的和平、开放、安定与繁荣”[③] 等共同目标达成一致。

2012年安倍再次就任日本首相后，两国外长和防长等政府高层保持每年2~3次会晤频率。例如，日印防长于2017年5月和9月举行会谈，外长于2018年3月和9月进行会晤。2019年，包括双边以及多边场合在内，日印外长曾在6月、8月、9月、11月（两次）举行过5次会晤，创历史新高；两国防长则在9月、10月、11月举行过3次会谈。[④] 由此可见，两国建立了固定的、多级别的战略沟通机制，政府和军方高层交流机制化建设呈现出立体化和全方位的发展趋势。这至少可以产生三重效果：第一，日印元首

① 参见吕耀东《日本对外战略：国家利益视域下的战略机制和政策取向》，《日本学刊》2018年5期，第19~31页；吴怀中《日本谋求“战略自主”：举措、动因与制约》，《国际问题研究》2018年第6期，第13~23页。

② 参见荣鹰《“莫迪主义”与中印关系的未来》，《国际问题研究》2017年第6期，第2~5页；楼春豪《战略认知转变与莫迪政府的海洋安全战略》，《外交评论》2018年第5期，第98~130页。

③ 「第5回日・インド次官級2+2対話（結果）」、外務省ホームページ、2018年6月20日、https://www.mofa.go.jp/mofaj/press/release/press4_006153.html。

④ 「インド　過去の要人往来・会談」、外務省ホームページ、https://www.mofa.go.jp/mofaj/area/india/visit/index.html；「インド　要人往来・会談」、防衛省ホームページ、https://www.mod.go.jp/j/approach/exchange/area/asia/india/index.html。

在战略层面的顶层设计和总体规划向下传导至防务和外交等主要部门，这些核心部门的主要负责人则成为落实领导人战略关切和政策目标的重要平台；第二，为两国的防务和外交等主要部门减少战略分歧和实现战略互信打下坚实基础，成为推动两国关系继续向前发展的重要润滑剂和稳定器；第三，就两国共同关心的外交政策、安保战略以及地区安全等问题进行深入交流与密切配合，推进两国在日益复杂的地区和国际问题上的双边互动与战略协调。

（二）军事演习机制

在军事方面，构建以海军联合演习为轴心、以陆军联合演习和空军联合演习为次轴心的军事演习机制。

第一，通过开展以海军联合演习为轴心的双边军演，实现两国军队尤其是日本海上自卫队与印度海军演习的机制化和常规化。海军联合演习是日印军事安全合作的重要组成部分，也是两国军事安全合作的根基。近年来，日印海军频繁举行各类规模不等的联合演习，已形成稳固的海军联合演习机制。

实际上，早在海军联合演习正式举行之前，两国就已经实现定期的军舰和军方高层领导人互访以及建立海军高层对话机制。一是军舰互访。2004年10月，印度海军3艘军舰访问东京。① 2009年5月，日本海上自卫队的护卫舰队访问印度果阿港。② 二是军方高层领导人互访。2008年8月，印度海军参谋长访日，提出两国要进一步加强在海洋救援和打击海盗等领域的合作。③ 2009年11月，日本防卫大臣与访日的印度国防部部长举行会谈，双方一致认为要加强两国在反海盗、人道主义援助与运输安全等海洋安保方面的合作。④ 三是建立海军高层对话机制。两国已建立海洋领域的海洋安全保障对话、海军层面的年度对话机制以及海上事务对话等相关机制。这一系列的军舰和军方高层领导人互访以及海军高层对话机制的建立为两国举行海军

① 『平成18年版防衛白書』、防衛省ホームページ、2006年、http://www.clearing.mod.go.jp/hakusho_data/2006/2006/pdf/18520000.pdf。

② 张光新、徐万胜：《日本强化与印度军事合作问题探析》，第95页。

③ 『平成21年版防衛白書』、防衛省ホームページ、2009年、http://www.clearing.mod.go.jp/hakusho_data/2009/2009/pdf/21030302.pdf。

④ 『平成23年版防衛白書』、防衛省ホームページ、2011年、http://www.clearing.mod.go.jp/hakusho_data/2011/2011/pdf/23030302.pdf。

联合演习提供了坚实的基础。

然而，两国海上安全合作仅限于海上通道安全、打击海盗和海洋恐怖主义等低敏感度的非传统安全领域。日本海上自卫队在印度洋地区的力量规模、远洋部署以及作战经验等明显处于劣势。日印军事力量的整合、转化以及部署程度，军力的远距离重负荷投送能力，以及联合作战的军事效率没有取得太多的实质性、突破性进展。

2011 年 11 月，印度国防部部长访日，同日本防卫大臣举行会谈。两国防长一致同意日本海上自卫队和印度海军于 2012 年举行首次海上联合演习。[①] 2012 年 6 月，日印在神奈川县相模湾附近举行首次海军联合演习。近年来，尤其是在莫迪政府的积极推动和安倍政府的紧密配合下，两国海上安全合作正在朝着固定化、机制化的方向发展。主要体现在以下三个方面。其一，军演的内容和形式不断拓宽，从以往包括打击海盗和海上恐怖主义等在内的联合军演逐步转为现在包括反潜战、防空战、水面战、海上搜救以及直升机甲板起降训练等内容在内的全方位联合军演。其二，军演朝着常态化和实战化的方向发展。在常态化上，2012 年 6 月，两国在神奈川县相模湾首次举行海上联合军演，至 2019 年，共举行 18 次双边海上联合军演。值得一提的是，2014 ~ 2019 年，美日印连续 6 年举行“马拉巴尔”[②] 海上联合军演。在实战化方面，主要包括联合潜战、防空作战以及水面射击等实战程度较高的演习项目。其三，形成陆海空三军多层次、全覆盖的联合军演机制。两国先后在 2018 年 10 ~ 11 月和 12 月举行“达摩卫士”（Dharma Guardian）陆军联合演习和“新羽迈特里”（Shinyu Maitri）空军联合演习。2019 年 11 月底，日印领导人一致同意两国空军于 2020 年举行首次联合战斗机演习。

① 『平成 24 年版防衛白書』、防衛省ホームページ、2012 年、http：//www. clearing. mod. go. jp/hakusho_ data/2012/2012/pdf/24030302. pdf。

② “马拉巴尔”海上联合军演始于 1992 年，最初是美印双边军演，主要科目为海上搜救、海上射击等低烈度项目。1998 年，印度不顾国际社会的反对强行进行核试验，美国宣布对印度进行经济制裁，受其影响，“马拉巴尔”海上联合军演也宣告暂停。“9 · 11”事件之后，美国逐渐认识到印度在其多边反恐合作中的重要性，遂解除对印经济制裁，“马拉巴尔”海上联合军演迅速恢复。此后美印历年都会举行“马拉巴尔”海上联合军演，日本、澳大利亚和新加坡都曾被邀请参加该演习，该军演的规模、复杂性以及参与国也在不断扩大。2007 年 9 月，印度、美国、日本、澳大利亚和新加坡五国举行“马拉巴尔 - 2007”海上联合军演。此后，美、日、印先后在 2009 年 4 月、2014 年 7 月、2015 年 9 月、2016 年 6 月、2017 年 7 月、2018 年 6 月以及 2019 年 9 月举行过“马拉巴尔”海上联合军演。

这将是日本与美国、英国以及澳大利亚举行战斗机演习之后的第4次类似演习。[①] 至此，两国联合军演已基本实现陆海空全覆盖，其军事交流与战略合作迈上一个前所未有的新台阶。

经过多年的往来博弈和良性互动，两国已形成稳定的海军联合演习机制。日印海军双边联合军演经历从无到有、从有到强的过程，两军的军事交流与战略合作驶入了快车道。

第二，通过举行以陆军联合演习和空军联合演习为次轴心的双边和多边军演，努力实现两国陆军和空军联合演习的常态化和机制化。与两国海军频繁举行联合军演相比，日印陆军与空军的安全合作仍然处于起步阶段。自2012年以来，两国陆军与空军实质性的军事交流与合作陆续开展，两国先后在2018年10~11月和12月举行首次陆军和空军联合演习，两国军事合作与战略交流出现重大突破，进入一个新的发展阶段。当然，两国举行首次陆军与空军联合军演并非“一时兴起”，而是“刻意为之”。主要体现在以下两方面。

其一，两国陆军与空军高层互访和高层防务对话日益频繁，陆军与空军各个层级定期互访开始呈现出机制化和长期化的发展趋势。一是两国陆军与空军的高层互访不断深化。2017年4月，日本陆上自卫队幕僚长访印，与印方就两国陆军在反恐领域举行联合演习达成协议。[②] 2018年12月，印度空军参谋长访日，双方对两国举行首次空军联合演习表示欢迎，并决定今后继续举行空军双边演习。[③] 二是陆军与空军间的对话频繁。2010年9月，日印举行首次陆军高层对话，到2016年已举办4次。[④] 2016年2月，日印首届空军高层对话在日本举行。[⑤] 2018年6月，日印第2届空军高层对话在日本举行。[⑥]

---

① “Japan and India to Conduct Fighter Jet Drill in Bid to Deepen Security Ties”, The Japan Times, November 30, 2019, https://www.japantimes.co.jp/news/2019/12/01/national/japan-india-security-talks-china/.

② 「陸上幕僚長のインド公式訪問について」、防衛省ホームページ、2017年4月28日、https://www.mod.go.jp/gsdf/about/2017/20170428.html。

③ 「インド空軍参謀長の訪日について」、防衛省ホームページ、2018年12月7日、https://www.mod.go.jp/asdf/news/houdou/H30/301207.pdf。

④ Ministry of Defence Government of India, *Annual Report 2010-2011*, p. 168.

⑤ Ministry of Defence Government of India, *Annual Report 2016-2017*, pp. 170-171.

⑥ Ministry of Defence Government of India, *Annual Report 2018-2019*, p. 200.

其二，通过发表声明和签署条约等方式确立两国陆军与空军合作的法律基础，使两国陆军与空军联合演习有法可依。2017 年 9 月安倍访印期间，两国发表联合声明，同意两国陆军在反恐、维和、人道主义援助以及救灾等领域举行陆上联合演习。① 2018 年 8 月，日印防长在新德里会晤，并发表联合声明，双方正式确认在秋季举行两国陆军联合反恐演习，并通过互访空军基地的形式加强两国的空军交流与合作。② 同年 10 月，莫迪访日期间，双方发表《日印愿景声明》，正式确认两国陆海空三军定期举行联合军演。③

与日印海军联合演习相比，两国陆空领域军演还在初创期，很可能存在作战程序不流畅、行动控制不协同、兵力部署不协调以及武器装备不匹配等一系列问题。未来，日印陆空军演还将持续升级，两国很有可能通过加大军演的频率和规模、增强军演的交流深度与广度、提高军演的专业化和复杂化程度来推动两国陆空安全合作再上一个新台阶。因此，两国的陆空军演未来具有较大的发展潜力和合作空间。

表 3　2012 ~ 2019 年日印双边、多边陆海空联合演习情况

演习时间	演习名称	演习海域	演习项目	参加国
2012 年 6 月	海军联合演习(首次)	神奈川县相模湾	通信、战术运动	日本、印度
2013 年 12 月	海军联合演习	印度洋东南部海域	通信、战术运动	日本、印度
2014 年 7 月	“马拉巴尔 - 14”	日本四国南部至冲绳东部海域	战术运动、射击、海上搜救等	日本、美国、印度
2014 年 10 月	海军联合演习	横滨附近海域	通信、战术运动	日本、印度
2015 年 9 ~ 11 月	“马拉巴尔 - 15”	孟加拉湾附近海域	水面、防空、射击、海上搜救等	日本、美国、印度
2016 年 6 月	“马拉巴尔 - 16”	从佐世保基地到冲绳以东海域	反潜、水面、防空、海上搜救等	日本、美国、印度
2016 年 8 月	海军亲善演习	印度洋西部海域	通信、战术运动	日本、印度

① 「日印共同声明　自由で開かれ、繁栄したインド太平洋に向けて」、外務省ホームページ、2017 年 9 月 1 日、https://www.mofa.go.jp/mofaj/files/000290053.pdf。

② 「日印防衛相会談　共同プレスリリース（仮訳）」、防衛省ホームページ、2018 年 8 月 20 日、https://www.mod.go.jp/j/approach/exchange/area/docs/2018/08/20_j-india_jpr_j.pdf。

③ 「日印ビジョンステートメント」、外務省ホームページ、2018 年 10 月 29 日、https://www.mofa.go.jp/mofaj/files/000415828.pdf。

续表

演习时间	演习名称	演习海域	演习项目	参加国
2016 年 12 月	海军亲善演习	印度洋西部海域	反潜、通信、战术运动	日本、美国、印度
2017 年 7 月	“马拉巴尔 - 17”	孟加拉湾附近海域	反潜、防空、水面、海上搜救等	日本、美国、印度
2017 年 7 月	海军联合演习	亚丁湾	起降训练、通信、战术运动	日本、印度
2017 年 9 月	海军亲善演习	印度洋西部海域	通信、战术运动	日本、印度
2017 年 10 月	海军联合演习	九州西部海域	通信、战术运动	日本、印度
2017 年 10 月	海军亲善演习	印度洋西部海域	反潜、通信	日本、印度
2017 年 11 月	美日印联合演习	日本海	反潜、通信、战术运动等	美国、日本、印度
2018 年 1 月	海军亲善演习	孟买港附近海域	反潜、战术运动	日本、印度
2018 年 5 月	海军联合演习	印度洋西部海域	反潜、搜索救援	日本、印度
2018 年 5 月	海军亲善演习	印度维沙卡帕特南港及其附近海域	反潜、防空、战术运动	日本、印度
2018 年 6 月	“马拉巴尔 - 18”	关岛附近海域	反潜、防空、水面、联合机动等	日本、美国、印度
2018 年 6 月	“可汗探索 - 18”联合演习	蒙古国五山训练中心	联合国维和行动训练	日本、美国、印度等 32 国
2018 年 10 月	海军联合演习	印度维沙卡帕特南港	反潜、防空、水面、射击	日本、印度
2018 年 10 ~ 11 月	“达摩卫士”陆军联合演习	印度米佐拉姆邦瓦伊伦格泰反叛乱和丛林战学校	反恐	日本、印度
2018 年 12 月	“新羽迈特里”空军联合演习	印度阿格拉空军基地	编队飞行、起升起降	日本、印度
2019 年 3 月	海军联合演习	安达曼群岛附近	通信、战术运动	日本 印度
2019 年 4 月	海军联合演习	印度果阿附近海域	反潜、通信	日本 印度
2019 年 4 月	海军联合演习	印度维沙卡帕特南港及其附近海域	通信、战术运动	日本 印度
2019 年 4 ~ 5 月	海军亲善演习	印度维沙卡帕特南港及其附近海域	反潜、通信	日本 印度
2019 年 5 月	美日印菲联合巡航演练	从九州西部海域到中国南海附近海域	反潜、编队操练、通信演习等	美国、日本、印度、菲律宾
2019 年 5 月	海军联合演习	安达曼群岛海域附近	反潜、战术运动	日本 印度

续表

演习时间	演习名称	演习海域	演习项目	参加国
2019年7月	美日印联合水雷战演习	日本本州岛北部的陆奥湾	布设水雷、扫雷以及潜水训练	美国、日本、印度、
2019年9月	“马拉巴尔－19”	从九州佐世保到关东南部海域	反潜、防空、射击、海上补给等	美国、日本、印度

资料来源：作者根据日本外务省和印度国防部等公布的相关资料整理。

（三）政策保障机制

在政策方面，构筑以情报合作、后勤保障体系、军品贸易和军事技术合作为传统领域，以太空、网络以及深海安全为新兴领域的政策保障机制。

第一，情报合作。在情报收集和共享上，推动两国情报部门间的紧密合作，就情报交换的相关事项进行密切合作，不断深化和完善两国的海上情报收集和共享体系。1999年10月，一艘价值约13亿日元、载有铝块的日本籍货船在印度洋附近被当地海盗劫持，包括船长在内的17名船员全部被绑架。海盗劫船事件发生后，日印通力配合，其情报机构相互提供关于海盗的信息和相关数据，不断进行情报共享活动，为解救被劫持人员提供了可靠的情报来源。最终，印度海军成功解救被海盗所劫持的日本籍船员。以此为契机，日本以打击海盗、海上武装抢劫以及海上恐怖主义等为抓手，不断加强同印度情报部门的交流与磋商，推进两国情报机构间的密切合作，初步建立两国间的情报共享机制。2004年11月，中国、日本以及印度等亚洲16国签署《亚洲地区反海盗及武装劫船合作协定》（ReCAAP），并设置由理事会和秘书处构成的信息共享中心，[①] 旨在收集和分析包括海盗袭击和武装劫船的相关情报，推动缔约国间实现情报共享，并同各缔约国分享安全威胁信息。该协定虽是一个多国缔结协定，但日印是该协定的主要成员，对推进日印情报收集和共享制度化发挥了重要作用。

① 『アジアにおける海賊行為及び船舶に対する武装強盗との戦いに関する地域協力協定』、外務省ホームページ、2004年11月11日、https：//www. mofa. go. jp/mofaj/gaiko/kaiyo/pdfs/kyotei_ k. pdf。

长期以来，日印情报收集和共享的领域往往限于打击海盗和海上恐怖主义以及保障海上航道安全等方面。以2014年莫迪上台后将“东向政策”升级为“东向行动政策”为标志，印度加大全方位融入亚太的力度，全面提升与亚太重点国家的政治、经济与军事关系。其中，军事安全合作是印度“东向行动政策”的重要支柱之一。印度海军的东方舰队（Eastern Fleet）常年定期部署在南海、日本海以及西太平洋附近。[①] 日本海上自卫队在佐世保、舞鹤、横须贺以及吴港等军事基地部署了“白根”号（JS Shirane）和“鞍马”号（JS Kurama）白根级直升机驱逐舰、“日向”号（JS Hyuga）和“伊势”号（JS Ise）日向级直升机母舰。这些水面舰艇能够与印度的导弹护卫舰（例如“萨特普拉”号）所搭载的多用途武装直升机和气垫登陆艇相配合，加大两国空中侦察的力度。此外，美国在第一岛链和第二岛链各主要军事基地部署反舰巡航导弹、隐形战斗机、水面作战潜艇以及超视距雷达等先进军事装备，三国密切合作可进一步扩大情报收集、监视和侦察范围，构建全天候和全方位的海上情报收集和侦察体系。

为进一步完善情报收集和共享的相关体制与制度，确保两国机密情报的安全性，日印于2015年12月签订《保护机密军事情报安全协定》，该协定涉及情报级别、保护原则以及丢失对策等21项条款，[②] 旨在推动两国军队共享安全领域的机密情报，从制度和法律层面全面保护核心秘密情报，以实现两军的信息同轨，提高两国军队的多兵种快速反应和协同作战能力。可以预见，两国围绕秘密情报收集、共享以及确保机密情报的安全性等方面的合作会更加制度化，两国很有可能通过提高情报装备技术水平和培养高级情报侦察人才等途径来继续打造长效且完备的情报合作机制。

第二，后勤保障体系。2014年7月，安倍领导的执政党联盟以内阁决议的形式正式解禁集体自卫权。[③] 2015年9月，日本国会不顾各在野党和国

---

① 参见印度国防部网站，“Documents”，Ministry of Defence，https：//mod. gov. in/documents/annual - report。

② 『秘密軍事情報の保護のための秘密保持の措置に関する日本国政府とインド共和国政府との間の協定』、外務省ホームページ、2015年12月12日、https：//www. mofa. go. jp/mofaj/files/000117471. pdf。

③ “集体自卫权”是指与本国关系密切的国家遭受其他国家武力攻击时，无论自身是否受到攻击，都有使用武力进行干预和阻止的权利。

内民众的激烈反对强行通过以解禁集体自卫权为核心内容的新安保法案[1]，并于2016年3月正式生效。新安保法的通过大幅度扩大了日本自卫队的军事行动范围和武器使用权限，日本自卫队可以向世界各地投放兵力，参加除日本本土及周边地区以外的全球各地的军事行动。新安保法案也彻底打破了现行《周边事态法》中日本自卫队对美军等外国军队提供作战支援和后勤补给的地理限制，使日本自卫队向美军与其他军事伙伴国提供作战支援和后勤补给的地域范围从日本本土及周边地区扩大至世界各地。自莫迪上台以来，印度不断加强同美国、日本、越南以及新加坡等亚太地区国家的军事安全合作关系，包括举行联合军演、进口武器装备以及获取军事技术等。当印度与其他国家开展舰机互访、联合军演等军事活动时，亟须保证可以使用对方的军事基地进行军事补给和维修保养等后勤支援。因此，如何保障日印两军的物资和劳务以及后方支援成为重中之重。

早在2005年底，日本建议印度加强对双方基地的共同使用。日本允许印度使用日本海上自卫队的基地，作为回报，日本希望印度能够提供类似的基地。[2] 对此，印度持积极态度。自从安倍政府解禁集体自卫权和通过新安保法后，日印开始加速谈判关于后勤支援的军事协议。2018年10月，两国就《物品劳务相互提供协定》（ACSA）的基地共享协议展开谈判。基于对双方利益需求和战略方针的考量，该协议谈判取得成功的可能性较大。美国学者指出，双方都希望迅速结束谈判，签署此项协定，以便为2020年或以后举行的一系列联合军演提供后勤保障。[3]

第三，军品贸易和军事技术合作。近年来，印度积极建设海军力量，发展航母战斗群、导弹驱逐舰、核潜艇以及潜射导弹等军事装备，组建一支能

---

① 新安保法案指一系列与日本外交和安保问题相关的法律法规，包括1部新法案和10部修正法，新法案是《国际和平支援法案》，修正法包括《自卫队法》《武力攻击事态法》《周边事态法》等。

② 高新涛：《日印近期强化战略合作的深层背景与影响》，《东北亚论坛》2011年第2期，第83～84页。

③ Franz-Stefan Gady, "India, Japan Begin Negotiations over Military Base Sharing Agreement", The Diplomat, October 30, 2018, https://thediplomat.com/2018/10/india-japan-begin-negotiations-over-military-base-sharing-agreement/.

够实施远洋作战的蓝水海军。[①] 为进一步增强军事力量，印度希望采购日本关键的装备平台、学习日本先进的海上巡逻技术，将其转变为强大的反潜作战能力，最终建立一个由水面舰艇、反潜潜艇以及反潜飞机组成的综合性反潜作战体系。日本则希望看到印度拥有先进的作战装备，以提高安全威慑力、增强对中国的遏制力，继续保持和塑造对其有利的地区安全秩序。鉴于双方存在利益共同点，印度希望日本加大对印度的投资和援助，以助印度形成强大的国防工业，提高对尖端军备的研发能力。

早在2011年，日印就围绕日本出售US－2水陆两栖飞机（以下简称"US－2"）给印度展开磋商，[②] 但是受到日本"武器出口三原则"的限制，谈判一直没有太大的进展。2012年安倍再次上台后，双方开始加速谈判向印度出口US－2事宜。2013年5月，双方设立US－2联合工作组，两国就US－2的性能和组装等情况、技术转让、在印度制造该飞机等展开磋商。[③] 2014年4月，安倍政府通过"防卫装备转移三原则"，在向海外出口防务装备和军事技术的道路上迈出实质性一步。[④] 2015年2月，日印防卫装备和技术合作联合工作组成立。同年12月，日印签订《防卫装备和技术转让协定》，确定联合研制国防装备，推动双方国防工业建立紧密合作关系。[⑤] 此举以国内立法的形式确立了两国装备合作的法律基础。2018年4月，日本新明和工业株式会社和印度马辛德拉集团签署协议，为US－2提供维护、维修和大修（MRO）服务。印方表示，最多购买12架US－2，其中10架会在印度制造。据报道，2016年，日方同意提供10%的优惠，单价降至约

① 武琼：《莫迪政府对以色列防务安全合作：路径、动因及影响》，《江南社会学院学报》2019年第1期，第52页。

② Thomas F. Lynch III and James J. Przystup, "India-Japan Strategic Cooperation and Implications for U. S. Strategy in the Indo-Asia-Pacific Region", Center for Strategic Research Institute for National Strategic Studies, Strategic Perspectives, No. 24, March 2017, pp. 22－23.

③ 参见『共同声明　国交樹立60周年を超えた日インド戦略的グローバル・パートナーシップの強化（仮訳）』、外務省ホームページ、2013年5月29日、https://www.mofa.go.jp/mofaj/files/000005382.pdf;「防衛装備・技術協力について」、防衛省ホームページ、https://www.mod.go.jp/atla/soubiseisakugijutu.html。

④ 武琼：《析日本安倍政府对朝鲜半岛核问题的政策》，《亚太安全与海洋研究》2018年第3期，第111页。

⑤『防衛装備品及び技術の移転に関する日本国政府とインド共和国政府との間の協定』、外務省ホームページ、2015年12月12日、https://www.mofa.go.jp/mofaj/files/000117469.pdf。

1.13亿美元，总金额约13.5亿美元。①

除US－2外，潜艇、无人机（UAV）、军用机器人、陆上无人地面车辆（UGV）以及人工智能等，也是日印防卫装备和技术研发的重点领域。2015年1月，印度邀请日本三菱重工及川崎重工公司在“75－I项目”下联合研制6艘“苍龙”级（Soryu）潜艇。② 2017年7月，外交学者撰文称，印度已向日本三菱重工和川崎重工等多家军火公司发出邀请函，在“75－I项目”下建造6艘潜艇，总价值约80亿美元。在US－2谈判陷入僵局的情况下，一旦这笔军火贸易合同能够顺利完成，那将是自2014年日本解除武器出口禁令以来金额最大的海外军售。③ 2017年9月，日印防卫装备和技术合作联合工作组举行部长级对话，确定了未来两国防卫装备与技术合作的重点是陆上无人地面车辆、军用机器人、无人机以及人工智能等。④ 2018年7月，日印签署一项基于视觉同步定位和地图（SLAM）构建全球卫星导航系统（GNSS）的无人地面车辆/机器人传感和控制技术的合作协议。这是继2015年《防卫装备和技术转让协定》签署后，两国首次达成的联合研究军事技术的合作协议。⑤ 在无人机领域，2019年4月，日本Terra Drone公司和印度理工学院签署关于联合研发无人机的协议，决定建立首个无人机卓越中心。⑥ 日本负责向印度转让尖端无人驾驶和无人机激光雷达系统的相关技

① Franz-Stefan Gady, “Are India and Japan About to Conclude a ＄1.3 Billion Military Aircraft Deal?”, The Diplomat, April 17, 2018, https://thediplomat.com/2018/04/are－india－and－japan－about－to－conclude－a－1－3－billion－military－aircraft－deal/.

② 《印度总理欲重启81亿美元潜艇项目　邀日本参与制造》，人民网，2015年1月30日，http://japan.people.com.cn/n/2015/0130/c35469－26480672.html。

③ 这几家军火公司分别是德国的蒂森－克虏伯海洋系统公司、法国的海军集团、西班牙的纳万蒂亚造船厂、瑞典的萨博集团、俄罗斯和意大利的红宝石设计局－阿穆尔造船厂，以及日本的三菱重工和川崎重工。参见Ankit Panda, “Will Japan's Mitsubishi and Kawasaki Build India's Next Project 75（I）AIP Submarine?”, The Diplomat, July 24, 2017, https://thediplomat.com/2017/07/will－japans－mitsubishi－and－kawasaki－build－indias－next－project－75i－aip－submarine/。

④ Ministry of Defence Government of India, *Annual Report 2017－2018*, p. 167.

⑤ Huma Siddiqui, “India and Japan to Co-develop Unmanned Ground Vehicles, Robotics and Artificial Intelligence”, The Financial Express, October 26, 2018, https://www.financialexpress.com/defence/india－and－japan－to－co－develop－unmanned－ground－vehicles－robotics－and－artificial－intelligence/1362502/.

⑥ Vardaan, “Japan-based Terra Drone to Setup CoE in India for UAVs/Drone Development”, Technology, Startups and Entrepreneurship News India, April 18, 2019, https://www.indianweb2.com/2019/04/18/japan－based－terra－drone－to－setup－coe－in－india－for－uavs－drone－development/.

术，以培育在印度国内生产尖端无人机技术的能力。[①] 2019 年 11 月，在日印举行的首次"2 +2"部长级战略对话上，双方一致同意加强两国在陆上无人地面车辆、军用机器人以及人工智能等领域的合作。[②] 在日印领导人积极推动和双方主要政府部门的密切配合下，两国将继续加大在无人机、军用机器人、陆上无人地面车辆以及人工智能等新兴领域的技术研发力度，合作潜力和发展空间将不断得到释放。

第四，太空、网络以及深海安全。冷战结束后，随着全球化的深入发展、新科技革命和产业变革的不断兴起以及国家间相互依赖的日益加深，国家利益已逐步超出经贸、政治、外交以及战争等传统领域，不断向太空、网络以及深海等新兴领域拓展。这些新兴领域的安全与国家安全息息相关，其利益构成也是国家利益的重要组成部分。在太空领域，早在 2006 年底，日印领导人在东京举行会谈，一致同意推动日本宇宙航空研究开发机构（JAXA）和印度太空研究组织（ISRO）在空间科学领域的合作，包括月球探测、X 射线天文学、卫星遥感以及灾害管理等。[③] 2007 年 11 月，日本文部科学省、日本宇宙航空研究开发机构和印度空间研究组织在班加罗尔共同主办第 14 届亚太地区空间机构论坛（APRSAF），并签署《空间 X 射线观测合作协议》,[④] 两国在空间科学领域的合作由此走向深入。

2012 年安倍上台以后，日本宇宙航空研究开发机构和印度太空研究组织不断深化在地球观测、卫星导航以及月球探测等领域的合作。2017 年 12 月，日本宇宙航空研究开发机构和印度太空研究组织签署关于"月球极地区域实施联合探测任务前期研究和 A 阶段研究"的实施协议，并于 2018 年

① Vardaan, "Japan-based Terra Drone to Setup CoE in India for UAVs/Drone Development", Technology, Startups and Entrepreneurship News India, April 18, 2019, https://www.indianweb2.com/2019/04/18/japan-based-terra-drone-to-setup-coe-in-india-for-uavs-drone-development/.

② 「第 1 回日印外務・防衛閣僚会合（『2 +2』)」、外務省ホームページ、2019 年 11 月 30 日、https://www.mofa.go.jp/mofaj/s_sa/sw/in/page4_005503.html。

③ 『「日印戦略的グローバル・パートナーシップ」に向けた共同声明（仮訳）』、外務省ホームページ、2006 年 12 月 15 日、https://www.mofa.go.jp/mofaj/area/india/visit/0612_gps_k.html。

④ 『新次元における日印戦略的グローバル・パートナーシップのロードマップに関する共同声明（仮訳）』、外務省ホームページ、2007 年 8 月 22 日、https://www.mofa.go.jp/mofaj/kaidan/s_abe/iim_07/india_rm.html。

3 月完成可行性研究报告。[①] 2018 年 10 月莫迪访日期间，两国领导人一致同意建立太空对话机制。2019 年 3 月，日印举行首次太空空间对话，双方就两国的太空产业、全球卫星导航系统、太空态势监视（SSA）、卫星定位以及太空规范等议题展开讨论。[②] 2019 年 7 月，据日媒报道，日印计划于 2023 年联合发射探月设备，以研究月球南极表面。[③]

在网络安全领域，2008 年 10 月，日印领导人在会谈中一致表示将加强在信息通信技术领域的合作，包括研究和引进宽带无线技术。[④] 2012 年11 月，日印首次网络安全对话在东京举行。两国已举行 3 次网络安全对话。以第 3 次网络安全对话为例，两国就网络信息共享、保护关键信息基础设施、国家网络政策与供应链风险及其预防措施等展开讨论。[⑤] 此外，2013 年 10 月，两国成立信息与通信技术全面合作框架联合工作组，已举行 4 次会议。以第 4 次联合工作组会议为例，日印一致同意在以下几个领域展开合作：制定网络防御演习方案、共建电信网络安全检测实验室和网络应急通信保障中心、研发移动物体追踪系统和第 5 代移动通信系统（5G）技术、在联合工作组框架下共同推进第三方网络军事化协作。[⑥] 太空和网络安全合作得到两国政府及相关机构的积极响应，呈现出合作力度大、涉及范围广、组织效率高、建设层次深等诸多特点。由此可见，日印两国正在不断加深和拓展在太空和网络安全领域的合作深度以及广度。

在深海安全领域，印度洋海域蕴藏着丰富的深海矿产资源、深海油气资

---

① “India-Japan Fact Sheets”, Ministry of External Affairs, Government of India, October 29, 2018, https://www.mea.gov.in/bilateral-documents.htm?dtl/30544/IndiaJapan_Fact_Sheets.

② 「第 1 回日印宇宙対話の開催（結果）」、外務省ホームページ、2019 年 3 月 8 日、https://www.mofa.go.jp/mofaj/press/release/press4_007171.html。

③ 《外媒：日本和印度将于 2023 年联合执行探月任务》，大公网，2019 年 7 月 30 日，http://www.takungpao.com/news/232111/2019/0730/328183.html。

④ 『日印戦略的グローバル・パートナーシップの前進に関する共同声明（仮訳）』、外務省ホームページ、2008 年 10 月 22 日、https://www.mofa.go.jp/mofaj/area/india/visit/0810_gpks.html。

⑤ 「第 3 回日インド・サイバー協議の開催」、外務省ホームページ、2019 年 2 月 27 日、https://www.mofa.go.jp/mofaj/press/release/press1_000330.html。

⑥ “Minutes for the Fourth Japan-India Joint Working Group under Japan-India ICT Comprehensive Cooperation Framework”, Ministry of Internal Affairs and Communications, July 13, 2017, http://www.soumu.go.jp/main_content/000497227.pdf.

源以及深海生物资源等深海战略性资源。[①] 其中，以富钴结壳、多金属结核以及稀土资源为代表的深海战略性矿产资源不仅经济价值明显，还广泛应用于工业、国防和高科技等诸多领域。日印加快推动在印度洋海域进行深海战略性资源开发的步伐，意图早日挖掘出这些埋藏于深海大洋的资源。2006年12月印度总理访日期间，两国一致同意加强在深海科学钻探领域的合作。2011年12月，两国领导人决定尽早联合开展探测深海稀土资源的工业活动。[②] 在2012年安倍上台前，日印对深海战略性资源的重要性基本处于形成共识阶段，尚未迈出开采探测的实质性步伐。2012年安倍上台以后，两国对于深海战略性资源的开发开始走向实践。日印签订《关于在印度开展稀土工业的合作备忘录》之后，2014年9月日本丰田通商公司和印度稀土公司达成深海探测以及共同生产稀土的战略合作协议。[③] 2016年11月，日本海洋－地球科技研究所（JAMSTEC）和印度地球科学部（MOES）签订《海洋和地球科学和技术相互合作备忘录》，规定两国合作的主要内容包括海洋气候波动与变化、印度洋深海矿产与生物资源的基线数据采集等。[④] 该备忘录的签订从法律和制度层面为两国在深海战略性资源开发领域合作的持续深化提供了坚实基础。

对日印而言，太空、网络以及深海安全等新兴领域的重要性日益增强，已成为两国加强安全力量和军事存在感的战略制高点。日印把太空、网络以及深海视为国家安全的重要领域，双方均将其纳入国家的战略顶层设计，将

① 深海战略性资源是指蕴藏在广阔的深海海水、海床以及底土区域，在当前和可以预见的未来能被人类所开发利用的、提高整个人类社会的福利并解决人类社会资源危机或具有重要科学研究价值的海洋资源种类。参见姜秉国《中国深海战略性资源开发产业化发展研究——以深海矿产和生物资源开发为例》，博士学位论文，中国海洋大学，2011年，第41～60页。

② 『共同声明—国交樹立60周年を迎える日インド戦略的グローバル・パートナーシップの強化に向けたビジョン（仮訳）—』、外務省ホームページ、2010年10月25日、https://www.mofa.go.jp/mofaj/area/india/visit/1010_sk_gpb.html。

③ Monika Chansoria, "Rare Earth Diplomacy: India and Japan Makes Strategic Partnership to Explore Stakes in Deep-sea Mining", The Daily Mail, November 12, 2015, https://www.dailymail.co.uk/indiahome/indianews/article-3316143/Rare-earth-diplomacy-India-Japan-makes-strategic-partnership-explore-stakes-deep-sea-mining.html.

④ "Memorandum of Cooperation Between the Ministry of Earth Sciences (MOES) of the Republic of India and the Japan Agency for Marine-Earth Science and Technology (JAMSTEC) on Mutual Collaboration in Marine and Earth Science and Technology", Ministry of External Affairs, Government of India, November 11, 2016, https://mea.gov.in/images/attach/MoC_MoES_JAMSTEC_japan.pdf.

继续通过跨部门机构协作来加快两国在太空、网络以及深海安全领域合作的制度化建设步伐。

三　日印军事安全合作的网络拓展

近年来，在战略安全关系、大国战略博弈以及地区力量格局等因素的影响下，美、日、澳、印的内部联系逐渐加强。受此影响，日印积极构筑日美印、日澳印三边框架机制以及日美澳印四边协调机制。

（一）四国间联系逐渐加强

多年来，日本和澳大利亚一直是美国亚太联盟体系中的核心成员，奥巴马政府上台后提出“亚太再平衡”战略，亚太地区成为美国外交政策的优先地域。特朗普政府上台后提出“印太战略”，将日本、印度以及澳大利亚等国作为美国“印太战略”中的关键节点国。虽然名称略有不同，但共同点都是不断强化同印太盟友间的安全伙伴关系。其重要特点就是发挥幕后推手的作用，通过构建“多节点”的军事合作网络，积极发展双边联盟多边化和安全合作多边化，提高与印太地区军事伙伴的战略合作水平。[①] 与日美和日澳相比，更重要的是日印、美澳、美印以及澳印这四组关系的发展。日印关系前文已有详述，本处重点论述美印、日澳以及澳印关系。

首先是美印关系。印度独立之初，美国一度想将印度拉入“反共”阵营，但印度的不结盟政策和美巴联盟的建立令美印两国渐行渐远。自1959年起，中印围绕边界问题的矛盾和争端日益表面化。[②] 基于自身安全利益和战略利益的考虑，印度逐渐向美国靠拢，而美国也一度将印度视为南亚地区的“关键国家”，不断加强同印度的战略合作关系，两国关系一度达到新的高潮。然而，在20世纪70年代初的第三次印巴战争中，美国派遣“企业”号核动力航母和驱逐舰进入孟加拉湾，支援巴基斯坦，阻挠印度实现其军事目标。该事件成为美印关系走向低潮的标志性事件。进入20世纪80年代，

① 信强：《“次轴心”：日本在美国亚太安全布局中的角色转换》，《世界经济与政治》2014年第4期，第46～52页。

② 李莉：《印度偏离不结盟及其动因分析》，《国际政治科学》2017年第1期，第10页。

随着里根的上台，美印关系逐渐改善。最具代表性的是1982年两国签署的《技术转让谅解备忘录》。[①] 这为两国在冷战后加强与深化战略合作提供了坚实的基础。

冷战结束后，尤其是进入21世纪以来，美印安全关系不断深化。一是政治信任逐渐升级。美印先后经历了2000年的新型伙伴关系、2005年的战略伙伴关系、2009年的全球战略伙伴关系以及2010年的21世纪决定性的伙伴关系。二是安全合作日益深化。早在1995年，美印就签订《美印防务关系备忘录》，旨在加强非传统安全领域的合作和军方的定期交流，初步勾勒出两国安全合作的战略框架。2012年，美印签署《防务技术和贸易倡议》。根据该倡议，美印建立包括下一代个人防护系统和可移动混合电源装置在内的7个联合工作组，就联合研发军事技术和作战平台进行探讨。[②]

自莫迪上台以后，美印关系进入“提质增速”[③] 的新阶段。2016年6月，美国正式授予印度“非北约盟友主要防务合作伙伴”的地位。同年8月，美印正式签署《后勤交流协议备忘录》，该备忘录规定美印军队在举行联合军演和实施人道主义援助期间可使用对方的军事基地进行物资补给与维修保养等事宜。2018年9月，美印签署《通信兼容性与安全协议》，该协议因涉及加密安全通信和两军使用通信系统等而高度敏感。该协议允许印军使用美军装备上的高端加密通信设施，实现C4ISR系统的数据共享，其签署标志着美印安全合作提升到前所未有的新高度。[④] 此外，《地理空间基本交流与合作协定》（BECA）这项军事协定预计也很快会得到批准。一旦这项协定得到批准，将有助于美印两军共享导航和目标定位等时敏性地理信息。[⑤]

其次是日澳关系。冷战初期，在美国的大力支持下，再加上共同遏制苏

① 马嫚：《当代印度外交》，上海：上海人民出版社，2007年，第53~56页。

② “U. S. Embassy and Consulates in India”, U. S. -India Defense Relations Fact Sheet, December 8, 2016, https://in. usembassy. gov/u-s-india-defense-relations-fact-sheet-december-8-2016/.

③ 楼春豪：《美印防务合作新态势评估》，《国际问题研究》2017年第1期，第106页。

④ 《美印“2+2”会谈签里程碑协议，意味着双方可共享敏感技术》，环球网，2018年9月8日，https://world. huanqiu. com/article/9CaKrnKcmYL。

⑤ Vivek Mishra, “Indo-US Security Cooperation: Implications for the Indian Ocean”, *Maritime Affairs*, Vol. 13, No. 1, 2017. pp. 74-79.

联的考虑，日澳由战时宿敌转变为美国主导下的间接盟友。但是澳大利亚对日本在二战期间的侵略行为历历在目，不愿将两国关系由间接盟友提升为正式盟友。1976 年，日澳签订《友好合作基本条约》，该文件在两国发展史上具有里程碑式意义，成为双方关系的一个重要转折点。在这一条约的指导下，日澳安全合作也逐步提上日程。但是，两国的安全合作范围有限，仅仅限于情报交流。[①]

冷战结束后，尤其是 2007 年以来，日澳安全合作发展迅速。一是日澳的政治互信加深，伙伴关系不断升级，从 2007 年的“不可或缺的伙伴关系”到 2008 年的“全方位的战略、安全、经济伙伴关系”再到 2014 年的“特殊的战略伙伴关系”。二是日澳安全合作持续升级，“准联盟化”[②] 程度不断加深。2007 年 3 月，日澳签署《安全合作共同宣言》，两国决定加强在反恐、边境以及维和等方面的合作，初步确立日澳安全合作的指导原则和基本框架。2010 年 5 月，日澳签署《物品劳务相互提供协定》，增强了两国军队的政策配合和军事协调能力，大幅度提高两国军队在粮食、饮用水、燃料、通信、弹药运输以及医疗服务等方面的后勤保障能力。日本成为继美国之后第二个与澳大利亚签署类似安全合作协定的国家。2012 年 5 月，日澳签署《军事情报保护协定》，旨在建立军事情报共享机制，保证军事机密情报的安全性。2014 年 7 月，日澳签订《防卫装备和技术转让协定》，协议规定，双方成立防卫装备和技术转让联合委员会，以商讨防卫装备和技术转让的相关项目。[③] 日澳安全合作更加机制化和法律化。2017 年 1 月，日澳决定升级《物品劳务相互提供协定》，并于当年 9 月正式生效。在这一系列的安全合作协议下，日澳基本构筑了制度化的安全合作体系。

最后是澳印关系。在冷战的大环境下，受到澳大利亚白人政策、苏伊士运河危机、南非种族隔离制度、朝鲜战争爆发以及东南亚条约组织成立等一

---

① 屈彩云：《日澳安全关系探析》，《太平洋学报》2011 年第 2 期，第 51 页。

② 尽管日澳没有缔结联盟条约，但两国已处于一种“准联盟”关系。相关研究参见王海滨《从日澳“安保关系”透析日本安全战略新动向》，《日本学刊》2008 年第 2 期，第 39～42 页；朱海燕《日澳关系“同盟化”的新发展及其前景》，《现代国际关系》2014 年第 8 期，第 44～51 页；防衛省防衛研究所編集『東アジア戦略概観 2016』、「第 6 章　オーストラリア—日豪『準同盟』論の課題—」、防衛省防衛研究所発行、2016 年、183－193 頁。

③ 『防衛装備品及び技術の移転に関する日本国政府とオーストラリア政府との間の協定』、外務省ホームページ、2014 年 8 月 8 日、https://www.mofa.go.jp/mofaj/files/000044421.pdf。

系列因素的影响，澳大利亚逐渐疏远印度，选择把自己与美国捆绑在一起。冷战结束初期，澳印关系逐渐升温。而1998年印度核试验事件使刚刚升温的澳印关系受到重创，成为双边关系的历史最低点。[①]

进入21世纪，澳印安全合作发展迅速。2006年3月，澳印签订《防务合作备忘录》，两国安全合作正式启动。2009年11月，澳印签署《安全合作联合声明》，将双边关系提升为“战略合作伙伴关系”，并为两国安全合作建立全面的框架，加强在反恐、核不扩散以及海洋安全等领域的合作。2012年10月，澳大利亚总理访印期间，两国首次商谈民用核能合作的相关事项。2014年9月，澳印签署《民用核能合作协议》，推动两国在核安全、放射性同位素的生产以及核燃料循环方面的合作。这一协议的签订标志着两国关系的成熟，是两国关系发展史的一个重要里程碑。同年11月，澳印签订《防务安全合作框架》，建立外交和国防定期会晤机制，定期举行双边海上演习，创立反恐和跨国犯罪联合工作组。[②] 2017年4月，澳大利亚总理访印，两国领导人一致同意以“2+2”模式举行两国防长和外长的首次对话。[③]

在联合军演方面，两国的联合演习始于2015年。2015年9月，澳大利亚皇家海军和印度海军在维沙卡帕特南海域举行了首次双边海上演习。2016年10月，印度陆军和澳大利亚陆军举行首次陆军特种部队演习。2018年8月，印度空军首次派遣战斗机参与澳大利亚空军举办的“一片漆黑”（Pitch Black）多国空军联合演习。

（二）日美印、日澳印以及日美澳印战略合作

与之前的历届政府相比，安倍政府和莫迪政府尤为注重推动日美印、日

① Peter Mayer and Purnendra Jain, “Beyond Cricket: Australia-India Evolving Relations”, *Australian Journal of Political Science*, Vol. 45, No. 1, March 2010, pp. 133 - 139.

② Department of Foreign Affairs and Trade, “Framework for Security Cooperation between Australia and India 2014”, Australian Government, November 18, 2014, https://dfat.gov.au/geo/india/Pages/framework-for-security-cooperation-between-australia-and-india-2014.aspx.

③ “India-Australia Joint Statement during the State Visit of Prime Minister of Australia to India”, Ministry of External Affairs, Government of India, April 10, 2017, https://www.mea.gov.in/bilateral-documents.htm?dtl/28367/IndiaAustralia+Joint+Statement+during+the+State+visit+of+Prime+Minister+of+Australia+to+India.

澳印三边战略合作以及美日澳印四边战略合作，并且不断提升这些战略合作的机制化和组织化程度。

1. 日美印三边战略合作

日美印三边战略合作虽然启动时间稍晚，但是发展势头迅猛，并且对话级别不断提高、合作内容不断拓宽。2011年12月，日美印在华盛顿举行首次局长级会晤。鉴于日美印关系日益密切、战略互动日趋频繁，三国决定提升该对话级别，并且增加新的实质性内容，提高该对话的制度化和组织化程度。2015年9月，日美印三国外长在纽约举行首次会谈。此次会谈是2011年以来日美印举行的首次外长会谈，标志着日美印三边对话由局长级正式提升为外长级对话，[①] 同时也保留日美印三边局长级对话。回顾日美印三边的9次局长级对话和2次外长级对话，三国致力于在以下六方面展开合作：一是加强在海上安全、救灾、反恐以及防止核扩散等非传统安全领域的合作；二是加强三国舰艇、飞机和人员的双边以及多边军事交流；三是与盟友或军事伙伴国密切合作，加强三国在情报收集和共享领域的合作，确定与建立相互支持和相互补充的合作伙伴关系；四是扩大三国军事演习的范围、增强演习的复杂性和提高演习的频率，增强三国战斗平台间的协同作战能力；五是通过构建信息共享网络和建立通用作战态势图，增强三国海洋领域的态势感知能力；六是大力推进区域内基础设施建设，促进互联互通。[②]

在联合军演方面，“马拉巴尔”已成为日美印加强军事安全合作的重要活动之一。“马拉巴尔”的演习科目包括航母战斗群行动、海上巡逻和侦察行动、反潜战、水面演习、防空演习、射击演习以及海上搜索与救援等。在日美印的努力下，“马拉巴尔”的机制化程度逐渐提高、演习科目持续增加、演练规模日趋扩大、地缘战略影响不断上升，已成为印太地区最重要的

① 「日米印外相会合」、外務省ホームページ、2015年9月30日、https://www.mofa.go.jp/mofaj/s_sa/sw/page3_001394.html。

② 日美印在不同场合都曾提过这六方面的合作，相关研究参见『日印間の「安全保障協力に関する共同宣言」に基づく安全保障協力を促進するための「行動計画」（骨子）』、外務省ホームページ、2009年12月29日、https://www.mofa.go.jp/mofaj/area/india/visit/actionplan_09.html；『新次元における日印戦略的グローバル・パートナーシップのロードマップに関する共同声明（仮訳）』、外務省ホームページ、2007年8月22日、https://www.mofa.go.jp/mofaj/kaidan/s_abe/iim_07/india_rm.html；『日印共同声明　自由で開かれ、繁栄したインド太平洋に向けて』、外務省ホームページ、2017年9月14日、https://www.mofa.go.jp/mofaj/files/000290053.pdf。

联合军演之一。

第一，从演习阵容来看，演习伙伴国和舰机数量不断增加。在2011年的军演中，参加演习的国家仅有美印，参加演习的战舰包括驱逐舰、护卫舰以及补给舰等常规水面舰艇。近年来，尤其是2015年10月日本成为“马拉巴尔”永久成员国之后，“马拉巴尔”的参与国以及舰机数量急剧增加，核动力航母、驱逐舰、巡洋舰、护卫舰以及巡逻机一应俱全。特别是在2017年7月军演中，日美印共部署16艘军舰、2艘潜艇和约95架飞机，是历次“马拉巴尔”军演中规模最大的一次，堪称划时代的突破。

第二，从演习性质来看，“马拉巴尔”旨在构建一种小多边军事合作体制。这一军事合作以美国为核心国，但并非传统的双边和多边联盟，而是三五个成员国间的非正式军事合作。“马拉巴尔”的成员国主要包括美国的传统盟国和新近的战略伙伴。这种小多边军事合作采取的手段主要包括收集情报、举行军演、放宽技术限制以及生产尖端装备等。“马拉巴尔”的目的是应对印太地区的安全威胁与潜在挑战，提升三国的协同作战能力和集体行动能力，并加强高层间的交流和军事情报信息的战略合作。①

第三，从演习目标来看，武力威慑和战略围堵中国海洋军事行动的意图明显。“马拉巴尔”演习选址地点集中在冲绳、关岛以及孟加拉湾等西太平洋和印度洋地区附近，也是第一和第二岛链的核心区域，表现出明显的军事针对性和政治施压色彩。连续在西太平洋以及印度洋地区举行“马拉巴尔”演习，表明日印将美国作为主要战略依托，构筑以日美印三边合作为代表的扩张性军事布局，建造一个压制陆海复合型国家的海权军事联盟体系，以实现在第一岛链内防范和遏制中国军事投射力的扩展，将中国的地缘影响力最大限度地挤压在大陆和沿海岛屿以内的战略企图。

第四，从演习重点来看，反潜战是演习的核心内容。演习内容包括反潜战、防空战以及水面战等，但联合反潜才是演习的重中之重。2016年6月，日美印在冲绳以东举行首次联合反潜演习。此后，日美印派出的核潜艇、驱逐舰、巡洋舰以及反潜巡逻机皆为三国海军反潜作战的主力，舰艇上全部配备完善且先进的探测设备和攻潜武器。通过实施核舰艇、水面战舰、反潜直

① 韦宗友：《美国在印太地区的战略调整及其地缘战略影响》，《世界经济与政治》2013年第10期，第152～153页。

升机以及反潜巡逻机区域协同作战，形成水下、水面、空中三位一体的反潜战术体系，从而构建由美国海军、日本海上自卫队以及印度海军组成的“反潜联盟”。对各国海军而言，反潜科目不仅需要各参加国提供高端的反潜武器装备，而且还要参加国具备先进的反潜探测技术，向来是各国演习中保密性最强的领域。联合反潜演习的举行体现出日美印三国军事合作和战略信任不断加深。

表 4　日美印历次三边对话

	对话次数	对话时间	对话地点	对话内容
局长对话	第一次	2011 年 12 月	华盛顿	海上安全合作、防止核扩散、反恐等
	第二次	2012 年 4 月	东京	海上安全合作、亚太地区安全形势、人道主义援助和救灾等
	第三次	2012 年 10 月	新德里	海上安全合作、亚太地区安全形势、全球治理等
	第四次	2013 年 5 月	华盛顿	海上安全合作、地区互联互通、地区安全秩序等
	第五次	2013 年 11 月	东京	海上安全合作、地区互联互通、防止核扩散等
	第六次	2014 年 12 月	新德里	海上安全合作、地区互联互通、亚太安全形势等
	第七次	2015 年 6 月	火奴鲁鲁	海上安全合作、亚太地区安全架构、人道主义援助和救灾等
	第八次	2016 年 6 月	东京	海上安全合作、亚太地区安全架构、地区互联互通、人道主义援助和救灾等
	第九次	2018 年 4 月	新德里	海上安全合作、基础设施建设、反恐、人道主义援助和救灾等
外长对话	第一次	2015 年 9 月	纽约	海上安全合作、地区互联互通、人道主义援助和救灾等
	第二次	2017 年 9 月	纽约	海上安全合作、地区互联互通、防止核扩散等

资料来源：笔者根据美国国务院和日本外务省等公布的相关资料整理。

2. 日澳印三边战略合作

虽然日澳印三边战略对话启动时间较晚，但是近年来保持积极发展势头，专业领域交流更趋务实。2015 年 6 月，日本、澳大利亚以及印度在新德里首次举行副部长级高层对话。至 2017 年，3 国已举行过 4 次三边对话。综观这 4 次对话，3 国决定在信息共享、能力提高以及展示存在感等方面加强合作。信息共享是指 3 国海军军舰交替部署在东海、南海以及印度洋附近，收集军事情报，分享军事信息；能力提高是指 3 国要积极支持东南亚地区“关键国家”（例如越南、菲律宾等）的海上能力建设，包括举行联合军演和提供海上装备等；展示存在感是指 3 国舰艇、飞机和人员定期同东南亚地区“重要伙伴”开展军事交流，以显示其深厚的战略伙伴关系。日本战略研究论坛研究员长尾悟指出，在中国快速发展、美国实力相对下降的背景下，日澳印在海洋领域具有相当大的合作潜力，加强军事合作符合3国的战略利益。[①]

此外，日澳印作为海洋大国，历来重视海洋事务和海洋权益。日澳印在其举行的副外长级磋商中多次提到要提高在东海、南海以及印度洋海域的安全影响力。[②] 这一目标的实现与海域态势感知能力的建设息息相关。良好的海域态势感知能力不仅能够加强对全球海域中3国关注的“利益关切海域”的监视侦察和提高信息收集能力，而且可以向盟友及海上伙伴国发出安全威胁警告，还能收集与分析舰艇、设备和基础设施的相关资料及数据，是大国提高蓝水海军投送和深海远征作战能力的关键一环。美国传统基金会亚洲研究中心高级研究员成斌（Dean Chang）认为，海洋领域意识能够保持对世界海洋和水道的监视，具有重大的经济和军事意义，对于澳大利亚、印度、日本和美国尤其如此。作为海洋大国，它们的生存依赖海洋。因此，对世界海上通道安全构成的任何威胁都是对其国家安全的直接威胁。[③]

3. 日美澳印四边战略合作

日美澳印四边战略合作最早始于2004年12月由印尼地震引发的印度洋海啸事件。印度洋海啸灾情发生后，出于紧急救灾的需要，4国组成“核心小组”在各地灾区快速实施救援措施，这被视为拉开4国战略合作的帷幕。2007年5月，日美澳印举行首次四边战略对话，主要侧重于加强在人道主义援助、自然灾害以及打击海盗等非传统安全领域的合作。同年9月，日美澳印新5国在孟加拉湾附近海域举行“马拉巴尔”演习。但是，陆克文担任澳大利亚总理后优先发展对华关系，宣布退出四边对话，再加上2007年日本政坛发生人事大变动，“安麻组合”双双下台，四边对话支持力度受到削弱，逐渐陷入沉寂。

2012年，再次执政的安倍提出由日美澳印组成“民主安全菱形”，日本

① Satoru Nagao, “The Japan-India-Australia ‘Alliance’ as Key Agreement in the Indo-Pacific”, September 2015, https://www.files.ethz.ch/isn/193713/375_nagao.pdf.

② 「第2回日豪印次官協議の開催（結果）」、外務省ホームページ、2016年2月26日、https://www.mofa.go.jp/mofaj/press/release/press4_003023.html。

③ Dean Cheng, “The Importance of Maritime Domain Awareness for the Indo-Pacific Quad Countries”, The Heritage Foundation, March 6, 2019, https://www.heritage.org/global-politics/report/the-importance-maritime-domain-awareness-the-indo-pacific-quad-countries.

应和美国、澳大利亚以及印度等联合起来组成“钻石形”安保体系，以在印度洋到西太平洋地区的公海安全中发挥重要作用。[①] 2013年2月，安倍指出，日本要做全球性海洋公共产品的守护者，为此，日本应与美国、韩国以及澳大利亚等“志同道合”的国家形成合力。[②] 从始至终，安倍都是四边战略对话的倡导者和推崇者。不过，光有安倍的一厢情愿而无美国的幕后操纵的话，四边对话是难以付诸实践的。

自特朗普政府提出“印太战略”以来，四边对话迅速恢复，主要议题、会谈级别以及活动频率都大幅度提高，从最初加强在救灾、反恐以及打击跨国犯罪等非传统安全领域的合作转变为现在的经济和安全事务双管齐下。2017年11月，日美澳印在东盟峰会期间一致同意恢复四边对话。此后，4国先后在2018年6月和11月，2019年5月、9月以及11月举行过5次四边对话。四边对话的主要目标包括：在印度洋和太平洋两大区域，在安全上，加强四国的海洋安全合作，要求各国遵守国际准则和规范；在经济上，打破贸易壁垒，推动地区互联互通和基础设施建设[③]，旨在推动经贸关系的稳定发展、拓展地缘政治影响力以及对冲中国的迅速发展。

四边对话之所以能够实现重启，主要基于以下三方面原因。第一，特朗普政府高度重视四边安全合作框架。[④] 特朗普政府上台后逐渐将战略重心转移至印太地区，实行军事、经济和政治多管齐下的“印太战略”。特朗普政府积极构筑以日美印、日美澳以及日美澳印为代表的三边或四边合作框架，增强盟友和主要防务伙伴间的横向联系，将其转变为网络化的安

---

① 参见 Shinzo Abe, “Asia's Democratic Security Diamond”, Project Syndicate, December 27, 2012, https://www.project-syndicate.org/commentary/a-strategic-alliance-for-japan-and-india-by-shinzo-abe?barrier=accesspaylog; Richard Javad Heydarian, “Japan's ‘Democratic Security Diamond’”, East Asia Forum, February 15, 2013, https://www.eastasiaforum.org/2013/02/15/japans-democratic-security-diamond/。

② 「日本は戻ってきました」、首相官邸ホームページ、2013年2月22日、https://www.kantei.go.jp/jp/96_abe/statement/2013/0223speech.html。

③ 张洁：《美日印澳“四边对话”与亚太地区秩序的重构》，《国际问题研究》2018年第5期，第65页。

④ 需要指出的是，虽然2012年安倍再次提出要继续推进日美澳印四边安全合作，但在当时，日本、澳大利亚以及印度都被纳入美国主导的“亚太再平衡”战略，“四边对话”并未真正付诸实施。直到特朗普上台后，“四边对话”才开始真正“复活”，逐步走向务实合作。相关研究参见张洁《美日印澳“四边对话”与亚太地区秩序的重构》，第63~64页。

全合作机制。[①]

第二，中国实力的快速增强，这在经济和军事方面体现得尤为明显。在经济上，自2013年“一带一路”倡议提出以来，截至2019年10月底，中国已与137个国家和30个国际组织签署197份共建“一带一路”合作文件。[②] 在军事上，中国国防和军队现代化进程快速推进。因此，如何在印太地区牵制中国已成为4国新的课题。

第三，安倍政府的积极推动。2010年，中国超越日本成为世界第二大经济体。受此影响，安倍积极推动四边对话的重启，将日美同盟作为日本外交政策的基轴，加强同澳大利亚、印度以及新加坡等国的合作。

虽然四边对话能够重启，但应该看到四边战略合作仍然受到双边层面以及大国因素的制约。在双边层面上，国家的利益诉求基本一致是四边战略合作的前提。在日美、日印、日澳、美澳、美印、澳印6组双边关系中，日印和澳印的经贸合作发展缓慢，澳印军事安全合作发展迟缓。在大国因素上，日澳印基本都奉行动态平衡的对外政策，而非一味地追随美国。[③] 此外，美国对华政策的变化与调整也会在一定程度上影响和限制日澳印间的战略合作。

表5　日美澳印历次四边对话

时间	地点	内容
2007年5月	马尼拉	人道主义援助、大规模自然灾害、打击海盗以及海上恐怖主义
2017年11月	马尼拉	以规则为基础的秩序、遵守国际法、朝鲜核导扩散、海洋安全合作、航行与飞越自由、加强互联互通、反恐
2018年6月	新加坡	以规则为基础的秩序、遵守国际法、朝鲜核导扩散、海洋安全合作、航行与飞越自由、反恐
2018年11月	新加坡	以规则为基础的秩序、遵守国际法、地区基础设施建设、航行与飞越自由、海洋安全合作、反恐、网络安全合作

① 参见信强《“次轴心”：日本在美国亚太安全布局中的角色转换》，第40页；徐金金《特朗普政府的“印太战略”》，《美国研究》2018年第1期，第75~77页。

② 《已同中国签订共建“一带一路”合作文件的国家一览》，中国一带一路网，2019年4月12日，https://www.yidaiyilu.gov.cn/gbjg/gbgk/77073.htm。

③ 凌胜利：《双重困境与动态平衡——中美亚太主导权竞争与美国亚太盟国的战略选择》，《世界经济与政治》2018年第3期，第70~91页。

续表

时间	地点	内容
2019年5月	曼谷	以规则为基础的秩序、遵守国际法、防止核扩散、海洋安全合作、航行与飞越自由、加强互联互通、反恐
2019年9月（首次部长级）	纽约	以规则为基础的秩序、反恐、网络安全、海上安全、人道主义援助、抗震救灾、高质量基础设施以及互联互通等领域
2019年11月	曼谷	以规则为基础的秩序、遵守国际法、地区基础设施建设、反恐、海上安全、朝鲜问题、高质量基础设施以及互联互通等领域

资料来源：笔者根据美国国务院和日本外务省等公布的相关资料整理。

结　语

本文旨在从理论视角列出“清单”，构建一个分析国家间军事安全合作的综合性分析框架，以总结出对军事安全合作产生影响的重要因素。本文将近年来不断升级的日印军事安全合作作为案例，经过检验发现，日印军事安全合作的规模和层次基本达到中层面水平，并且有继续升级的趋势（例如两国就《物品劳务相互提供协定》进行谈判）。在国家间加强军事安全合作的路径中，制度形塑是国家间加强军事安全合作的核心路径，网络拓展是国家间加强军事安全合作的辅助路径，两者共同构成军事安全合作的主要路径。需要指出的是，日印的军事安全合作也面临不少制约因素，但本文的重点是论述国家间推进军事安全合作的路径。至于阻碍国家间军事安全合作的因素一般是什么，如何阻碍国家间的军事安全合作，其中的主导性因素为何，这些问题需要在未来的研究中进行深入分析和解答。

（审校：孟晓旭）

• 经济 •

《日本文论》（总第 4 辑）
第 155～174 页

马克思《危机论笔记》的首次出版及其意义*

〔日〕守健二　盛福刚**

内容摘要：1857 年的经济危机是人类历史上首次席卷世界的经济危机。当时，马克思作为《纽约每日论坛报》记者，在向报纸投稿的同时，还着力推进两个研究项目，其中一个便是收集和分析欧洲以及世界市场上发生的经济危机的数据，即《危机论笔记》。2017 年 5 月出版的新历史考证版《马克思恩格斯全集》第Ⅳ部分第 14 卷首次公开了这部笔记，这也是以日本学者为中心编辑出版的第 4 卷新 MEGA。本文阐述了《危机论笔记》手稿的写作过程、概念、意义，认为《危机论笔记》是马克思主义经济危机研究的中期成果，但马克思研究 1857 年经济危机时阐述的“双重危机”理论存在历史局限性。

关 键 词：经济危机　马克思　危机论笔记

引　言

历史考证版《马克思恩格斯全集》的简称为“MEGA”，取自德文“Marx

* 日本文部科学省基础研究 A 类项目“国際的共同研究によるマルクス恐慌論のデジタル・アーカイブの構築”（编号：23243035）、中国国家社会科学基金青年项目“新 MEGA 视域下的东亚《德意志意识形态》编辑传播史研究”（编号：17CZX008）。

** 守健二，经济学博士，日本东北大学经济学院教授，主要研究方向为经济思想、理论经济学；盛福刚，经济学博士，武汉大学哲学学院副教授，主要研究方向为马克思主义哲学史、日本马克思主义发展史、新 MEGA 的编辑。

Engels Gesamtausgabe"。现在正在刊行的MEGA被国际学界称为"新MEGA"。[①]新MEGA的历史可以追溯至20世纪60年代，1967年为纪念《资本论》刊行一百周年，苏联共产党和民主德国社会民主党签署协议，启动了新MEGA的编辑项目。1972年新MEGA以马克思和恩格斯遗留手稿中改稿过程最为复杂、编辑难度最大的《德意志意识形态》中"费尔巴哈"章手稿为体例，出版了试刊版(Probeband)，在附录卷（Apparat）末的《异文一览》（Variantenverzeichnis）中首次采用并行排列（Zeilenparallelisierung）的方式，再现了马克思和恩格斯复杂的改稿过程，在《德意志意识形态》的编辑史上属于具有划时代意义的创举。有别于《马克思恩格斯著作集》（*Marx Engels Werke*）和旧MEGA，新MEGA卷本一般由正文卷（Text）和附录卷（Apparat）组成。正文卷收录了马克思和恩格斯改稿后的最终文本。附录卷更具学术价值，一般收录该卷编辑纂写的《题解》（Einführung）、《手稿的形成与传承》（Entstehung und Überlieferung），以及再现马克思和恩格斯改稿过程中产生的异文的《异文一览》（Variantenverzeichnis）和索引（Register）等。以2017年11月初版的收录《德意志意识形态》全部手稿的新MEGA第Ⅰ部分第5卷为例，正文卷和附录卷共计1893页，其中正文卷709页，附录卷多达1184页。新MEGA原计划分四部分共出版142卷，此外还计划出版30卷收录马克思和恩格斯的读书批注等。

新MEGA自1975年开始刊行，至1990年共刊行了36卷，编辑的主体分别为苏共中央马克思列宁主义研究院（IMLM）、民主德国的马克思列宁主义研究院（IMLB）、民主德国科学院（Akademie der Wissenschaften der DDR）和几所大学。1989年东欧剧变后，新MEGA的编撰工程面临停摆的危机。在日本、英国、法国、加拿大和美国等国学者的强烈呼吁下，1990年成立的国际马克思恩格斯基金会（IMES）统合了荷兰阿姆斯特丹国际社会史研究所（IISG）、德国特里尔的马克思故居（KMH）、苏共中央马克思列宁主义研究院和民主德国科学院等收藏马克思与恩格斯

① 20世纪20年代以苏联马克思恩格斯研究院第一位院长大卫·梁赞诺夫（David Ryazanov，1870～1938年）为首开始编辑的历史考证版《马克思恩格斯全集》被国际学界称为第一版MEGA或旧MEGA。1931年梁赞诺夫被肃清后，阿多拉茨基接替其职位继续编辑，原计划编辑42卷，后因受到二战的影响，工作被迫中止，包含《德意志意识形态》在内（旧MEGA第Ⅰ部第5卷），1927～1941年共出版了12卷。

手稿及负责编辑新 MEGA 的科研机构，后来又吸纳了德国柏林－勃兰登堡科学院（BBAW），继承了原来以苏共中央马克思列宁主义研究院和民主德国的马克思列宁主义研究院为主体的新 MEGA 编辑事业，尤根·罗扬（Jürgen Rojahn）担任基金会的首任秘书长。柏林－勃兰登堡科学院下设新 MEGA 编辑委员会，常设 7 个职位，为新 MEGA 编辑事业提供了稳定的财力和人力支持。

国际马克思恩格斯基金会于 1994～1995 年召开了一系列会议，决定将新 MEGA 的出版计划压缩至 114 卷，现已出版 68 卷。新 MEGA 由四部分组成，第Ⅰ部分为“著作、论文、手稿”（Werke、Artikel、Entwürfe），收录除《资本论》及相关手稿以外的马克思和恩格斯的著作、论文及手稿等，此部分计划出版 32 卷，现已出版 23 卷。第Ⅱ部分为“《资本论》及其手稿”（*Das Kapital* und Vorarbeiten），收录自《政治经济学批判》（1857～1858 年）至《资本论》的相关手稿，至 2012 年已完成 15 卷（23 册）的出版计划。第Ⅲ部分为“往来书信”（Briefwechsel），收录马克思与恩格斯之间的通信以及各方写给他们的书信，此部分计划出版 35 卷，现已出版 15 卷。第Ⅳ部分为“摘要、笔记和边注”（Exzerpte、Notizen、Marginalien），收录马克思和恩格斯的读书摘要、笔记、藏书目录等，计划出版 32 卷，现已出版 15 卷。[①]

日本早在 1990 年初就成立了“MEGA 支援事务局”，并发起了“继续 MEGA 事业”的请愿活动，随后将征集到的 100 余位支援 MEGA 编辑的日本学者签名随请愿信一同寄给了民主德国的国家元首、教育部长、各政党首领以及各学术团体，引起了强烈的反响。[②] 不仅如此，国际马克思恩格斯基金会成立后，日本学者以本国马克思恩格斯学者协会为依托，一直积极寻求参与新 MEGA 的编辑事业。1995 年前后，马克思恩格斯学者协会得到日本国际交流基金会、日本学术振兴会的支持，邀请了包括罗扬在内

① 关于新 MEGA 已出版的卷次及各卷收录的内容，可参见 MEGA 的官方网站（http://mega.bbaw.de/）。由于第Ⅱ部分已编辑出版，第Ⅰ部分也已出版过半，根据国际马克思恩格斯基金会现任秘书长胡布曼（G. Hubmann）的自述，将在 MEGA 官方网站公布新 MEGA 收录书信的第Ⅲ部分和收录摘录表记的第Ⅳ部分，不再印刷纸质文本，参见赵玉兰《MEGA 视野下的马克思主义文本学研究》，北京：人民出版社，2019 年，第 330 页。

② 关于日本学者对新 MEGA 编辑事业的支援，参见大村泉「メガ支援運動の経緯と現状」、『マルクス・エンゲルスマルクス主義研究』1990 年第 10 卷、8－18 頁。

的众多新MEGA编辑访日，并借机召开了以“《资本论》的编辑”为主题的国际学术研讨会，使新MEGA编辑认识到日本对马克思和恩格斯手稿的研究水平不亚于欧洲，赢得了新MEGA编辑委员会的信任。后经大谷祯之介（日本法政大学）、大村泉（日本东北大学）与瓦西娜（Ljudmila Vasina）等新MEGA编辑多次协商，1997年11月，国际马克思恩格斯基金会理事会审议决定成立日本MEGA编辑委员会（Japanische MEGA Arbeitsstelle）。[①] 日本MEGA编辑委员会的总代表为大谷祯之介，负责编辑第Ⅱ部分第11卷的第二分册（《资本论》第2卷第二、五、六、七、八手稿）；大村泉负责编辑第Ⅱ部分第12卷（《资本论》第二卷的恩格斯编辑稿）和第Ⅱ部分第13卷（《资本论》第二卷首版及其与第二版的异同）。随后，大谷祯之介和大村泉各自组建了东京小组（现有成员包括大谷祯之介、平子友长、竹永进、佐佐木隆治、斋藤幸平等）和仙台小组（现有成员包括大村泉、市原健志、守健二、柴田信也、大野节夫、八柳良次郎、久保诚二郎、玉冈敦等）。其中第Ⅱ部分第11卷已于2008年出版，由仙台小组编辑的第Ⅱ部分第12卷和第Ⅱ部分第13卷也先后于2005年和2008年出版。日本对《资本论》第二卷的编辑得到了新MEGA编辑委员会的高度评价，其后仙台小组又承担了第Ⅳ部分第14卷（马克思在1857～1858年所做的“危机论笔记”，该卷已于2017年出版）和《德意志意识形态》Online版（网址为www.online-dif.com，“费尔巴哈”章大部分手稿已于2019年正式上线）的编辑工作；东京小组承担了第Ⅳ部分第18卷（马克思和恩格斯在1864年2月至1868年10月，1869年12月，1870年3月、4月、6月和1872年12月所做的关于经济学和农学的摘录笔记，该卷已于2019年出版）和第Ⅳ部分第19卷（马克思和恩格斯于1868年9月至1869年9月做的摘录笔记，在编）的编辑任务。迄今为止，除《德意志意识形态》Online版外，日本MEGA编辑委员会已经编辑出版了5卷新MEGA。

笔者于2011～2016年主持了一项研究马克思危机理论的国际项目。该项目的结项成果中收录了马克思生前未发表过的《危机论笔记》一文，并

① 关于日本MEGA编辑委员会的成立过程，参见大村泉『新MEGAと「資本論」の成立』、八朔社、1998年、1-61頁。

作为新 MEGA 第Ⅳ部分第 14 卷于 2017 年 5 月成书出版。这是以日本学者为中心编辑出版的第 4 卷新 MEGA，编辑成员为仙台小组的守健二、黑克尔（Rolf Hecker）、大村泉、玉冈敦。① 本文拟就笔者在新 MEGA 第 IV 部分第 14 卷编辑过程中阐明的《危机论笔记》的写作过程、概念、意义及其历史局限性做一个简要的阐述。②

一 《危机论笔记》述要

1857 年的经济危机是人类历史上首次席卷世界的经济危机，于同年 8 月发端于美国，10 月在英国爆发，随即波及整个欧洲，并且席卷了包括俄国、印度、中国在内的世界市场。自 1847 年经济危机和 1848 年革命运动受挫后，一直期待下一次经济危机和革命运动再次蓬勃兴起的马克思，听闻英国经济危机爆发进而导致比尔银行法案终止的消息后兴奋不已。在这种兴奋的心态下，马克思着手准备了两个研究项目。

> 我的工作量很大，多半都要工作到早晨四点钟。工作是双重的：（1）写完政治经济学原理。（这项工作非常必要，它可以使公众认清事物的实质，也可以使我自己摆脱这个讨厌的东西。）
>
> （2）当前的危机。关于这个问题，除了给《论坛报》写的文章外，我只是做做笔记，但是花费的时间却很多。我想，到春天，我们可以合写一本关于这个问题的小册子，以便重新提醒德国公众：我们还在，还

① 参见 Karl Marx , *Exzerpte*, *Zeitungsausschnitte und Notizen zur Weltwirtschaftskrise* (*Krisenhefte*) *November 1857 Bis Februar 1858*, *Marx-Engels-Gesamtausgabe Ⅳ/14*, Berlin: De Gruyter Akademie Forschung, 2017。

② “引言”内容根据守健二已发表的 3 篇论文以及其在新 MEGA 第Ⅳ部分第 14 卷导言中的执笔部分整理，参见 Mori Kenji, “Karl Marx's Books of Crisis and the Concept of Double Crisis: A Ricardian Legacy”, in Marchel van den Linden and G. Hubmann, eds., *Marx's Capital: An Unfinishable Project*, Brill, 2018; Mori Kenji, “The Books of Crisis and Tooke-Newmarch Excerpts: A New Aspect of Marx's Crisis Theory in MEGA”, *The European Journal of the History of Economic Thought*, No. 25, 2019, pp. 912－925; Mori Kenji, “Karl Marx's Books of Crisis and the Production Theory of Crisis”, *Studien zur Entwicklung der Ökonomischen Theorie XXXIV*, Duncker & Humblot, 2019。

和过去一样。我备了三个大笔记本——英国、德国、法国。①

当时，马克思作为《纽约每日论坛报》的记者，经常写一些关注欧洲经济动向的文章。在向报纸投稿的同时，马克思一并推进着两个研究项目：一个是从理论上阐明资本主义发生经济危机的必然性；另一个是收集和分析正在欧洲乃至世界市场上发生的经济危机的数据。毋庸置疑，前者的成果是写于 1857 ~ 1858 年的《政治经济学批判大纲》，后者就是《危机论笔记》，他原计划次年将这一成果以小册子的形式出版。长期以来，学界知晓这一笔记的存在，但其内容不为人所知，作为与《纽约每日论坛报》的经济评论和《政治经济学批判大纲》密切相关的经济学文献，其公开出版可谓众望所归。

马克思在 1857 年曾细致地研究了托马斯·图克（Thomas Tooke）于同年出版的著作《关于价格和货币流通状况的历史》第 6 ~ 7 卷，并做了详细的摘录笔记。犹如继承了图克的衣钵，马克思试图详细地调查 1857 年经济危机下的市场动向。②《危机论笔记》由“1857 年法兰西”、“1857 年经济危机”和“商业危机”三册摘录笔记组成，手稿共 191 张（新 MEGA 中为 500 张印刷页），包含从《经济学人》、《泰晤士报》、《标准报》和《曼彻斯特卫报》等 12 家报纸杂志上剪裁下来的 1857 年 11 月 7 日至 1858 年 2 月 20 日的 1000 余条新闻报道。如果将报道中的数据按国别进行分类，主要以法国、英国和德国为中心，还涉及意大利、西班牙、匈牙利、美国、中国、印度、埃及、澳大利亚等国家。马克思将数据按地区、项目进行了分类，涉及的项目有货币市场的数据（利率、中央银行收支、银行证券流通余额、地租准备金余额、汇率、国债价格、股票价格等）以及商品市场数据（半成品价格、工业制品价格、进出口等），还包括企业破产、失业、缩短作业时间、工资以及劳动纠纷等内容。

《危机论笔记》属于马克思经济危机研究的中期成果。在这一时期，我们尚不能看出马克思在后期分析经济危机的视角，即消费不足或利润率下

① 参见《马克思恩格斯文集》（第 10 卷），北京：人民出版社，2009 年，第 141 页。

② Mori Kenji, “The Books of Crisis and Tooke-Newmarch Excerpts: A New Aspect of Marx’s Crisis Theory in MEGA”, *The European Journal of the History of Economic Thought*, No. 25, 2019, pp. 912 – 925.

降等。相反，他以19世纪50年代前半期经济繁荣时庞大的设备投资为考察背景，将经济危机视作国际原材料市场（produce market）和国内工业制品市场（industrial market）之间的不对称，认为此时的经济危机呈现为一种“双重危机”（double crisis/Doppelkrise）。如果联系2008年金融危机的爆发与2000年以来原油、矿产品等价格高涨等加以考察，可以说马克思的经济危机理论具有重要的现代意义。同时，它为我们理解《政治经济学批判大纲》中设定的理论课题提供了重要的参考文献。

二　1857年经济危机的特点

笔者在本部分将简要概述1857年经济危机的特点。在以往的经济史研究中，学者们往往将1857年经济危机作为特定的历史背景加以陈述。例如，有的学者认为1848年的革命带来的政治、经济上的不确定性导致欧洲范围内资本的大规模撤退和庞大的货币资本积累；也有观点认为1848年加利福尼亚以及1851年澳大利亚金矿的发现促进了货币资本的积累等。[①] 另外，国债的公开发行（“民主化”），动产信贷银行（Credit Mobilier）以及商业和工业银行（Bank für Handel und Industrie）、专营证券发行业务的股份制投资银行等的设立，为铁路建设等中长期、大规模的基建事业进行融资并动员大范围的民众力量提供了可能性。[②]

伦敦的股份制银行由于实施了有息存款政策，1847～1857年的存款额增加了5倍。银行为了支付利息，必须重新经营这些从社会各个阶层吸收来的存款，例如将短期存款借贷给证券经纪人或投机性地买卖股票。随着世界性的海外贸易不断扩大，英国的出口额在1845～1857年增加了1倍。另外，1854～1856年的克里米亚战争可以说是英国投入最多的战争之一，政府为每位士兵支出的费用最多，年均支出额仅次于拿破仑战争时期，[③] 直接拉动

① 参见 O. Michaelis, “Handelskrisis von 1857”, in O. Michaelis, *Volkswirthschaftliche Schriften*, F. A. Herbig, 1873, S. 241 - 244; H. Rosenberg, *Die Weltwirtschaftskrise 1857 - 1859*, 2. Auflage, Vandenhoek & Ruprecht, 1974, S. 33。

② 参见 H. Rosenberg, *Die Weltwirtschaftskrise 1857 - 1859*, S. 48 - 56。

③ J. R. T. Hughes, *Fluctuations in Trade, Industry and Finance: A Study of British Economic Development 1850 - 1860*, Oxford University Press, 1960, p. 25.

了制铁、煤炭、造船等相关军需产业的发展。

恩格斯也曾在致马克思的信中表达过对“空头期票”等信用手段的滥用导致证券市场和商品市场产生过热投机的担忧。[①] 随着以机械化、钢铁和蒸汽机车为特征的工业化急速行进，世界的生铁生产量由1850年的440万吨猛增到1860年的720万吨，同期煤炭生产量也由8140万吨增加到1.4230亿吨。[②] 尤其是蒸汽机车代替了水力，马力也不断地增加，纺织业成了英国的支柱产业，1850～1860年棉纺制品的出口额增加了85%，1860年的出口占总产量的约40%。[③]

当时的经济学家以及新闻评论家在写分析报告时，呈现出执拗于解析投机以及信用滥用等货币市场上发生的现象的倾向。例如，英国下议院的调查委员会的报告书中提到，1858年“发生的波及我国、美国以及北欧的商业危机，主要是投机过剩以及信用滥用造成的”。[④] 后来克拉彭（J. H. Clapham）评价道：“1858年的（调查）委员会召开得过早，未能就1858年世界性的经济危机做出说明，也没有为正确地评论危机提供充足的事实依据。”[⑤] 同时期的观察者中，也有人试图透过货币现象来把握发生危机的“终极原因”，[⑥] 其中最具洞察力的学者就是奥托·米凯利斯（Otto Michaelis）。“在同一时间点，全世界都错误地进行了投机操作，这并非偶然性的事件，我们有必要探明导致这种全盘错误方向的原因。”[⑦] 他注意到“在长期的一连串的生产过剩中被逐步消费并在一次的循环中不能与利润同时回收的固定资本”的投资过剩。投向固定资本的资金如果长期受到束缚，必然会导致对原材料以及消费资料等“流动资本”的投资不足，原材料价

① 参见《马克思恩格斯全集》（第29卷），北京：人民出版社，1974年，第221页。

② H. Rosenberg, *Die Weltwirtschaftskrise 1857 – 1859*, 2. Auflage, Vandenhoek & Ruprecht, Göttingen, 1974, S. 58 – 60.

③ J. R. T. Hughes, *Fluctuations in Trade, Industry and Finance: A Study of British Economic Development 1850 – 1860*, p. 74.

④ D. M. Evans, *The History of the Commercial Crisis 1857 – 58, and the Stock Exchange Panic of 1859*, Burt Franklin, 1859, p. 91.

⑤ 参见 J. R. T. Hughes, “The Commercial Crisis of 1857”, *Oxford Economic Papers*, New Series, Vol. 8, No. 2, 1956, p. 195。

⑥ Mori Kenji, “Karl Marx's Books of Crisis and the Concept of Double Crisis: A Ricardian Legacy”, in Marchel van den Linden and G. Hubmann, eds., *Marx's Capital: An Unfinishable Project*, Brill, 2018.

⑦ O. Michaelis, “Handelskrisis von 1857”, in O. Michaelis, *Volkswirthschaftliche Schriften*, S. 326.

格的高涨又引发了世界性的投资浪潮。如下文所述，米凯利斯的这一观点与马克思完全一致，否认了调查委员会认为的投机和信用滥用引发危机这一见解。

“是什么社会条件几乎有规律地反复造成这种普遍自欺、过度投机和空头信贷的时期呢？……决不能容许每一次新的贸易危机所固有的特点遮掩所有各次危机共有的特征……大概谁也不会反对这一点，即委员会不仅没有解决问题，而且也未能正确地提出问题。”[①] 另外，马克思还得出了如下结论，“有些政治经济学家试图用投机来解释工商业的有规律的痉挛，就好像那些如今已经绝种的自然科学家学派那样，把发烧看做是一切疾病的真正原因。”[②] 事实上，后来马克思在试图将经验上的观察提升为经济危机理论时，主要聚焦于工业和生产，同米凯利斯那样，根据固定资本及其周期性来阐明经济危机的原理。

三　19世纪50年代马克思对经济危机的研究

（一）关于商业周期的预测

在 1857 年经济危机到来之前，马克思热心地从新闻杂志等媒体收集经济数据，实时观察经济动向，对即将到来的经济危机做了细致的探讨，围绕经济危机提出了自己的见解。

1847 年经济危机以及 1848 年革命受挫以后，马克思对即将到来的下次危机及其后革命运动的再次蓬勃兴起充满了期待，展开了持续、实时地观测经济动态的实证性研究，并为《新莱茵报》（*Neue Rheinische Zeitung*）、《新奥得报》（*Neue Oder Zeitung*）以及《纽约每日论坛报》等报纸撰写了大量的时事评论性文章。众所周知，马克思自 1850 年开始几乎每年都预言经济危机的到来，并且在 1857 年经济危机爆发前经常修改其预言。他主要基于危机的周期性做出预测，但由于周期理论仍处于发展阶段，并且马克思对加利福尼亚、澳大利亚金矿的发现和克里米亚战争的评价可能不到位，预测失

① 《马克思恩格斯全集》（第 12 卷），北京：人民出版社，1962 年，第 607 页。

② 《马克思恩格斯全集》（第 16 卷），北京：人民出版社，2007 年，第 501 页。

败了。

马克思在 1850 年 10 月曾预言下次经济危机会在 1852 年爆发，理由是上一期的商业周期由 1843 年持续到 1847 年，那么由 1848 年开始的周期循环应该会持续至 1852 年，直至经济危机的爆发。后来，他又将这一预言变更为 1853 年。马克思关于 1852 年或 1853 年爆发危机的预测基于“5 ~ 7 年周期循环”的这一理解。上述预测失败后，马克思又将预期改为 1854 年，随后又修改为 1855 年。随着 1857 年银行条例的废止以及危机席卷英国，马克思更是不断修正其关于商业周期的预测。其一，关于固定资本的周期性，将回转周期由 5 ~ 7 年修改为 10 年；其二，马克思认为，因为黄金从澳大利亚和美国及时流入，才使英格兰银行“不时地放松一下控制”[①]。另外，后来马克思在《资本论》第三卷中，肯定性地引用了调查委员会报告书中纽马奇（William Newmarch）的证词，即 1853 ~ 1855 年，每当黄金的输出增加金融压力时，从澳大利亚输入的黄金在很大程度上缓解了这种金融压力。[②] 恩格斯曾在 1852 年时反复提醒马克思注意加利福尼亚和澳大利亚金矿给新的市场开发带来的不可估量的影响，但两人都没预想到金矿的发现会及时阻止即将到来的经济危机。另外，正如马克思自身承认的，政府预算中创历史纪录的军需开支在 1854 ~ 1855 年拉动了铁、煤炭、造船业的生产及投资热潮。纺织及消费性产业的投资虽曾一度停滞，但后来这些产业在 1856 ~ 1857 年的出口热潮中得以复兴。特别是对法国、土耳其的出口贸易使英国此前受战争支出影响的财政收入得以增加。马克思没有对这种财政收入做出积极的评价。

（二）危机理论的形成

如上所述，尽管马克思在预测经济危机时出现了数次失误并且屡次修正，但事实上通过对 1848 ~ 1858 年经济商业周期的考察，马克思对经济危机的理解存在一以贯之的理论设想。

第一，他认为 1847 年的危机是金融、商业领域的危机，接下来的危机应该会发生在工业领域。当经济危机席卷货币市场，并在 1857 年末呈现出

① 《马克思恩格斯全集》（第 16 卷），第 483 页。

② 参见《马克思恩格斯文集》（第 7 卷），第 641 页。

经济复苏的迹象时，马克思依然坚信货币危机只不过是危机的第一个阶段，接下来会发生更为严重的工业危机。

第二，马克思最早设想工业危机的震源将会是棉、丝和羊毛纺织业。他在1850年曾做出过如下论断，“黄金和黑铁的时代早就过去了，19世纪以其拥有的科学、世界市场和巨大的生产力注定会开创棉花的时代”。[①] 这一洞察在当时绝非不言自明，因为导致1847年经济危机发生的主要原因的铁路建设在19世纪50年代的英国乃至欧洲依然占有很大的比重，为经济发展做出了不小的贡献。因此，马克思着眼于纺织产业的观点无疑具有非凡的前瞻性。

第三，马克思坚信下一次到来的危机会是“双重危机”，指工业制品市场和原材料市场同时出现危机，即工业制品市场的生产过剩和原材料市场的生产不足引发的双重危机。另外，马克思关于双重危机有两种截然不同的见解。第一种见解是对工业制品市场和原材料市场的狭义解释，将前者理解为消费用的工业制品，将后者同时理解为消费用的原料（如粮食或嗜好品）。在此基础上，工业危机和农业危机呈现出关联关系。即随着工业生产的扩大和雇佣工人数量的急速增加，工人的粮食消费量也随之增加。如果出现凶年歉收，粮食价格会进一步高涨。随着粮食需求的不断增长，粮食价格上涨，消费者收入的大部分用于购买粮食，对工业制品的需求将随之下降。在这一连串的生产消费过程中，同时造成了农产品的供不应求（生产不足）和工业制品的供大于求（生产过剩）。如上所述，在狭义范围内，工业危机和农业危机呈现出消费主导型的因果关系，即农产品的供应无法满足消费者的需求，同时造成了工业收益率下降，供过于求。“至于歉收和食品涨价，那么毫无疑问，在受到这些因素影响的市场上，首先是作为不列颠工业支柱的国内市场上，是使工业品需求量减少而且还将进一步减少的原因……商品的需求正在明显地下降，而供给却一天天增加。在新建的工业企业中，规模最大和工人最多的企业只是现在才逐渐开工。”[②]

第二种见解，即从广义上解释工业制品市场和原材料市场，其中不仅包括消费资料，还包括生产资料。换句话说，工业制品市场不仅包括作为消费

① 《马克思恩格斯全集》（第10卷），北京：人民出版社，1998年，第586~587页。

② 《马克思恩格斯全集》（第12卷），北京：人民出版社，1998年，第379页。

资料的纺织制品等，还包括属于生产资料范畴的钢铁、船舶、机械等；原材料市场不仅指粮食，还包括棉花、生丝、原毛、亚麻、木材、皮革和金属矿物等原材料。在广义范围上，工业制品市场和原材料市场的危机呈现出如下关联，即工业生产的异常增加，不仅使工业制品供过于求（生产过剩），还使原材料供不应求（生产不足），从而同时触发了工业制品的价格下跌和原材料的价格上涨。工业制品价格的下跌和原材料成本价格的高涨使利润额缩小，业界的收益率低下。相较于第一种见解，第二种见解属于生产主导型的因果关系。

19世纪50年代初期，马克思主要倾向于阐明第一种见解。但是，1853年谷物价格飞涨，迎来了“英国最繁荣的一年”后，马克思认识到单纯的粮价上涨并不会引发危机。①

马克思之所以在第二种见解中提出工业制品市场和原材料市场的动态关系，得益于他手上有重要的参考资料。他定期阅读工厂视察员的报告书，里面详细记载了纺织工业中成品价格的下跌和原材料价格的上涨，从而造成制造业主利润下降。马克思在1857年亲历过危机以后，将工厂视察员报告书中对现状的认识应用到其危机理论的构建。马克思对报告书中的内容确信不疑，例如，他在7年后的《资本论》第三卷手稿的第六章“价格变动的影响”，尤其是第一节“原料价格的波动及其对利润率的直接影响”以及第三节“一般的例证：1861～1865年的棉业危机”中详细地引证了报告书中的数据。可以看出，马克思试图将双重危机中的第二种见解作为一种普遍现象归纳为定理。

“资本主义生产越发达，因而，由机器等组成的不变资本部分突然增加和持续增加的手段越来越多，积累越来越快（特别是在繁荣时期），机器和其他固定资本的相对生产过剩也就越严重，植物性原料和动物性原料的相对生产不足也就越频繁，上面所说的这些原料价格上涨的现象以及随后产生的反作用也就越显著。因此，由再生产过程的一个主要要素的这种剧烈的价格波动引起的激变，也就越频繁。”“因此，在生产史上，我们越是接近现代，就会越是经常地发现，特别是在有决定意义的产业部门中，从有机自然界获得的原料，是处在一种不断重复的变动中：先是相对的昂贵，然后是由此引

① 《马克思恩格斯全集》（第14卷），北京：人民出版社，2013年，第27页。

起的贬值。上面所说的情况可以用下面从工厂视察员报告中摘录的例子加以说明。"①

如前文所述，报告书详细记载了自19世纪40年代以来纺织工业生产的扩大会定期地引发纺织制品的生产过剩和原材料的生产不足。由此，马克思在《资本论》第三卷连续引用了工厂视察员报告书中的内容，试图论证他关于双重危机的论证具有一定的普遍性。

第四，马克思通过观察1848～1858年商业周期总结出来的危机理论的第四个方面与前三个方面密切相关，即马克思认为固定资本和流动资本的不均衡是危机发生的原因。换句话说，资本过量地投资到固定资本（建筑、机械、铁路、船舶等）上，导致流动资本领域（原材料、工资）等的需要无法满足。关于固定资本和流动资本之间的这种不均衡的分析，比上述双重危机的阐述更为抽象。机械过多的话，可利用的原材料及工资无法满足机械生产的需要，或者导致机械无法完成生产。这一现象就是双重危机的因果关系中原材料的生产不足所致，马克思确信正是这种不均衡导致经济危机的发生，并在1857～1858年写成的《政治经济学批判大纲》中详细地探讨了这个问题，也就是他所说的流动资本向固定资本的"转化"(Verwandlung)②。

"如果厂主在购置厂房和机器设备方面投放的那一部分资本和用于支付工资和购买原料的那一部分资本不相适应，他就不得不马上关厂。对于整个国家来说，也是同样的道理。几乎现代每一次商业危机都同游资和固定起来的资本之间应有的比例关系遭到破坏有关。"③

如上所述，马克思通过观察1848～1858年的商业周期，总结了包含以上四个方面的危机理论，并且在1857年经济危机爆发时运用上述理论对危机进行了细致的分析。他认为，货币危机后是工业危机；危机以纺织工业为震源地，在工业制品市场和原材料市场上联动而形成双重危机。所以，马克思带着一种危机必然发生的认识，从货币市场、工业制品市场和原材料市场三个视角实时地观测经济数据，这便是他在《危机论笔记》中所做的工作。

---

① 《马克思恩格斯文集》（第7卷），第135、137页。

② 《马克思恩格斯全集》（第31卷），北京：人民出版社，1998年，第84页。

③ 《马克思恩格斯全集》（第12卷），北京：人民出版社，1962年，第37页。

四　马克思经济危机分析的意义和局限

（一）论证的合理性

马克思在 19 世纪 50 年代总结了危机理论的四个方面，实际的经济生活也论证了该理论具有说服力。

第一，对于 1848～1858 年的商业周期，马克思一贯将注意力放在纺织工业上，实际上纺织工业也确实是这一时期英国占主导地位的出口产业。图 1 显示纺织制品占当时英国出口额的半数以上。

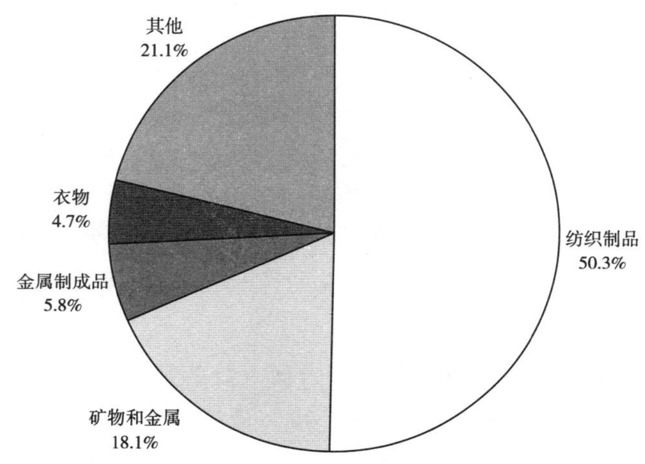

图 1　1856～1857 年英国的出口结构

资料来源：转引自 J. R. T. Hughes, *Fluctuations in Trade, Industry and Finance: A Study of British Economic Development 1850－1860*, Oxford University Press, 1960, p. 34。

第二，马克思的双重危机理论提出，工业制品价格的下跌和原材料价格的上升压缩了实际的利润额，这同样可以用数据验证。如图 2 所示，棉布价格（每码）对原棉（每磅）价格比例的降低意味着价格和成本之间的差额也越来越小。11 月 12 日银行条例废止后，原棉价格开始大规模回落，这一比例开始渐渐上升。棉纺工业的这一走势代表了整个纺织工业的趋势。[①]

① 参见 J. R. T. Hughes, *Fluctuations in Trade, Industry and Finance: A Study of British Economic Development 1850－1860*, Chapter 5。

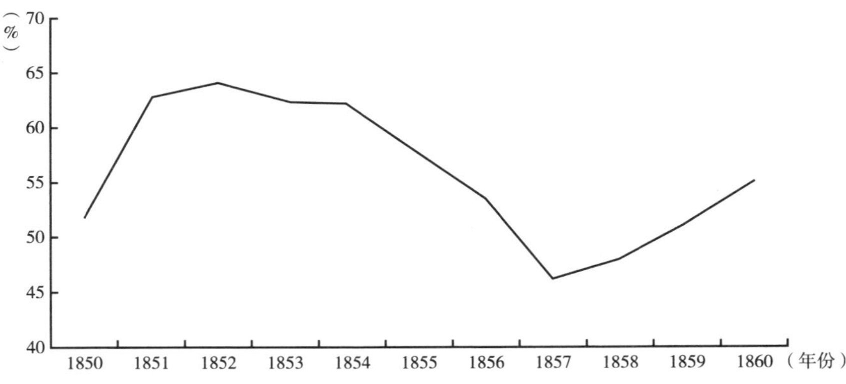

图 2　棉布价格（每码）对原棉（每磅）价格的比例

资料来源：转引自 J. R. T. Hughes, *Fluctuations in Trade, Industry and Finance: A Study of British Economic Development 1850 – 1860*, Oxford University Press, 1960, p. 77。

如图 3 所示，棉布价格和原棉价格都呈现出大致相同的走势，双方都在 1853 年和 1857 年出现峰值，在 1855 年开始上升，并在 1857 年 11 月危机发生后开始回落。但是，相对于原棉价格，棉布价格的上升更为迅速，这恰好可以解释为何类似图 2 的工业制品价格和成本之间的比例会迅速降低。

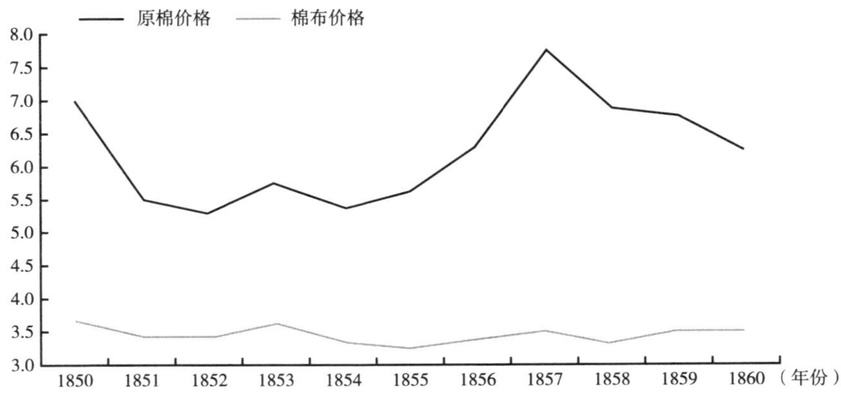

图 3　棉布和原棉价格发展趋势

注：图中数据为每打衣服的用布量，原棉单位为“磅”，棉布单位为“码”。

资料来源：转引自 J. R. T. Hughes, *Fluctuations in Trade, Industry and Finance: A Study of British Economic Development 1850 – 1860*, Oxford University Press, 1960, p. 77。

（二）存在的悖论

如上文所述，马克思在 19 世纪 50 年代总结了危机理论的四个方面，并且危机理论在实际的经济生活中得到论证。但这一理论能否适用于 1857 年经济危机以外的一般性危机，确实是个问题。结论上，双重危机的逻辑仅仅适用于工业制品和原材料相互依存度不高的情况，此时成品和原材料部门之间的关系是单向的。例如，当时英国纺织产业的原材料是从海外进口的，而纺织制品则在英国本土工厂加工，这就是典型的案例。生产过程是单线流动的，换句话说，产品是由农业向纺织工业单方面流动，原材料的生产独立于纺织工业，可以将其视作一种外在的制约条件，所以才会发生双重危机。

但是，由煤炭业和钢铁业等单一部门组合而成的德国矿山业的情况则截然相反。在矿山业，生产流程多是循环的，产品会作为原料投入下一个生产环节。在这种情况下，同一产品既是原料又是产品，同时出现生产不足和生产过剩的状况，这在理论上来讲是不可能的，并不适用于双重危机的原理。实际上，19 世纪 50 年代铁和煤炭的价格与纺织品和原材料的价格呈现出截然不同的曲线图。

如图 3 所示，纺织品和原材料价格分别在 1853 年和 1857 年出现了两次峰值，直到 1857 年 11 月危机爆发时还在持续地上升。但是图 4 中铁和煤炭的价格走势显示，除 1856 年铁的价格有微弱回升外，两者都只在 1854 年出现了一次显著的峰值，1857 年危机过后又持续回落，甚至 1860 年以后也看不出铁的价格有恢复的迹象。这表明钢铁业和煤炭业没有经历剧烈的经济危机，1855 年就已经进入了持续的不景气时期。

当生产流程是直线型时，如上文所述，外生资源的原材料会触碰到天井（ceiling），双重危机在这种意义上具有一定的普遍性，可以归结为定理。但如果生产流程是循环性的，原材料是生产流程的一环时，就需要使用其他的理论框架来解释危机。至少到 1873 年经济危机以后，这一新框架已变得（日益需要）且不可或缺。马克思、恩格斯曾认为“黑铁时代”已经逝去，但这一“时代”得以复活，并且以绝对优势盖过了“棉花时代”，商业周期的运转表现也由周期性的循环完全转向了长期停滞。如下文所述，马克思在《危机论笔记》中同样预示了钢铁业和煤炭业的生产循环形成悖论。《危机论笔记》全三册的目录如表 1 所示。

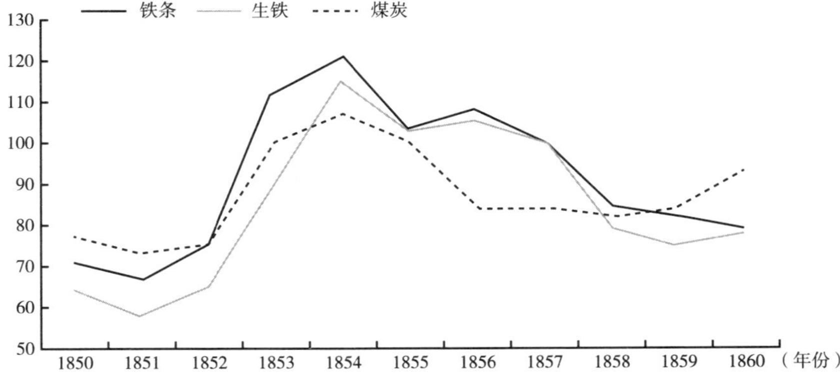

图 4　19 世纪 50～60 年代英国铁条、生铁和煤炭的价格指标

注：以 1867～1877 年的价格为 100。

资料来源：转引自 J. R. T. Hughes, *Fluctuations in Trade, Industry and Finance: A Study of British Economic Development 1850－1860*, Oxford University Press, 1960, p. 166。

表 1　《危机论笔记》全三册的目录

France 1857	*Book of the Crisis of 1857*	*Book of the Commercial Crisis*
1857 France	Failures	Ⅰ. Money Market
Crisis	Bank of England	1. Bank of England
Bank of France	London Money Market	2. Bullion Market
French Trade	Ⅰ. General Aspect of the Money Market	α. Efflux and Influx of Bullion
Bank of France	Ⅱ. Bullion Market	β. Price and Movement of Silver
French Corn Trade	a. Bullion in the Bank of England	γ. Foreign Exchanges
Ex-and Imports	b. Export and Import of Precious Metals	3. Loan Market
Frence Trade	c. Price of Silver	4. Failures
Governmental Measures	d. Foreign Exchanges Miscellaneous	5. Security Market
Italy	Ⅲ. Security Market	α. Public Funds
Spain	a. Public Funds	β. Share Market
Bourse Quotations	b. Share Market	II. Produce Market
Traffic on the Rhine	1. Railways	1. Raw Materials for Textile Fabrics
French Trade	2. Joint Stock Banks	α. Cotton
Railways	3. Mining Shares	β. Silk
Northern Europe, etc.	IV. Produce Market	γ. Wool
French Bourse	V. Industrial Market	δ. Hemp and Flax
French State Revenue	VI. Hamburg, Northern Kingdoms, Prussia, Austria (Germany)	2. Metals
	[Board of Trade Returns]	3. Hides and Leather

续表

France 1857	*Book of the Crisis of 1857*	*Book of the Commercial Crisis*
	IX. United States I. Failures II. Money Market 1. Bank of England 2. London Loan Market 3. Bullion Market a. Efflux and Influx of Bullion b. Price of Silver c. Foreign Exchanges 4. Security Market a. Consols b. Railway-Joint Stock Bank-Mining Shares III. Produce Market Raw Materials for Textile Fabrics 1. Cotton 2. Silk 3. Wool 4. Hemp and Flax Raw Materials Not for Textile Fabrics a. Metals b. Hides and Leather c. Mincing Lane d. Mark Lane IV. Industrial Market Labour Market	4. Mincing Lane 5. Corn Market III. Industrial Market IV. Labour Market V. Miscellaneous I. Comparative Statement II. Railway Receipts Crisis of 1857 Financial Condition of India *Englische Staatseinnahmen 1857* Liverpool Ship Trade in 1857 China and India, Egypt, etc. United States Crisis of 1857 (The Supply and Consumption of Wool) (The Recent Crisis) Bank Deposits The Recent Crisis Australia et Colonies Brazils

注：马克思以地名代指当时伦敦的谷物市场以及殖民市场（如水果、粮食以及各种原料），如取名为“Mark Lane”“Mincing Lane”等。

如目录所示，《危机论笔记》的内容除涉及货币市场之外，还包括原材料市场、工业制品市场以及劳动力市场等（当然马克思也考虑了它们之间的关联）。如何通过这些因素找出生产的循环？对钢铁市场相关报道的整理，最能说明马克思在此问题上的犹豫不决。他剪切了关于格拉斯哥、伯明翰和南威尔士等地钢铁市场的新闻报道，粘贴在一起制成了第二本和第三本笔记。有意思的是，马克思将同一报道既粘贴在原材料市场下的金属（metals）标题下，又粘贴在工业制品市场之下，说明他对钢铁到底属于原材料还是工业制品还不能做出明确的分类。当时马克思的处理办法是将

“格拉斯哥生铁”和“伯明翰钢”既作为原材料又作为工业制品加以考察。从这种处理方式可以看出马克思危机理论中潜在的悖论征兆。如果仔细深究这一问题，必然会涉及生产过程中原材料和成品之间的依存度问题，最终会涉及生产循环性的问题。

五　结语：1857年经济危机对马克思的意义

对马克思而言，1857 年经济危机意味着什么？或者说对马克思自身的研究进程有何重要的意义？笔者想通过对这个问题的考察为本文画上句号。

19 世纪，在 1825 年、1836 年、1847 年、1857 年、1866 年、1873 年至少发生过 7 次经济危机，但是对马克思而言，1857 年的经济危机具有特殊的意义。首先，这是人类有史以来首次在世界范围发生的经济危机，由美国金融危机引发并波及世界各国。其次，根据经济史领域近几年的研究，这也是资本主义经济充分发展后发生的首次经济危机，几乎可以适用于现代经济学创立的商业周期公式。约翰·希克斯（John Richard Hicks）的商业周期理论被看作解释 1857 年经济危机的最佳公式。实际上，当时马克思的见解和希克斯的理论非常接近。[①] 再次，1857 年经济危机是马克思一生中调查得最为翔实的一次危机，当时他作为《纽约每日论坛报》的特约记者，对 1848 ~ 1858 年的经济运转循环做了实时的追踪报道。

1857 年经济危机的独特性以及它对马克思产生的重大影响，可以归结为以下两方面。

一是将危机归结为一种经济概念。1857 年经济危机发生以前，马克思一直确信危机的到来会促使世界性的革命运动成功，所以一直在对危机翘首以盼。但是经历过 1857 年经济危机以后，马克思并没有看到革命运动的兴起，危机过后经济又迅速地复苏。此时他洞察到危机只不过是商业周期中的一个环节，也是下一个繁荣期的出发点。后来，他在 1859 年将这一洞察归结为“生产规律”，并对其加以定义。“这个规律就是：虽然由于生产过剩

① 对此问题感兴趣的读者可参阅笔者的另外一篇论文，参见 Mori Kenji，“Karl Marx's Books of Crisis and the Production Theory of Crisis”，*Studien zur Entwicklung der Ökonomischen Theorie XXXIV*，Duncker & Humblot，2019。

和过度的投机活动而发生了危机，可是国内的生产力和世界市场的容量毕竟增长到了这样的程度，以致它们只是暂时离开已经达到的最高点，经过持续几年的若干波动以后，在商业周期的一个时期中繁荣的最高点所达到的生产水平就成为下一个时期的起点。”①

笔者将马克思经历过 1857 年经济危机后在危机概念的理解上发生的这种变化称为“马克思危机理论的经济概念化”。首先，马克思将危机由革命的起始重新定义为商业周期的最后环节或者新一轮商业周期的起点；其次，马克思后来主要通过固定资本的周期性（约 10 年）来解释商业周期；最后，马克思将经济危机由资本主义生产的崩溃重新理解为资本主义生产的经济规律。

二是经济危机分析中潜在的悖论胚胎。1857 年经济危机的另一种意义是为马克思危机理论的构建埋下了悖论的胚胎，这也与第一种意义密切相关。1857 年以后，马克思实际上将经济危机作为一种经济现象加以阐述，将其作为一种商业周期构建自身的危机理论。但是马克思在这一理论的构建中埋下了悖论，换句话说有其自身的历史局限性。15 年后，当 1873 年经济危机发生时，马克思无法用在 1857 年经济危机时归结的理论对其进行圆融的解释，这也是他一生中没能解决的难题。通过前文的论述可知，这一悖论可以追溯至马克思研究 1857 年经济危机时阐述的双重危机理论。

（审校：双　明）

① 《马克思恩格斯全集》（第 13 卷），北京：人民出版社，1974 年，第 556 页。

• 经济 •

《日本文论》（总第4辑）
第175～191页

宇野理论的缺陷及其对日本马克思主义经济学研究的贡献

〔日〕菅原阳心/著[*]　尤歆惟/译[**]

内容摘要： 宇野弘藏反对将马克思的理论视为教条，而是秉持“向马克思学习”的态度。他将《资本论》的理论视为关于资本主义的原理，但认为资本主义的历史发展不一定会走按照原理的纯粹化道路，依据资本主义原理可将对资本主义的分析划分为“原理论”、“阶段论”和“现状分析”三个阶段。关于《资本论》中对资本主义原理的论述，宇野弘藏也进行了重新整理。他将关于商品、货币、资本的篇章作为“流通论”独立出来，主张在流通论部分剔除价值实体的预设，并引入商品所有者这一存在。关于劳动价值论，宇野弘藏主张在“生产论”中论证，劳动价值论的论证要以劳动力商品化和工人用工资买回生活资料这一点为中心来实现。宇野弘藏还重新整理了《资本论》中有关商品资本和银行资本等内容的论述，将它们作为市场机制论的内容纳入“分配论”中加以论述。

关 键 词： 资本论　日本马克思主义　劳动价值论　宇野弘藏

一　宇野弘藏的履历

宇野弘藏，1897年出生于日本冈山县仓敷市，1921年毕业于东京帝国大学经济学部，之后赴欧洲留学，1924年在东北帝国大学文法学部担任助

* 菅原阳心，经济学博士，日本新潟大学名誉教授、新潟青陵大学特任教授，主要研究方向为理论经济学。

** 尤歆惟，日本北海道大学经济学研究科博士研究生。

教授，讲授经济政策论。不久后，日本开始在国内进行严格的思想镇压，宇野弘藏也在 1938 年因为违反治安维持法而被逮捕和起诉，不过最终被宣判无罪。但是，由于受到文部省无形的压力，宇野弘藏不得不辞去大学教职，先后在日本贸易研究所和三菱经济研究所工作。二战结束后，宇野弘藏于 1947 年就任东京帝国大学社会科学研究所教授。

1947 年，《评论》杂志举办了一场题为"资本论研究会"的座谈会，宇野理论正是在这场座谈会上以戏剧性的方式被提出来。这场座谈会云集了大内兵卫、久留间鲛造、向坂逸郎、有泽广巳、土屋乔雄、高桥正雄、冈崎三郎、铃木鸿一郎等当时日本马克思主义经济学研究领域赫赫有名的一流学者。原计划基于座谈会现场的速记，众人的讨论将以资本论研究的形式刊登在《评论》杂志上。宇野弘藏在第三回座谈会上陈述了自己的观点，认为应该在价值形式论中设定商品所有者的存在。这场报告的内容并没有事先告知其他参会成员，结果其他所有出席者都反对这个观点，座谈会一度陷入混乱，导致现场无法进行速记，因此又举办了一次座谈会并将其内容刊发。宇野弘藏以此为契机，在 1947 年出版了《价值论》一书。

《价值论》可以说是宇野理论问世的第一部著作。用宇野本人的话说，《价值论》"采用了一种不太彻底的研究方法，即尽可能遵从《资本论》，同时阐明自己的疑问"。[①] 这本书引发了很多争论，在此过程中，宇野弘藏将其"原理论"和方法论进一步体系化。他一边回应众多的批判，一边明确了自己的理论和方法论，并先后在 1950 年和 1952 年出版了《经济原理论》的上册和下册，1962 年又出版了《经济学方法论》。至此，宇野理论的全貌得以呈现，马克思主义经济学在日本实现了重大发展。《价值论》一书作为宇野理论的第一次表露，揭示了宇野弘藏构想的原点。

在当时的日本，马克思主义经济学研究者大多将马克思理论视为绝对的教条。宇野理论登场后，这些人就给宇野理论贴上了"资产阶级庸俗经济学"的标签，甚至在很长时间里都没有认真地把它作为讨论的对象。但是，在宇野弘藏作为东京大学教授从事研究教育活动的过程中，支持宇野理论的人不断增加。到 1958 年退休，宇野弘藏已执掌东京大学教席 11 年。接着宇野弘藏在法政大学从事了长达 10 年的研究教育活动，一边继续深化研究，

① 宇野弘藏『価値論』、こぶし文庫、1996 年、10－11 頁。

一边投入精力培养后辈。1977 年 2 月宇野弘藏去世。从戏剧性地在座谈会上提出问题直至去世的 30 年时间里，宇野弘藏培养了众多优秀的门生，扩大了宇野理论的影响力。现在，宇野理论已经成为日本马克思主义经济学研究的主要流派之一。

二　如何对待马克思著作

在宇野弘藏之前，日本马克思主义经济学研究将马克思的著作视为完全无缪的，将马克思神化，认为“我们能做的只是学习马克思而已”。简言之，在宇野之前日本马克思主义经济学研究是学习马克思。与此不同，宇野弘藏的经济学虽然是从马克思那里学来的，但并没有将马克思绝对化，他认为马克思的言论中有着不同的内容，其中也能看到矛盾的展开。宇野弘藏本着将其中对于经济学体系而言重要的论点给予发展的态度，构筑了自己的经济学。一言以蔽之，宇野弘藏不是“学习马克思”，而是“向马克思学习”，这是宇野弘藏对待马克思著作的态度。

在日本，采用“学习马克思”态度的人被称为“正统派”。宇野弘藏认为正统派对马克思所持的态度，其实存在很大的“危机”。笔者认为，正如宇野弘藏指出的那样，马克思的理论展开中确实存在相反的论述。如果事实如此，那么把马克思神圣化，将不能充分地理解这些有意义的、应予以充分展开的论述。在马克思主义研究已经不断深化的今天，主张早期马克思和晚期马克思的论述具有一贯性的日本学者已经很少了。很显然，马克思的论述的确在进化或者说在变化，在他不同时期的研究中，既存在明确的逻辑一贯的论述，也存在思想变动过程中所展开的内容。应该说，不是“学习马克思”，而是“向马克思学习”，才是研读马克思著作、研究马克思主义应采取的态度。

宇野弘藏还说过，马克思是伟大的学者，如果说我们能够超越马克思，那只是因为我们能够看到马克思去世后的资本主义。宇野弘藏的经济学方法论革新之所以成为可能，是因为宇野弘藏看到了资本主义发展到帝国主义阶段，在这个阶段，产业革命以来以英国为中心的资本主义体制发生了巨大变化，而且宇野还经历了如何对待这个资本主义新时期的争论。正是在这个时期的欧洲，围绕着《资本论》中的贫困化规律，考茨基和伯恩施坦之间发生了争论。之后不久，日本国内也发生了一场关于明治时期日本资本主义性质的争论，讲座派认为明治时代的日本处于资本主义之前的绝对王政或半封建制时期，劳农派则认为这个时期的日本已经是资本主义社会。虽然这两场争论涉及的问题完全不同，但两者都是以《资本论》能够直接运用于分析现实的资本主义为前提而展开的。

在伯恩施坦与考茨基的争论中，伯恩施坦以在现实的资本主义社会中能够看到富裕化现象为论据否定《资本论》，要求修改马克思主义；考茨基则以富裕化现象只是暂时的为由，拥护《资本论》的正当性。在日本国内关于资本主义的争论中，讲座派关注明治时期日本所残留的封建现实，他们认为这是封建时代才有的现实，并不是《资本论》中所论述的资本主义社会，因此应该将此时的日本定位为半封建制。与之相反，劳农派认为，日本已经是资本主义社会，半封建的残留不久将会消失。两场争论的各方当事人都以《资本论》的理论是分析现实资本主义的理论为前提，伯恩施坦与考茨基的争论围绕《资本论》的论述是否正确展开，日本资本主义争论则围绕能否将现实的资本主义规定为资本主义展开。

宇野弘藏对这两场争论的任何一方都难以认同。他摸索出新的方法，提出“三阶段论”的经济学方法，成功革新了日本马克思主义经济学。需要再次强调的是，宇野弘藏正是秉持“向马克思学习”的态度，才得出了革新性的方法论。

三 “三阶段论”经济学方法论的提出

如前所述，宇野弘藏极为重视马克思去世后的资本主义发展状况。

马克思的《资本论》第一版为了方便德国的工人阅读而以德文出版，这其中当然存在启蒙意义。在《资本论》第一版的序言中，马克思说：“物理学家为了认识自然过程，或者是在现象表现得最确实、最少受干扰时观察这些现象，或者是在尽可能保证现象按自身规律性展开的条件下从事实验。我要在本书研究的，是资本主义生产方式以及和它相适应的生产关系和交换关系。英国是这种生产方式的典型地点。因此，我从这个国家借用了主要的事实和实例作为阐述我的理论的例证。但是，如果德国读者看到英国工农业工人所处的境况而伪善地耸耸肩膀，或者沉溺于德国的情况远不是那样坏的乐观想法中，那我就要大声地对他说：这正是说的阁下的事情！”①

从这段文字中，可以看到马克思的两点主张。一是关于《资本论》的方法，即对资本主义经济的分析必须选取“最少受干扰时”进行。这一点正是宇野弘藏所说的以“纯粹资本主义”为对象进行资本主义经济分析的观点。虽然《资本论》中也论述了当时英国残存的前现代的产业，但这些前现代性质的产业被视为很快就要消失的东西。第二点是关于资本主义的历史发展。《资本论》虽然将英国作为研究对象进行分析，但马克思认为，作为后进国的德国也会以“铁的必然性”成为英国那样的资本主义。借用宇野弘藏的话来说，即所有国家都具有资本主义的“纯粹化倾向”。

但是，观察一下后来资本主义的实际进程就会发现，德国的资本主义并没有走和英国相同的道路。正如希法亭用“金融资本”概念所分析的那样，德国资本主义以重化工业为基础，巨大的垄断资本在与银行保持密切关系的同时组织社会生产。宇野弘藏将德国资本主义的发展定位为资本主义纯粹化倾向发生钝化的结果。

如果按照《资本论》第一版序言所叙述的那样，“纯粹化倾向”不仅适用于英国，也适用于作为后进国家的德国和美国的资本主义，那么，阐述纯粹资本主义机制的《资本论》就能够直接适用于现实分析。在资本主义社会里实际残存的那些非资本主义要素，虽然我们有必要谈及，它们也并非无法用资本主义理论获得解释，但只需要将它们放在“纯粹化过程中残存的诸要素”这个位置上就可以了。如果将《资本论》直接用于分析现实，就只能按照上述方式进行。伯恩施坦与考茨基的争论和日本国内关于资本主义的争论都是以对《资本论》的这种解释为前提展开的。这两次争论以《资本论》直接用于现实分析为前提，而不去探讨《资本论》论述的适当性，或者说争论者认为《资本论》直接给出了现实资本主义的规定，因此他们不探讨应该将资本主义置于怎样的位置来作为现实分析的基准。宇野弘藏对这一做法表示怀疑。

宇野弘藏的“三阶段论”构想是以他在东北帝国大学讲授经济政策论为契机的，这一点可以从他在战前出版的作为经济政策论教科书的《经济政策论（上）》中得到确认。该书是宇野弘藏在研究《资本论》的同时，参

① 《马克思恩格斯全集》（第43卷），北京：人民出版社，2016年，第17页。

考列宁的《帝国主义论》、希法亭的《金融资本》和对资本主义进行历史分析的众多文献写成的。在书中，宇野弘藏阐述了资本主义由以下三个发展阶段构成，即资本主义发展初期的重商主义阶段、通过产业资本自律的积累而发展起来的自由主义阶段和以金融资本的积累为核心的帝国主义阶段。特别是对“帝国主义阶段”的规定是很重要的，通过给出对这个阶段的规定，宇野弘藏从根本上放弃了对《资本论》中所设定的德国和美国的资本主义与英国一样会发生纯粹化的理解。

但这并不是说宇野弘藏就因此否定了《资本论》。宇野弘藏将马克思的论述理解为，由于马克思没能看到帝国主义阶段就去世了，所以他认为资本主义的历史是贯彻纯粹化过程的历史，认为以产业资本为支配性资本的自由主义阶段结束后社会主义就会到来。宇野弘藏进而认为，应当把《资本论》阐述的资本主义经济体系的理论分析视作关于资本对社会生产进行统摄的原理性规定，有必要将它和关于资本主义历史发展的论述分开。以这样一种方式来整理《资本论》的话，其内容会成为极有意义的理论。也就是说，宇野弘藏主张将《资本论》中关于资本组织社会生产的原理性机制作为“经济原理论”予以纯粹化。当然，《资本论》中阐述资本主义的原理性规定的部分也存在很多难点，需要对这些难点进行修订，从而通过这些整理，可以灵活地使用《资本论》的内容。

以这样的方式，宇野弘藏将《资本论》作为“经济原理论”而使之纯粹化，将资本主义的历史发展作为与“原理论”拥有不同维度的“阶段论”来把握。必须注意的是，“阶段论”并不是对资本主义历史本身的叙述。宇野弘藏将英国作为重商主义阶段和自由主义阶段的典型国家，将德国、美国作为帝国主义阶段的典型国家，但“阶段论”并不是对英国经济史或德国经济史的具体研究。“阶段论”在参照具体历史的同时，抽取不同阶段中心国家的资本积累规定世界经济组织的机制并形成一个理论模型，它被构思为一个处于经济原理和现状分析之间的中间理论，其中经济原理是阐述资本组织社会生产，“现状分析”则是对现实的资本主义的分析。

接下来，基于宇野弘藏“阶段论”研究的进展来更明确地介绍“三阶段论”的思路。宇野弘藏认为，资本主义的历史经历了资本主义确立的时代（重商主义阶段），又经历了英国确立资本主义生产、以产业资本自律的资本积累为基础、成为组织世界经济的中心国家的时代（自由主义阶段），从 19 世纪末开始向所谓帝国主义阶段过渡。宇野弘藏所说的帝国主义阶段，如果从当今时代的眼光重新把握的话，可以说是这样一个阶段，即伴随支柱产业从棉纺织产业转向重化工业、机电产业、汽车产业和金融资本的积累给经济组织带来重大影响，像国家这样的非市场性关系的作用也在增强，中心国家也从英国转变为美国。这些不同阶段在一定时期内具有稳定的结构，这些结构可以作为“阶段论”提取出来。而且，无论是中心国家还是边缘国家，不同的国家要通过在这些结构中形成的发展方向来发展出独自的道路。因此，现实的资本主义分析应该依据各个阶段资本积累的结构，观察和分析不同国家的独特条件。最后需要说明的是，当前基于宇野理论开展研究的学者对“阶段论”的理解并不完全一致。

四　宇野弘藏对原理性规定的整理

在对《资本论》进行“经济原理论”的纯粹化、重构的同时，宇野弘藏还形成了“阶段论”的设想。下面考察宇野弘藏如何整理和贯彻《资本论》的原理。本文介绍流通论的独立、劳动价值论的论证、市场机制论的整理，这三个方面的论点都是宇野弘藏通过对《资本论》进行大幅度整理获得的。

（一）“流通论”的独立

宇野弘藏的《经济原理论》与《资本论》的篇章结构有很大不同。《资本论》三卷的结构为第一卷“资本的生产过程”、第二卷“资本的流通过程”和第三卷“资本主义生产的总过程”。宇野弘藏《经济原理论》的结构是：第一篇“流通论”、第二篇“生产论”、第三篇“分配论”。《资本论》第一卷的标题虽然是“资本的生产过程”，但第一卷第一篇是“商品和货币”、第二篇是“货币转化为资本”。宇野弘藏着眼于此，将其中关于商品、货币、资本的部分独立出来。宇野弘藏为什么要如此调整？这是基于如下问题意识：如何实现商品的价值规定、劳动价值论的论证和继承马克思认识资本主义的特征。

先看看《资本论》开篇“商品”章中马克思通过抽出抽象人类劳动来实现价值规定的论述。马克思通过两个商品的交换抽出了抽象人类劳动，认为两个商品之所以能交换是因为两者拥有共同的东西，并对共同的东西是什么进行了讨论。不同的商品拥有不同的使用价值或者说有用性，因此要抽去。这样一来，商品的属性中剩下的就是商品是通过劳动生产出来的劳动产品这一点。而这些劳动，从它们使产品具有使用价值的有用劳动一面来看，体现在不同商品中的劳动也是不同的，因此它们不是共同的；如果将具体的有用劳动这个特性抽掉，就得出了只共有人类劳动这个性质的抽象人类劳动。于是马克思得出结论，两个商品拥有共同的东西，这个东西就是抽象的人类劳动。马克思还将商品具有二重性（即商品具有的使用价值和与其他商品交换的价值）和以上考察结合起来论证了劳动价值论，即认为商品的价值实体是抽象的人类劳动。马克思对劳动价值论的这个论证遭到了庞巴维克等人的诸多批评。宇野弘藏虽然回击了庞巴维克的批评，但认为在商品交换时就论述抽象人类劳动并论证劳动价值论的做法是“消极的论证”，因而不是充分的论证，进而提出劳动价值论的论证应该放在生产论中进行。关于这一点将进行更详细的论述。

宇野弘藏虽然对马克思从两个商品的交换中推导出抽象人类劳动的做法持不同意见，但对于马克思在“资本的生产过程”的第一篇即论述商品、货币、资本持很高评价，认为应该将这一部分作为“流通论”独立出来。宇野之所以有如此观点，是因为他认为，正如马克思所强调的，资本主义社会是通过商品、货币、资本这样一个本来与社会生产疏远的流通形态关系即市场关系来组织社会生产的。因此，为了明确资本主义生产的历史特殊性，明确市场关系是与社会生产疏远的这一点很重要。如果贯彻马克思对资本主义的这一理解，就应将市场关系作为其成立与社会生产的组织无关的东西来阐明，因此理所当然的是，在市场关系中不应该展开对劳动价值论的论述，而是以社会生产为背景时才论述劳动价值。

前文曾介绍过《评论》杂志主办的座谈会因为宇野弘藏的发言而陷入混乱。引起这场混乱的是宇野提出的观点，即认为在价值形式论的展开中应该设定商品所有者的存在。按照宇野弘藏的说明，如果价值形式论以从两个商品的交换中推导出抽象人类劳动这个观点为前提，那么商品所有者的设定就不是必要的；但在这样的价值形式论中，马克思本来试图展现的内容是无法得到充分展现的。因此，他提出了应该在价值形式论中设定商品所有者的观点。关于这一内容，下面给出更通俗的说明。

在价值形式论中，马克思提出，价值形式论探讨的是商品所有者如何将自己持有商品的价值即对别的商品所具有的交换力表现出来，表明货币如何通过交换行动而得以形成。商品所有者为了表现自己持有商品的价值（量），只能用一定量的其他商品来实现。商品的长度、重量、品质等属性能够通过自身向他人展示，但要表现其价值和别的商品如何相等，只能用别的商品的使用价值量来表现自身的价值量。而且，表现价值的位于相对价值形式一端的商品和用于表现价值的位于等价形式一端的商品处于相反的两端。这种关系首先要在简单价值形式中进行阐明，接着要论述扩大的价值形式、一般价值形式与商品所有者的欲望、表现方式的发展等问题，最后通过货币形式阐明货币的形成。

这样一来，价值形式论中就需要设定施行价值表现行为的商品所有者，通过商品所有者的价值表现行为来展开价值形式论。不过，如果在两个商品的交换中就给出其中拥有共同抽象人类劳动这个价值的实体规定的话，价值形式论这一基于商品所有者实现的价值表现行为而展开的理论就变得不必要了。因为如果以价值实体是抽象人类劳动这一点为前提，我们不用设定商品所有者也可以解释实体是怎样获得表现的。

马克思在论述简单价值形式时强调了位于相对价值形式一端的商品和位于等价形式一端的商品的两极地位，但是在说明一般价值形式即特定的一个商品成为所有商品的等价物时，他采用的操作逻辑是将位于相对价值形式一端的商品和位于等价形式一端的商品进行颠倒替换。这样的展开方式是基于从两个商品的交换中推导出两个商品之中存在同一抽象人类劳动的凝结这一观点，其中没有贯彻价值形式论作为商品所有者的价值表现的理论。

马克思在对价值形式理论展开论述时，还存在别的难点。正如前文所述，对于马克思的理论展开来说，市场关系对于社会生产来说是疏远的这一点很重要。正因为存在这样的理解，马克思才能做到不同于亚当·斯密而将资本主义作为特殊历史性的东西来把握。这样的话，作为和社会生产不同的逻辑并与社会生产有所疏远，市场关系得以形成。马克思也指出，很多不是劳动产品的东西会作为商品而成为交易的对象。基于这样的观点，尽管市场中存在劳动产品之外的东西被作为商品进行交易，但这些东西和《资本论》的展开没有关系，因为马克思在《资本论》中的研究对象是那些对于社会来说必要的、每天生产和消费的产品。这样一来，从两个商品的交换中推导出抽象人类劳动的观点就不存在问题了。

但是，诸如官职、赎罪券这样的并非劳动产品的东西也存在卖家和买家，而按照上述理论展开的话，就无法充分阐明基于这样的买卖关系形成的市场的特征。另外，如果说作为分析对象的商品只是在资本主义生产方式下生产的商品，作为分析对象的市场只是用于交易作为社会必要财富的商品，那么市场是与社会生产相疏远的场所这一观点就不能得到明确论证了。比如，认为诸多异质的商品可以通过货币这个共同物来表现价值量，进而规定货币的价值尺度职能。又如，在关于资本的规定问题上，由于强调没有劳动力的买和卖就不能合理地说明资本的价值增殖运动，所以未能得到关于资本的一般性规定，也就是说未能说明市场的存在会产生资本关系这个问题。

可以说，宇野弘藏通过将“流通论”独立化展示了阐明市场关系如何形成的方法，不仅指出了市场关系具有与社会生产相疏远的性质，也以更有意义的方法提出了劳动价值论的论证方式。当然，宇野弘藏的论述并没有解决马克思的全部研究难点，现在人们仍然在研究“流通论”存在的诸多问题和劳动价值论的论证问题。但是，有一点是确定的，即通过这种巨大的论证思路转变，宇野弘藏为至今以来被视为难点的诸多问题提供了一条解释的道路，甚至可以说宇野弘藏的问题设定方式为日本马克思主义经济学开辟了新的地平线。

（二）劳动价值论的论证

宇野弘藏认为劳动价值论的论证应该在“生产论”中进行。

首先，宇野弘藏在“生产论”开篇中，在论述劳动生产过程时基于其与所有社会形态相独立。接着，宇野弘藏在价值形成过程中，以基于资本和雇佣劳动的关系组织社会生产为根据论证劳动价值论。简单来说，即人类通过作用于自然获得生活资料，而在资本主义生产下，生活资料的获得是通过商品买卖关系实现的，即通过“在资本生产过程中的劳动力商品的出卖及通过售卖劳动力商品获得的报酬实现生活资料的购买”①。社会生产通过资本获得组织，导致商品价格的波动受到社会生产的影响，而商品价格的波动

① 宇野弘蔵『資本論の経済学』、岩波書店、1974年、15－16頁。

是以工人用工资买回生活资料这个关系为中心的。宇野认为这样就表明商品的价值通过投入劳动量得以规定，劳动价值论得到了论证。接下来将对这个论证进行更具体的说明。

毋庸赘言，在资本主义的生产中，单个生产活动，作为资本的私人活动，是以追求利润为目的的活动。单个资本在市场上购买劳动力商品和物质生产资料，生产出能够带来利益的商品，并在市场上出售。这样，一种单个资本的生产通过商品买卖活动与其他资本的生产活动或资本家、工人的生活资料消费发生联系，结果实现了社会性生产。这一点从工人的视角来看，工人将劳动力作为商品出售给资本家，获得工资作为报酬并买回生活资料，通过消费它们来生活，而这些生活资料又与生产息息相关。用工资买回生活资料的这种社会需求规定了不同商品的供需关系，商品价格的波动中心就是使这种买回活动成为可能的消费资料的价格以及生产消费资料所必需的生产资料的价格。

如果从社会劳动分配的观点来看，则表现为社会劳动分配必须按照如下方式实现，即生产资料的生产要满足工人用工资买回生活资料这种社会需求。工人用工资买回的生活资料的价格成为生活资料价格波动的中心，意味着与生活资料的生产相关的那些商品要依照能够以这个价格来提供生活资料的价格出售。生产资料的价格根据与生产联系的消费资料价格规定。换句话说，商品价格波动中心是使工人能够用工资买回生活资料的社会劳动分配。资本一边关注商品的价格波动，一边为追求更高的利润率而选择交易的商品，最后配置了投入不同生产部门的资本量，即实现了劳动的社会分配。结果是，比生产关联投入更多资本的部门即劳动分配过剩的部门，其商品利润率会下降，进而使人们降低对该部门的投资预期；而投入过少资本的部门即劳动分配过少部门的商品利润率会上升，从而吸引更多的资本。于是，资本改变了投资行动。通过资本的这种运动，工人用工资买回生活资料的社会劳动分配得以实现。宇野弘藏认为，“人类的劳动如何在社会必要的物质生产过程中分配”是根本，在这个根本的规制下，商品价格根据投入的劳动以规律的方式实现波动。

宇野弘藏以上述方法论证了商品的价值由抽象人类劳动规定。这样的论证方法是对劳动价值论的“积极论证方法”，宇野弘藏试图用这个方法避开一些对马克思从两个商品交换中推导出抽象人类劳动的批判。这一方法可以说也继承了马克思的观点。马克思确实从两个商品的交换中推导出抽象人类劳动，在深化对抽象人类劳动的考察中，马克思设想了鲁滨逊故事中的生产、中世纪的生产和基于共同生产资料开展劳动的社会主义生产，以论述劳动的社会性分配的必要性。另外，在论述价值增殖过程前，马克思分析了独立于任何特定社会形态的劳动过程。虽然在对劳动过程的分析中马克思着眼于使用价值的生产，但是他也注意到劳动过程之间的关联。宇野弘藏提出的关于劳动价值论的论证，可以说是发展了马克思理论中的这一条线索。

宇野弘藏重视劳动的社会分配。但是，在论述社会劳动分配时将其作为价值规律的展开，因此需要把劳动价值论放在“商品的价值由投入劳动量决定”这个位置上考察。接下来将基于日本当今的马克思主义经济学的研讨状况简单地论述这个问题。

宇野弘藏之所以认为投入劳动量决定价值是基本所在，很可能是因为他认为单个的生产过程中投入劳动量和产品产量之间关系的确定是社会劳动分配的基础。社会劳动分配确实是基于单个生产过程中的劳动和产出之间的关系。在将劳动生产过程独立于所有社会形态加以讨论时，单个生产过程中投入的一定量的劳动和生产资料与作为结果生产出来的一定量的产出间存在确定的关系，基于这个关系，我们可以得到生产过程间的均衡的投入劳动量。在资本主义生产方式中，也可以将这种单个生产过程中存在的确定关系解读为投入劳动量决定商品的价值量。这样的话，劳动价值论的基础就是投入劳动量决定价值量，社会劳动分配则是这个关系的展开。

但需要注意的是，根据单个生产过程中的确定关系所投入的抽象人类劳动决定社会劳动分配的论述，只是劳动生产过程论中的论述。在任何一种社会形态中，社会再生产的实现都需要经历这个过程，即将单个生产过程中的确定关系和以此为基础的社会劳动分配作为基准，不均衡的劳动分配得以调整。但这个论述能否直接运用于作为资本主义经济规律的劳动价值论就是另一回事了。为了明确这一点，本文将回到围绕生产价格问题的争论上进行简单论述。

在《资本论》第三卷出版之后，批评马克思的人首先抓住的问题就是，马克思在第一卷中认为商品的价值由劳动时间决定，在第三卷中又认为商品按照生产价格来进行买卖，而生产价格和劳动时间决定的价格并不一致。生产价格是不同产业部门的资本利润率平均化之后的价格，与劳动时间决定的价格是不一致的。

宇野弘藏对这一批判进行了回应。正如前文所述，宇野弘藏以劳动力商品买回生活资料为枢纽对劳动价值论进行论证，很显然是根据价值形成过程进行论证的。在此基础之上还要论述价值增殖过程，但作为增殖部分的利润所遵循的分配原理，很显然不同于规定人类作用于自然并获得必要产品这个过程的原理。资本的生产是按照竞争原理进行的，其结果是商品以各资本获得相同利润的价格即获得平均利润的价格为中心来出售。这一点是显而易见的。宇野弘藏在“分配论”中讨论竞争原理，“生产论”中劳动时间决定的价值和“分配论”中的生产价格很显然是不同的。基于这样的观点，“生产论”和“分配论”属于不同维度的问题，因此马克思的批评者们提出的问题并不成立。宇野弘藏认为，“生产论”是基于劳动时间论述的领域，它同讨论价格问题的“分配论”不是同一个维度，因此价值价格和生产价格之间的差异并不成为问题。也就是说，宇野弘藏通过区分不同的维度并以此为理由解释了上述问题。但是在笔者看来，这种做法难以理解，并不具有充分的说服力。分配剩余时价格波动的中心变为生产价格这一点可以在“生产论”的维度下展开论述。虽然价值形成过程中，商品必须按照劳动时间决定的价格进行买卖，但是在价值增殖过程中，生产价格成为价格波动的中心。在“生产论”中，不需要坚持劳动时间这个概念，也可以将“生产论”中应阐明的全部观点解释清楚，因此没有理由必须按照劳动时间来展开“生产论”的论述。

接下来笔者将重新考察劳动价值论的论证和投入劳动价值论、劳动价值论与社会劳动分配等观点。投入劳动价值论即投入劳动量决定价值量这个命题，可以直接用于对价值形成过程中的劳动价值论的论证。但是，在价值增殖过程的论述或者一般所说的生产价格论中，劳动价值论下的价值就不再是价格波动的中心了。社会劳动分配无论是在价值形成过程的维度下，还是在价值增殖过程或生产价格论中，都是有效的。我们应该在社会劳动分配中寻求生产价格的基础。因为生产价格是在资本围绕利润率的竞争关系中形成的，是价值形成过程中均衡的社会劳动分配得以实现的价格。生产价格论中的商品价格以生产价格为中心产生波动这一点揭示了均衡的社会劳动分配对资本围绕利润率开展竞争施加的作用。这样一来，可以说，不是投入劳动价值论，即认为投入劳动量决定价值量，而是让社会再生产成为可能的社会劳动分配是价格波动中心的观点，才让劳动价值论更具整合性。基于这个观点，笔者将再次审视宇野弘藏的观点。

正如宇野弘藏所说，单个生产过程中投入劳动量和产出之间的关系是决定社会劳动分配的基础。在这个意义上说劳动量决定价值量构成基础是没有错的。但是，在阐明资本主义生产的运动规律这个维度上来论证劳动价值论时坚持这个观点可能就不太合适。为了生产社会必要产品，我们必须对劳动进行分配，以让不同的生产场所能源源不断生产出产品。但是，生产剩余产品的话，这种必要的劳动分配就不是必要的了。

历史上，在不同的阶级社会中，剩余产品以不同的形式被消费。比如，在中世纪的欧洲，与基督教相关的人们在生产必要的生活资料的同时，还建造了庄严的教堂。在奈良、平安时代的日本，也有过营造国都、建造大佛和国分寺。生产剩余的方法是受这个时代处理剩余的方法制约的，如果政治支配结构或宗教产生变化，必要产品会发生变化，生产剩余产品的关联也会发生变化。在资本主义生产方式下，剩余的大多数成为资本的利润，而资本成为组织社会生产的主体，生产价格则成为价格波动的中心。劳动价值论的论证是为了阐明资本主义的经济规律。而将投入劳动价值论视为劳动价值论之根本的做法，对应的观点是，以劳动过程论中单个生产过程下劳动量和产出物之间的关系为基础，社会劳动分配得以确定。这个观点对于阐述资本主义经济规律其实并不是必要的。在资本的竞争原理下实现社会劳动分配，才是价值规律的要义。必须以社会劳动分配为劳动价值论的根本。总而言之，在考察劳动生产过程中生产必要产品的维度上，一定量的劳动是生产一定量产品的基础这一点当然是正确的，但这与认为论证劳动价值论的根本是投入劳动价值论具有根本区别，要将劳动价值论整合在价值规律的论证中，应该以社会劳动分配为核心来构建理论。

最近，在关于劳动价值论的学会报告中，非宇野学派的研究者也出现了从社会劳动分配着手论述劳动价值论的做法。可以预想，在未来日本马克思主义经济学的研究中，这个方向的研究会得到进一步发展。

（三）市场机制论

众所周知，《资本论》第二卷、第三卷是马克思去世后由恩格斯将马克思未完成的手稿辛勤编辑而成的，因此不同章节论述的展开方法并不一致。

特别是在商品资本、银行资本这些讨论市场机制的章节，这种倾向更为明显。接下来简单介绍一下《资本论》中商品资本、银行资本的展开。

《资本论》第三卷第十六章“商品经营资本”对商品资本的论述有两条逻辑，一条是从产业资本流通过程的职能独立化导出商品资本，另一条则是一开始就给出商品资本是产业资本的商品实现资本独立后的产物，但这两种逻辑其实没有联系。虽然马克思基于前一条逻辑论述商品资本的机能，但由于论述错综复杂，对商品资本独立化的说明并不充分。

关于信用制度，马克思在《资本论》第三卷第五篇“利润分为利息和企业主收入（生息资本）”中进行了论述。但是第五篇前半部分（从第二十一章“生息资本”到第二十四章“资本关系在生息资本形式上的外表化”）与后半部分第二十五章“信用和虚拟资本”开始的部分，其主题、展开方式都有很大不同。在前半部分，马克思将资本家分成货币资本家和执行职能的资本家，从两者的关系出发论述利息和资本的拜物教性质。在后半部分，以商业信用、银行信用为内容的信用制度成为主题，基于资本积累来论述这个主题。另外，由于马克思手稿的完成度很低，论述中夹杂着零碎的叙述，没能实现论述的连贯性。

说到《资本论》第三卷的混乱状态，有必要考虑马克思写作《资本论》的计划。马克思为出版《资本论》做了庞大的准备工作，他留下了一些关于写作计划的手稿。从1858年到1863年落实的计划来看，写作计划整体分为资本、土地所有制、雇佣劳动、国家、对外贸易、世界市场（和经济危机）。“资本”中分出一般资本、竞争、信用、股份资本。其中，“一般资本”由商品、货币、资本构成，“资本”又分为资本的生产过程、资本的流通过程以及两者的统一三方面内容。人们围绕马克思有没有最后贯彻这个计划存在争论。持计划不变论的研究者认为《资本论》论述的是“一般资本”。但是从马克思生前出版的《资本论》内容来看，由于第一卷的内容就已经超出了写作计划的“一般资本”，计划不变论不能使人完全认同。但是也不能否定，马克思的这个写作计划是导致其去世后出版的《资本论》第二卷和第三卷内容混乱的一个原因。

接下来介绍宇野弘藏是如何整理马克思的这些论述的。宇野弘藏主张将《资本论》作为“经济原理论”纯粹化，并认为需要将资本主义生产机制的整体在“原理论”中加以探讨。商品资本和银行资本在资本组织社会生产时具有极为重要的作用，很显然这些内容应该在“原理论”中加以讨论。宇野弘藏的“原理论”将“流通论”独立出来，又将“分配论”定位为“流通论”和“生产论”的统一。在“流通论”中，宇野弘藏基于流通主体的行为阐明了市场关系机制。在“生产论”中，宇野弘藏对资本主义经济体系进行了全局把握，通过对价值规律的论证阐明了人和自然之间的物质代谢过程在资本组织的生产下如何通过工人买回生活资料实现。可以说，“分配论”沿着“流通论”所阐明的资本个别追求利润的行动这条线索来阐明资本组织社会生产的实现机制。资本在组织社会生产的过程中需要流通资本，在资本流通过程中就会产生一个无奈的问题，即不断地产生闲置货币资本，而商品资本和银行资本就是说明处理这个问题的资本主义机制的理论。通过对这一市场机制的整理，能够更顺畅地实现资本积累，资本主义的生产组织会更有效率。宇野弘藏对市场机制理论整理的意义就在这里。

从宇野弘藏在《经济原理论》中对市场机制论的讨论还能看到他试图贯彻以下逻辑，即资本拜物教在这个过程中形成。这一点从宇野弘藏“分配论”最后一章“利息论”的构成就能够看明白。宇野弘藏在“利息论”中，先论述了“借贷资本和银行资本”，在分析了信用制度之后，又论述了“商业资本和商业利润”，之后论述“自己产生利息的资本”，并论证了资本拜物教的形成。作为市场机制论展开的商业资本理论，解释了资本拜物教形成的媒介作用。宇野弘藏的“原理论”以三大阶级论为终点，在“原理论”中揭示资本拜物教的形成可以说具有重要地位。但是，宇野弘藏在市场机制论中贯穿资本拜物教的形成也有负面作用，即阻碍了他采用其他论述方法，如将信用论和商业资本论作为市场机制论述的方法。在宇野弘藏的经济学方法论中，他表示，“经济原理论”的意义在于阐明资本对社会生产的组织。从这一点看，笔者认为“经济原理论”应该采取贯彻市场机制论的方法。

另外，宇野弘藏的理论明确了在“分配论”中展开市场机制论的方法，使在“经济原理论”的维度上发展出经济危机论成为可能，“经济原理论”的展开为“阶段论”和“现状分析”在方法上提供了强有力的启发。这一点是无论怎么强调也不为过的。由于篇幅的原因，本文无法展开对经济危机论的介绍，但想简单地指出经济危机论对于宇野理论的意义。

正如前文所介绍的，宇野弘藏认为资本主义原理是以劳动力商品为中心展开的。宇野弘藏的说法是“劳动力的商品化”是《资本论》的“南无阿弥陀佛”，意即马克思理论的核心在于“劳动力的商品化”。宇野弘藏也经常说，资本主义生产方式是建立在劳动力商品化这个本来并非理所当然的事情上的。如果说劳动力商品是资本主义组织生产成为可能的根本性条件，劳动力商品的枯竭就会让资本主义生产无法持续。在“原理论”中，随着资本积累的展开，劳动力商品的枯竭必然发生。资本主义遇到这种情况就会发生危机，接着劳动力商品的制约会通过危机的发生得到消解。阐明这个过程的理论就是经济危机论。也就是说，经济危机论原理让资本主义组织生产的结构最终得到阐明。按照宇野弘藏的逻辑来看，“经济原理论”最后应该结束于经济危机论或者景气循环论。

本文只是介绍了宇野理论的一小部分，即便如此，也能让我们看到宇野弘藏对马克思主义经济学的发展，它为日本马克思主义经济学研究的飞跃性发展开辟了新天地。

（审校：叶　琳）

• 经济 •

《日本文论》（总第 4 辑）
第 192 ~ 197 页

评《宇野理论的缺陷及其对日本马克思主义经济学研究的贡献》

余　斌*

菅原阳心所著《宇野理论的缺陷及其对日本马克思主义经济学研究的贡献》一文阐述了宇野理论对日本马克思主义经济学发展所做的贡献，观点清晰。但通读下来，有以下几点感想与作者交流。

一　宇野理论中的“纯粹化”问题

宇野弘藏对马克思理论的必然性与偶然性辩证关系没有完全理解，用偶然性的一些表现来否定必然性，称必然性为“纯粹化”倾向，从而未能理解历史发展的规律必然在世界各国表现出不同的特色。他因为德国的资本主义化没有走和英国相同的道路就认为“纯粹化倾向”不适用于德国，进而否定阐述纯粹资本主义机制的《资本论》能够直接适用于现实分析。与宇野弘藏相反，尽管 19 世纪 90 年代的俄国与英国的差距，要比德国与英国的差距大得多，列宁却坚持运用《资本论》的方法和结论，在《俄国资本主义的发展》一文中阐述了当时俄国资本主义的发展现实。①

宇野弘藏以“三阶段论”即重商主义阶段、自由主义阶段和帝国主义阶段来划定资本主义的发展阶段，并认为可以放弃《资本论》中所设定的德国和美国的资本主义与英国一样会发生纯粹化的理解。但问题是，世界上并不

* 余斌，经济学博士，中国社会科学院马克思主义研究院研究员、博士生导师，主要研究方向为马克思主义基本原理、经济学。

① 参见《列宁全集》（第 3 卷），北京：人民出版社，2013 年。

只有德国、美国和英国这三个资本主义国家，还有法国、日本、意大利、加拿大等许多资本主义国家，这就使每个阶段同时有多个资本主义国家，而且这些国家进入此阶段的时间也有先有后。因此，宇野弘藏把英国作为重商主义阶段和自由主义阶段的典型国家，把德国、美国作为帝国主义阶段的典型国家，只不过是把一个“纯粹化”变成了三个“纯粹化”。事实上，《资本论》淋漓尽致地体现了“纯粹化”在哲学上尤其是辩证法方面的含义。

宇野弘藏认为马克思只看到了产业资本为支配性资本的自由主义阶段。但是，在《资本论》第 2 卷中马克思明确指出，产业资本越来越让位于金融资本，越来越被金融资本支配：“干扰越大，产业资本家就必须持有越是大量的货币资本，才有可能等到干扰被排除；因为随着资本主义生产的进展，每一单个生产过程的规模会扩大，预付资本的最低限量也会随之增加，所以除了其他情况外，又加上这个情况，使产业资本家的职能越来越转化为各自独立或互相结合的大货币资本家的垄断。”① 马克思的这个论断直到今天对现实的分析都是适用的。

二　宇野理论中的“流通论”

宇野弘藏认为，马克思在商品交换时就论述抽象人类劳动并论证劳动价值论的做法是“消极的论证”，提出劳动价值论的论证应该放在生产论中进行。但是，这样一来，商品交换的比例就失去了依据。这一观点，马克思早在《资本论》第 1 卷中就提出过：“在进入流通过程时，商品没有价格，货币也没有价值，然后在这个过程内，商品堆的一个可除部分同金属堆的一个可除部分相交换。”②

宇野弘藏提出把商品、货币、资本的部分作为流通论独立出来，也表明他没有完全理解《资本论》第 1 卷中一段经典的话：“资本不能从流通中产生，又不能不从流通中产生。它必须既在流通中又不在流通中产生。”③ 如果资本不能从流通中产生，又怎么能使它独立于流通论呢？宇野弘藏把流通

① 《马克思恩格斯全集》（第 45 卷），北京：人民出版社，2003 年，第 124 页。
② 《马克思恩格斯全集》（第 44 卷），北京：人民出版社，2001 年，第 146 页。
③ 《马克思恩格斯全集》（第 44 卷），第 193 页。

论与生产论分割开来，把市场关系与社会生产的组织分割开来，未能充分理解马克思在《资本论》中对两者辩证关系的重要阐述。

宇野弘藏提出，应该在价值形式论中设定商品所有者，但是，马克思早就指出："商品不能自己到市场去，不能自己去交换。因此，我们必须找寻它的监护人，商品占有者。"① 至于宇野弘藏认为，如果以价值实体是抽象人类劳动这一点为前提，我们不用设定商品所有者也可以解释实体是怎样获得表现的。这个看法也值得推敲。这首先是因为离开了人就谈不上人类劳动以及抽象人类劳动，其次是因为实体的这一表现只能在市场上进行，从而离不开商品占有者。正因为如此，马克思才指出："商品价值从商品体跳到金体上，像我在别处说过的，是商品的惊险的跳跃。这个跳跃如果不成功，摔坏的不是商品，但一定是商品占有者。"② 宇野弘藏认为在价值形式中可以只考虑物而不考虑人，那他就是陷入了马克思所批判的见物不见人的拜物教的窠臼了。

宇野弘藏以为马克思没有阐明诸如官职、赎罪券这样的并非劳动产品的东西也存在卖家和买家的市场特征。但是，他也许没有充分注意《资本论》还有这样一段话："价格形式不仅可能引起价值量和价格之间即价值量和它自身的货币表现之间的量的不一致，而且能够包藏一个质的矛盾，以致货币虽然只是商品的价值形式，但价格可以完全不是价值的表现。有些东西本身并不是商品，例如良心、名誉等等，但是也可以被它们的占有者出卖以换取金钱，并通过它们的价格，取得商品形式。因此，没有价值的东西在形式上可以具有价格。在这里，价格表现是虚幻的，就像数学中的某些数量一样。另一方面，虚幻的价格形式——如未开垦的土地的价格，这种土地没有价值，因为没有人类劳动对象化在里面——又能掩盖实在的价值关系或由此派生的关系。"③

三 宇野理论中的"生产论"

如果宇野弘藏真的将劳动生产过程作为与所有社会形态相独立的东西进

① 《马克思恩格斯全集》（第44卷），第103页。

② 《马克思恩格斯全集》（第44卷），第127页。

③ 《马克思恩格斯全集》（第44卷），第123页。

行论述，那他就不应当在价值形成过程中以社会生产是基于资本和雇佣劳动的关系来进行组织为根据论证劳动价值论。这是因为，在资本和雇佣劳动的关系出现之前就已经有商品生产并存在商品价值了。资本和雇佣劳动的关系是在商品的生产和交换发展到一定历史高度后才出现的，随着这个关系的出现，价值形成过程就与价值增殖过程混淆在一起了，这个时候要论述的重点就不是劳动价值论，而是由劳动价值论衍生出来的或者说作为劳动价值论的一个推论的剩余价值学说了。

在资本主义生产条件下，商品的价值包含转移到商品中的生产资料的价值、工人的劳动力价值（工资）和资本家得到的剩余价值（利润）。宇野弘藏提出，商品的价格以用工资买回生活资料这个关系实现的价格为中心而波动，是荒唐的。马克思在《资本论》中明确批评亚当·斯密把由三个部分构成的商品的价格仅仅分解为两个部分即工资和利润，而宇野弘藏则把这个价格进一步压缩到只剩一个部分即工资。这样一来，宇野弘藏很难实现对劳动价值论的论证。事实上，他论证的恐怕不是商品的价值由抽象人类劳动规定这一点，而是商品的价值由工人的工资规定这一点。

宇野弘藏认为，用工资买回生活资料的这种社会需求规定了不同商品的供需关系。这个观点完全忽视了马克思多次提到的资本家本人的生活消费需求，也漠视了马克思在《资本论》第 2 卷提到过的仅供资本家消费的奢侈消费品的生产。要知道，资本家也需要利用利润或一部分利润买回他本人及其家庭的生活资料。

宇野弘藏把生产论与分配论分割开来，认为生产论是基于劳动时间来论述的领域，它同讨论价格问题的分配论不是同一个维度。价值转型为生产价格，体现了现实社会是辩证发展的。马克思关于生产价格总量与价值总量相等的论述以及关于生产商品的社会必要劳动时间的下降会同时降低商品的价值和生产价格的论述，早就把形而上学者眼里的矛盾给辩证地消除了。以社会的劳动分配为劳动价值论的根本的观点，是没有完全理解社会的劳动分配既决定不了价值也决定不了价格和生产价格，它能决定的充其量只是价格和生产价格对价值的偏离，甚至它对于这些偏离的决定也不是很重要。这是因为，就如马克思在《资本论》中所言，资本有机构成高的商品其生产价格高于其价值，资本有机构成低的商品其生产价格低于其价值。在这里，资本有机构成比社会的劳动分配更具有决定性作用。

四　宇野理论中的“市场机制论”

宇野弘藏以为，在资本组织的生产下通过工人买回生活资料可以实现人和自然之间的物质代谢过程。但是，这个物质代谢还包括生活消费和生产消费的排泄物的处理，而这种处理在资本组织的生产下是不能有效进行的。在《资本论》第3卷中我们看到：“在利用这种排泄物方面，资本主义经济浪费很大；例如，在伦敦，450万人的粪便，就没有什么好的处理方法，只好花很多钱用来污染泰晤士河。”①

宇野弘藏提出，马克思理论的核心在于“劳动力的商品化”。这只是马克思的剩余价值学说的核心，不是劳动价值论的核心。马克思在《资本论》第1卷中指出：“商品中包含的劳动的这种二重性，是首先由我批判地证明的。这一点是理解政治经济学的枢纽。”② 这个枢纽才是马克思理论的核心。

宇野弘藏认为，随着资本积累的展开，劳动力商品的枯竭必然发生。资本主义遇到这种情况就会发生危机，接着劳动力商品的制约会通过危机的发生而得到消解。宇野弘藏的这个经济危机论既不是马克思主义的，更不符合事实。马克思早就指出，伴随资本积累的增长，相对过剩人口会增加，从而不会出现劳动力商品的枯竭。资本主义危机是由生产过剩造成的，不是由劳动力商品枯竭造成的。

宇野理论的经济原理论可以结束于经济危机论或者说景气循环论，但马克思的经济原理论则不会结束于经济危机，更谈不上景气循环。相反，马克思早就在《资本论》第1卷中指出：“生产资料的集中和劳动的社会化，达到了同它们的资本主义外壳不能相容的地步。这个外壳就要炸毁了。资本主义私有制的丧钟就要响了。剥夺者就要被剥夺了。从资本主义生产方式产生的资本主义占有方式，从而资本主义的私有制，是对个人的、以自己劳动为基础的私有制的第一个否定。但资本主义生产由于自然过程的必然性，造成了对自身的否定。这是否定的否定。这种否定不是重新建立私有制，而是在

① 《马克思恩格斯全集》（第46卷），北京：人民出版社，2003，第115页。

② 《马克思恩格斯全集》（第44卷），第54～55页。

资本主义时代的成就的基础上，也就是说，在协作和对土地及靠劳动本身生产的生产资料的共同占有的基础上，重新建立个人所有制。"[①] 这才是马克思的（资本主义）经济原理论的最后结束之处。

总之，也许宇野弘藏对日本马克思主义经济学研究发挥了很大作用，至少他为在日本保留马克思主义经济学的研究做出了一定的贡献，对中国学界也不乏启示之处。但学问不辩不明，中日学界进一步交流，将进一步推动马克思主义理论的研究。

（审校：叶　琳）

① 《马克思恩格斯全集》（第 44 卷），第 874 页。

Table of Contents & Abstracts

· Special Discussion: Japan's National Political Transformation after Becoming the World's Second Largest Economy ·

Abstract: The basic research system consists of "constitutive parameters" and "control parameters", which interact nonlinearly and produce "fluctuation" under the control of "order parameter" and research results. The results of basic research enter the Nobel Prize selection system, which interact nonlinearly with the recommenders and the selectors and under the control of the "order parameter", there are "fluctuations" and the winning results and winners emerge. The winners of Nobel Prize in Japan to date have come from basic research results 20 – 30 years ago. The goal of winning the Nobel Prize in Japan depends on the non - linear interactions the "constitutive parameters" and "control parameters" of the basic research system and the Nobel Prize selection system. For that reason, corresponding adjustment and reform strategies are formulated and implemented by Japanese government. Japan 's experience can provide some inspiration for China in developing the basic research.

Keywords: Japan; Nobel Prize; Basic Research; Self-organizing Theory

An Analysis of Japan's Science and Technology Policy after It Became the World's Second Largest Economy

Tian Zheng / 26

Abstract: Since Japan became the world's second largest economy, the Japanese economy structure has been facing transformation and adjustment, and the space for technology introduction has been shrinking. It is urgent to achieve sustainable growth through independent innovation. The science and technology have the property of public goods, and there is a problem of insufficient investment in research and development caused by market failure, which requires government intervention and regulation. The Japanese government has implemented a series of science and technology policies since the 1970s. They have experienced development stages such as strengthening independent innovation, implementing market-oriented reforms, and strengthening government leadership. The features of Japanese science and technology policies including enhancing the competitiveness of scientific research funding, promoting the innovation-related tax reform, developing the R&D of small and medium-sized enterprises, establishing the government and private controlled investment institutions and strengthening the personnel training, which has promoted Japan's innovation and development.

Keywords: Science and Technology Policy; Independent Innovation; Public Goods

· Social and Cultural Research ·

The Chinese Culture in Japan's "National Style"

Oshio Kei / 48

Abstract: The article re-discusses several common understandings as the premise of the study of national culture. Firstly, the essence of Japanese way of digesting Chinese culture is the result of a process of classification, compilation, adaptation, discipline and education of Chinese culture. Secondly, as far as the influence of objects of China's Tang Dynasty on Japanese culture is concerned, there is no large amount of historical data about imported objects of China's Tang Dynasty. The image of "China" in Japan's national culture has a very complex structure. The Japanese admire China's Song Dynasty in material terms, however they regard the past China's Tang Dynasty as a model to worship. It is necessary to promote the future research based on the understanding of the image of "China" with different dimensions. Finally, the article also points out the importance of extracting the historical facts from fictional literature for the historical research.

Keywords: National Culture; Hamamatsu Chunagon Monogatari; Matsura-no-miya Monogatari; Foreign Exchange

Music, Dance and Piano Songs in Ancient Japanese Temples

Yoshikawa Shinji / 58

Abstract: The article aims to investigate the temple music in ancient Japan, especially the music, dance and piano songs, attempting to clarify its historical characteristics. On that basis, it further explains how the music culture from Korea Peninsula and China was accepted by Japan and coexisted with local music, and how it evolved. In other words, the article attempts to take Buddhism, especially the Dharma music, as the breakthrough point to study the process of acceptance and transformation of foreign culture in Japan.

Keywords: Dharma Club Music; Song Wooden Slips; Music, Dance; Piano Songs

The Research on New Religions in Japanese Academic Circles after World War II

Wang Xinsheng / 71

Abstract: Since the mid-1960s, Japanese researchers have stopped to criticize the ideology of the Mikado state from the rationalism and liberalism of Western Europe and switched to understand Japan's modernization from the mass thought and popular religion. For example, Yasumaru Yoshio argues that although there is no idea of social transformation in the popular morality which contains the Confucian morality in Japan's samurai class, it reflects some opportunity for farmers and businessmen to self-discipline themselves. Takagi Hiro places the emerging religious movement in the mass ideological movement in Modern Japan and thinks that the Mikado absolutism education movement carried out by the Meiji government as well as the liberal civil rights movement, the Left-wing Movement and the workers' movement in the post-war revolutionary group should be regarded as top-down mass education and mobilization. On the contrary, the emerging new religions are examples of the ideological movement of the lower class. The researchers of new religions, coming from such fields as religion, sociology, cultural anthropology, psychology, history, folklore and literature, have promoted the research level of new religions throughout diversified methods.

Keywords: Japan; "Popular Religion"; Emerging Religion; New Religion; Religious Sociology

· Political and Diplomatic Research ·

The "Draft Program in 1922" of Japan's Communist Party

Mou Chunwei and Du Fenggang / 90

Abstract: The "Draft Program in 1922" is the first programmatic document of the Communist Party of Japan. On the basis of collecting and sorting out the relevant documents of the "Draft Program in 1922", the article investigates its formulation process and infers the drafters and the completion time of the Draft. The Judgment of the main contradictions in Japanese society at that time became an important basis for the formation of the program of the Communist Party of Japan. On the basis of the analysis of the national conditions of Japan after the Meiji Restoration, especially in the 1920s, it can found that the content of the draft is very objective in its understanding of the social nature of Japan during that time, with precise judgment on the objective, task and motive of revolution, the current action program, the nature of revolution and even the future and transformation of the revolution, which was of great significance for Japan Communist Party to explore the unique path of Japan's revolution.

Keywords: Japan's Communist Party; The Communist International; "Draft Program in 1922"

Japan's Choice of Military Security Cooperation

—The Case of Japan-India Security Cooperation

Wu Qiong / 113

Abstract: The security cooperation has been an enduring issue in international relations, which can be divided into such aspects as economic security cooperation, military security cooperation and cultural security cooperation. Among them, military security is the cornerstone of national security and plays an important role in the national security system. Based on the theory of international institutions, the article puts forward concepts of system shaping and network expansion and considers the institution shaping and network expansion form a policy framework for countries to strengthen military security cooperation, which can be divided into low-level, medium-level and high-level parts. As for the military security cooperation between Japan and India in recent years, it can be found that the internal system shaping (high-level meeting mechanism, military exercise mechanism and policy guarantee mechanism) and external network expansion (the multilateral mechanisms involving the United States, Japan, Australia and India) have basically reached the medium level and will continue to deepen for a long period of time. It is unlikely for the military security cooperation between Japan and India to be completely disintegrated in the short term.

Keywords: Military Security Cooperation; International Institution; System Shaping; Network Expansion; Japan-India's Cooperation

· Economic Research ·

Abstract: The economic crisis in 1857 is the first economic crisis sweeping the world in human history. At that time, as a reporter of the *New York Daily Tribune*, Marx also promoted two research projects, one of which was to collect and analyze the data of the economic crisis in Europe and the world market, named *Notes on Crisis Theory*. Notes on Crisis Theory was published for the first time in May 2017, as Volume 14 of Part IV of the complete works of Marx and Engels , which is also the fourth volume Mega II edited and published by Japanese scholars. This paper expounds the writing process, concept and significance of Notes on Crisis Theory, and holds that Notes on Crisis Theory is the mid-term achievement of Marx's study on economic crisis, However, there are historical limitations in the theory of "double crisis" expounded by Marx when he studied the economic crisis in 1857.

Keywords: Economic Crisis; Marx; Marx's Note on Crisis Theory

The Defects of Uno Theory and Its Contribution to Japan's Marxist Economics

Sugawara Youshin / 175

Abstract: Japanese noted economist Uno Kouzou opposes to regard Marx's theory as a dogma. Holding the attitude of "learning from Marx", he regards the theory put forward in Marx's works as the principle relating to capitalism but also thinks that the historical development of capitalism does not necessarily follow the path precisely according to the principle. According to the principle of capitalism, the analysis of capitalism can be divided into three stages, namely the original theory, the theory of historical stage and the analysis of current situation. Uno Kouzou also reorganized the theory of capitalism in Marx's Capital, separating the chapters on commodity, currency and capital to form a new part of "circulation theory", advocating to eliminate the presupposition of value entity in circulation theory and introducing the existence of commodity owner. As for the labor value theory, Uno Kouzou advocates that only in the "production theory" can the argument be made. The demonstration of the labor value theory should be based on the commercialization of labor force and the fact that workers buy back the means of living with wages. He also reorganized the discussion of commercial capital and bank capital and put them into the "distribution theory" as the content of market mechanism theory.

Keywords: *Das Kaptial*; Japan's Marxist; Labor Value Theory; Uno Kouzou

《日本文论》征稿启事

为了促进日本研究学科发展，2019 年日本学刊杂志社创办学术集刊《日本文论》。《日本文论》前身为日本学刊杂志社曾办学术期刊《日本问题资料》（1982 年创刊），以“长周期日本”为研究对象，重视基础研究，通过长时段、广视域、深层次、跨学科研究，深刻透析日本，广泛涵盖社会、文化、思想、政治、经济、外交及历史、教育、文学等领域。《日本文论》以半年刊的形式，由社会科学文献出版社出版发行，2020 年度被收入“CNI 名录集刊”名单。期待广大海内外学界同人惠赐高水平研究成果。

一、《日本文论》将以专题形式刊发重大理论研究成果；注重刊发具有世界和区域视角、跨学科和综合性的比较研究，论证深入而富于启示意义的成果；注重刊发应用社会科学基础理论的学理性文章，特别是以问题研究为导向的创新性研究成果。

二、本刊实行双向匿名审稿制度。在向本刊提供的稿件正文中，请隐去作者姓名及其他有关作者的信息（包括“拙著”等字样）。可另页提供作者的情况，包括姓名、职称、工作单位、通信地址、邮政编码、电话、电子邮箱等。

三、本刊只接受电子投稿，投稿邮箱：rbyjjk@ 126. com。

四、论文每篇不低于 1 万字。请附 200 ~ 300 字的中文及英文摘要和 3 ~ 5 个关键词。稿件务请遵守学术规范，遵守国家有关著作、文字、标点符号和数字使用的法律及相关规定，以及《日本学刊》现行体例的要求（详见日本学刊网 http：//www. rbxk. org）。

五、切勿一稿多投。作者自发出稿件之日起 3 个月内未接到采用通知，可自行处理。

六、本刊不收版面费。来稿一经刊出即付稿酬（包括中国学术期刊电子版和日本学刊网及其他主流媒体转载、翻译部分）和样刊（1 册）。作者未收到时，请及时垂询，以便核实补寄。

图书在版编目(CIP)数据

日本文论. 2020 年. 第 2 辑: 总第 4 辑 / 杨伯江主编
. -- 北京: 社会科学文献出版社, 2020.12
ISBN 978-7-5201-7381-0

Ⅰ. ①日… Ⅱ. ①杨… Ⅲ. ①日本-研究-文集
Ⅳ. ①K313.07-53

中国版本图书馆 CIP 数据核字 (2020) 第 187226 号

日本文论 2020 年第 2 辑（总第 4 辑）

主　　编 / 杨伯江

出 版 人 / 王利民
组稿编辑 / 祝得彬
责任编辑 / 郭红婷

出　　版 / 社会科学文献出版社 · 当代世界出版分社 (010) 59367004
地址: 北京市北三环中路甲 29 号院华龙大厦　邮编: 100029
网址: www.ssap.com.cn
发　　行 / 市场营销中心 (010) 59367081　59367083
印　　装 / 三河市尚艺印装有限公司

规　　格 / 开　本: 787mm × 1092mm　1/16
印　张: 13.25　字　数: 222 千字
版　　次 / 2020 年 12 月第 1 版　2020 年 12 月第 1 次印刷
书　　号 / ISBN 978-7-5201-7381-0
定　　价 / 68.00 元

本书如有印装质量问题, 请与读者服务中心 (010-59367028) 联系